LAS FUENTES QUE
DIERON ORIGEN AL
NUEVO TESTAMENTO

Análisis, estudio e interpretación crítica

Raúl Zaldívar

Editorial CLIE
www.clie.es

EDITORIAL CLIE
C/ Ferrocarril, 8
08232 VILADECAVALLS
(Barcelona) ESPAÑA
E-mail: clie@clie.es
http://www.clie.es

LAS FUENTES QUE DIERON ORIGEN AL NUEVO TESTAMENTO
ISBN: 978-84-17620-32-5
Depósito Legal: B 3485-2020
Estudio Bíblico
Hermenéutica y exégesis
Referencia: 225118

Impreso en Estados Unidos de América / *Printed in the United States of America*

Datos biográficos

RAÚL ZALDÍVAR nació en Honduras donde sirvió como pastor y evangelista de Juventud para Cristo. Fue rector del Seminario Teológico de Honduras (SETEHO), donde había hecho su licenciatura en Teología. Sirvió como secretario ejecutivo de la Asociación Latinoamericana de Instituciones de Educación Teológica ALIET. Es fundador del Ministerio Raúl Zaldívar (MERZ) en Chicago y es actualmente el Presidente de Universidad para Líderes Internacional. Es abogado, miembro del Honorable Colegio de Abogados de Honduras y doctor en Derecho Internacional por la Universidad de Barcelona, donde su tesis obtuvo la calificación Cum Laude. Ha escrito varios libros, entre ellos Teología Sistemática desde una perspectiva Latinoamericana, Crítica Bíblica y Doctrina de la Santidad, entre otros. Es anfitrión del programa de radio El mundo en perspectiva y del programa de televisión del mismo nombre, así como del programa UpL 360 en la Cadena Enlace. Como evangelista ha predicado en más de 35 países en todos los continentes. Es catedrático de Teología Sistemática y ha sido profesor de Derecho Internacional en la Universidad de Honduras y profesor visitante en la Universidad Mariano Gálvez de Guatemala, y conferenciante en diversos seminarios y universidades de diferentes países..

Índice

Abreviaturas

MSS	Manuscritos
AT.	Antiguo Testamento
NT.	Nuevo Testamento
T.R.	Textus Receptus
GDEB	Gran Diccionario Enciclopédico Bíblico
(‫א‬)	Códice Sinaítico
(B)	Códice Vaticano
SBU	Sociedad Bíblica Unida
NVI	Nueva Versión Internacional
RV	Versión Reina Valera
v.g.	*Verbi gracia*
PI	Período Intertestamentario

Presentación del libro

Tenemos un compromiso histórico con una generación a la que no le podemos hablar de la misma manera que nos hablaron a nosotros los que nos antecedieron; y no podemos hacerlo porque ellos no consentirían que les tratemos de la misma manera. En nuestra época no se nos dio ningún tipo de explicaciones, simplemente teníamos que creer porque había que creer así. Una desafortunada tautología que nos castró una de las grandes facultades que Dios ha dado al hombre fue la de pensar. Esto nos sometió a la tiranía del miedo, puesto que si alguien osaba pensar diferente al dogma que irracionalmente se nos había impuesto, simplemente era excluido.

Otro de los factores que obraba en contra nuestra era la falta de información que nos obligaba —por no decir que nos condenaba— a creer cada cosa que nos dijeran. Si queríamos escribir un trabajo de investigación serio, estábamos obligados a realizar un tedioso recorrido por polvorientas bibliotecas en una diversidad de países y esto implicaba tiempo y dinero que muy pocos tenían. Afortunadamente hoy eso es historia, los *milenial* tienen la información al alcance de un clic, y cualquier cosa que nosotros digamos ellos pueden verificarlo en Google de forma casi instantánea.

Lo bueno de tener información al alcance de un clic trae implícito lo malo de tenerla, pues con la proliferación de esta ha surgido también la proliferación del engaño que ha vuelto a esta generación agnóstica, escéptica y muchas veces atea; generación que detesta el exclusivismo, los absolutos y todas aquellas posturas que no puedan probarse por la razón. Esto nos obliga a cambiar el paradigma, a pensar, hablar y escribir diferente.

En virtud de lo anteriormente expresado, surge este trabajo de investigación que intenta quitar ese ropaje de misticismo e irracionalidad con que se envolvió a la Biblia y explicar a esta generación cómo se formaron y qué fuentes utilizaron los redactores de los libros que componen el canon del NT para que quede claro la humanidad y la racionalidad de lo que conocemos como el Nuevo Testamento.

Así que darle una Biblia a un *milenial* diciéndole que es la Palabra de Dios y que la lea porque allí va a encontrar la verdad y los principios que van a guiar su vida, aunque es la verdad, es tan absurdo como pedirle peras al olmo.

Es necesario entrar a las intrincadas aguas de cómo se originan las doctrinas que fundamentan la fe cristiana, ver cómo estas se plasman en escritos que se convierten en fuentes que son utilizadas por personas supremamente inteligentes que tienen la habilidad de interpretar el pensamiento en el contexto sociopolítico y que escriben libros que posteriormente son sancionados como sagrados; si no entendemos este proceso, estaremos expuestos a creer posturas ateas en la universidad por eruditos profesores que deslumbran con su sabiduría.

Es cierto que la Biblia es la Palabra de Dios, que nos cuenta la historia de amor más grande, que nos relata pasajes importantes de la historia universal y que es un libro sagrado porque el Espíritu Santo inspiró a un puñado de escritores judíos que venían de diferentes contextos socioeconómicos y políticos a escribir en diferentes lugares en un período de dos mil años. Todo esto es correcto, el problema es que esto es matemática 101 y los *milenials* manejan ya trigonometría y cálculo. Es insoslayable que las personas que enseñan y predican a esta generación puedan enfrentarse como corresponde a este desafío generacional, pues la misma Biblia nos exhorta: ...*estando siempre preparados para presentar defensa ante todo el que os demande razón de la esperanza que hay en vosotros...(II Pedro 3:15)*, de manera que es nuestra responsabilidad defender nuestra fe, y tenemos que hacerlo por otra poderosa razón: somos *columnas y baluartes de la verdad (I Timoteo 3:15)* y también porque debemos *resplandecer como luminares en medio de esta generación...* Simplemente no podemos dejar que la erudición heterodoxa de nuestras universidades nos lleve la delantera y cautiven el pensamiento de nuestros jóvenes con *filosofías huecas* que, si bien son argumentaciones extraordinarias y lógicas, al final es *humana sabiduría* y no resuelve ni el más elemental de los problemas existenciales del hombre, como es la necesidad de amar y ser amado.

Como corolario de esta realidad a la que nos hemos referido es que ponemos a disposición de la Iglesia este trabajo de investigación, no que lo que se diga aquí sea algo nuevo en su totalidad o que nadie haya escrito sobre el tema. Lo que sí podemos afirmar es que es en este momento cuando nos identificamos de cuerpo entero con Lucas cuando afirmaba: *Puesto que ya muchos han tratado...* pues existe una amplia bibliografía sobre este tema, especialmente en otros idiomas, de obras que son simplemente excelentes, sin embargo, ...*me ha parecido también a mí, después de haber investigado con diligencia* y nos ha parecido bien porque a pesar de que existe mucha ignorancia sobre el tema, hemos observado que existe también un interés de la gente por conocer más sobre la formación de los libros del canon y todo lo que se refiera a la Biblia, y hemos llegado a esta conclusión después de las innumerables presentaciones que hicimos de nuestro libro anterior: *Técnicas de Análisis e Investigación de la Biblia* y escuchamos a la gente hacer preguntas y ver cómo recibían con atención la conferencia, de ahí que tuvimos a bien tocar otros temas que no se abordaron en el susodicho libro; y es así como surge este, con el mismo propósito ... *para que conozcas bien la verdad de las cosas...* Con este conocimiento, podemos hablar con propiedad no solamente a esta generación que nos ha desafiado, sino a todo aquél que demande *razón de nuestra fe.*

Raúl Zaldívar
Ciudad de Chicago, julio de 2018

Presentación del libro por Alfonso Ropero

No hace tanto se nos enseñaba que la inspiración divina de la Biblia era semejante al dictado de un directivo a su secretaria. Con esta teoría se quería garantizar la autoría de Dios y la inspiración verbal de cada palabra. Es decir, que Dios, aparte de inspirar a los escritores bíblicos las ideas, pensamientos o temas a escribir, también los guio en su elección de las palabras a utilizar, un proceso complejo y milagroso, casi imposible de explicar, que llevó a cabo el Espíritu Santo no solo dando las ideas al escritor bíblico, sino también supervisándolo en cada palabra escrita, guardándole así de error hasta en el detalle más pequeño. Pero hasta los más conservadores comprendieron que esta imagen del "dictado" no hace justicia al concepto de inspiración, pues si bien destaca el papel y la autoridad divina de la inspiración, no hace justicia al hecho fenomenológico de la Escritura, con sus géneros y estilos literarios tan diferentes. Si Dios hubiera dictado a cada escritor bíblico lo que tenía que escribir, cada escrito producido tendría un único estilo: el de Dios como autor. Pero al analizar el texto bíblico, es evidente que cada autor tiene su propio estilo de escritura y responde a un momento histórico concreto.

Louis Berkhof adelantó la teoría de la "inspiración orgánica", mediante la cual quiso hacer justicia a la parte divina —Dios como autor último—, y a la humana, mostrando que cada escritor sagrado escribió según su personalidad y su medio, en estricta fidelidad a lo que Dios quería decir en ese momento y mediante esa persona. La inspiración orgánica explicaría las diferencias de estilo, maneras de expresión, tiempo histórico-religioso, etc. "El término «orgánica» —escribía Berkhof— sirve para acentuar el hecho de que Dios no empleó a los escritores en un sentido mecánico, sino que actuó sobre ellos en forma orgánica, es decir, en armonía y consonancia con las leyes que rigen el ser interior de los escritores. Dios los usó tal como eran, con sus personalidades y temperamentos, sus dones y talentos, su educación y cultura, su vocabulario, dicción y estilo; iluminó sus mentes, los impulsó a escribir, contuvo la influencia del pecado en su actividad literaria y los ayudó a escoger las palabras y la expresión de sus pensamientos. Esta perspectiva es indudablemente la que posee mayor armonía con la información que tenemos en la Escritura" (*Manual de doctrina cristiana.*

Eerdmans, Grand Rapids 1933. Ver también su *Teología sistemática*, cap. 4). Para ser precisos, Berkhof tomó esta teoría de la "inspiración orgánica", de su correligionario Herman Bavinck, que fue quien primero introdujo esta expresión, con idéntica intención de hacer justicia y explicar el elemento humano en la Escritura divina.

En la actualidad, las ciencias bíblicas han avanzado mucho en todos los campos, especialmente desde los descubrimientos de los manuscritos del mar Muerto y de la biblioteca de Nag Hammadi. Se ha prestado más atención a la literatura extrabíblica y, sobre todo, la que se produjo en el llamado período intertestamentario, es decir, aquel amplio espacio temporal que va desde los tiempos de Esdras y Nehemías hasta el nacimiento y vida de Jesucristo. Período que dio a luz una ingente producción literaria judía de carácter sapiencial y apocalíptico, cuyas huellas se pueden detectar fácilmente en los escritos del Nuevo Testamento, una vez se conocen las características de esta producción literaria.

A semejante cuestión responde la investigación del autor de este libro, con un extenso recorrido por la literatura judía del período intertestamentario, una de carácter apócrifo, reservada para los iniciados; otra, pseudoepígrafe, revestida de la autoridad de los Patriarcas o personajes más célebres de la historia de Israel; todas preocupadas en dar una respuesta a los problemas, retos y desafíos del pueblo judío, que vivió períodos de sometimiento al poder político persa primero, al griego después, y al romano finalmente, con la memorable rebelión de los macabeos contra el atropello a la religión judía del monarca sirio-helénico Antíoco Epífanes y que fue inspiración de revueltas y guerras contra el nuevo poder romano, e inspiración también para los mártires cristianos.

En ese tiempo se perfilaron y profundizaron temas referentes al más allá, la vida de ultratumba; la realidad demoníaca, el final de los tiempos; la naturaleza del Mesías… Temas presentes en los escritos del Nuevo Testamento —como no podía ser de otra manera— pues es un hecho que la revelación se da en la historia y en respuesta a sus inquietudes.

El Dr. Raúl Zaldívar realiza un magnífico trabajo de rastreo y análisis de esos conceptos que estaban en el ambiente y aparecen en los escritos neotestamentarios, con el objetivo de presentar el marco histórico y literario de la revelación evangélica. Una obra original en nuestro idioma y en nuestro mundo evangélico que contrasta con los muchos escritos en otras lenguas y otras tradiciones eclesiales. Es, pues, de agradecer al autor el esfuerzo realizado en esta investigación, sólidamente documentada, que nos ayuda a tener una visión más amplia y adecuada del ambiente del "cumplimiento del tiempo" (Gálatas 4:4), cuando Dios envió a su Hijo en medio del conflicto de la historia para mostrarnos el camino de la salvación, salvación que comienza aquí, en medio de los tiempos, y se extiende a la eternidad.

Alfonso Ropero Berzosa
En un lugar de La Mancha, 9 de julio de 2018.

Introducción

Si la Biblia es el centro del universo sobre el cual gira la predicación y la enseñanza que se da cada semana a millones de seres humanos (a los que se les dice que este es un libro sagrado e inspirado por el Espíritu Santo y también se les dice que deben regir su conducta por los mandatos, principios y consejos allí plasmados), es oportuno —más bien justo— que también les digamos acerca de su origen,[1] cuáles son sus fuentes,[2] cuál es la técnica que usaron los redactores para escribir, cómo un relato se llega

1. No es que no haya libros que nos hable del origen de la Biblia o de los acontecimientos que le dieron origen; los hay y muy buenos, *v.g.* Pagán, Samuel. *Introducción a la Biblia Hebrea.* Edit. Clie. Viladecavalls. España. 2012. Aquí Samuel Pagán nos habla del origen del AT y pone a nuestra disposición toda su erudición producto de estudios y muchos años viviendo en la Tierra Santa. Hayes, John H, Maxwell, J. *A History of Ancient Israel and Judah.* John Knox Press. USA. 2006. Hace un estudio erudito de todo lo relacionado a Israel y Judá y su conexión con aquellos acontecimientos que le dieron origen a la Biblia.

2. Ha habido una concepción mística, históricamente en la Iglesia, sobre el origen del Texto Sagrado. La Iglesia latina se ha caracterizado por interpretar el texto sin reflexionar, analizar y valorar críticamente su *Sitz im Leben* y, menos aún, por estudiar sobre las fuentes que dieron origen al canon del NT. Este trabajo de investigación gira alrededor de las fuentes del NT, las cuales encontramos en la literatura del PI. Entre las fuentes más importantes que estudiamos están las pseudoepígrafes *El Apocalipsis Etíope de Enoc*, conocido también como I de Enoc, que es un libro clave en la redacción del NT, *El Cuarto Libro de Esdras, El Testamento de los doce Patriarcas, El Testamento de Moisés, El libro de los Jubileos, Janes y Jambres, inter alia.* Todas estas fuentes fueron traducidas de sus idiomas al inglés, del cual hemos traducido al castellano para efectos de esta investigación. Todos estos libros pueden ser encontrados en *The Old Testament Pseudepigrapha. Apocalyptic Literature and Testaments. Edited by James H. Charles Worth.* Yale University Press. Volume I, II. USA. 1999. Otras de las Fuentes usadas son: *El Evangelio Copto de Tomás, El Evangelio de Pedro, El Evangelio de María Magdalena, El evangelio de Judas Iscariote, II Esdras, inter alia.*, traducidos de sus idiomas originales al inglés, y a su vez traducidos al castellano para efectos de esta investigación. Todos estos libros puede ser encontrados en Cartlidge, David, Dungan, David: *Documents and Images for the Study of the Gospels.* Fortress Press. Third Edition. USA. 2015. Otras de las fuentes del NT es la literatura de la biblioteca de los esenios descubierta en Qumrán; entre algunas fuentes podemos citar *La Guerra entre los Hijos de la Luz y los Hijos de las Tinieblas, La Regla de la Comunidad o Documento de Damasco, inter alia.* El conocimiento de estas fuentes nos darán una idea clara de los libros que forman el canon del NT, contestará muchas preguntas y despejará muchas dudas.

a considerar inspirado para luego canonizarlo, y, finalmente, cómo este llega a nosotros. Esto le pondrá cabeza y le dará sentido a millones de seres humanos que cada domingo escuchan enseñanzas de un libro del cual tienen un concepto místico o simplemente no tienen ni la más mínima idea de dónde viene y cómo surge.

A. Objeto del estudio

El objeto de estudio de este trabajo de investigación es el análisis de las fuentes literarias que sirvieron, primero, para construir el pensamiento teológico que se encuentra plasmado a lo largo de todo el NT —como el concepto de Mesías, juicio, infierno *inter alia*— y, segundo, para redactar los libros del canon del NT. Las fuentes literarias a las que nos hemos referido es la abundante literatura que surgió en el PI,[3] como por ejemplo la literatura de género apocalíptico,[4] que sienta las bases de gran parte de la teología cristiana. La literatura deuterocanónica —llamada apócrifa[5] por la Iglesia Protestante— que fue una fuente muy importante para los redactores del NT, la literatura esenia, que es la literatura producida por la secta de los esenios que habitaba en las cuevas de Qumrán y que forma parte del hallazgo de los rollos del mar Muerto.[6] A esto hay que agregar la tradición

3. Para más información sobre este tema se recomienda: Olmstead, A. T. "Intertestamental Studies." *Journal of the American Oriental Society* 56, no. 2 (1936): P 242-57, Surburg, Raymond F. *Introduction to the Intertestamental Period by Journal of Biblical Literature* Vol. 95, No. 3 (Sep., 1976), p. 480 y ss. Murphy, Frederick J. *Journal of Biblical Literature* 107, no. 2 (1988): 339-42, G. Aranda Pérez, F. García Martínez y M. Pérez Fernández, *Literatura judía intertestamentaria*. Ed. Verbo Divino, Estella 1996; H.A. Ironside, *De Malaquías a Mateo* Edit. Clie. Viladecavalls. España. 1990.; F. Klein, "Intertestamentario. Período", *GDEB*, pp. 1256-1258; J. Maier, *Entre los dos testamentos*, Sígueme, Salamanca 1994; D. S. Russell, *El Período Intertestamentario*. Casa Bautista de Publicaciones, El Paso 1973; W. Smith, *Entre los dos Testamentos*. Edit. Clie. Viladecavalls. España. 1985.

4. El género apocalíptico es uno de los muchos géneros que encontramos en la Biblia. Este género surge en el PI pero florece en la época de los macabeos en el 168 a.C. aproximadamente hasta el 132 d.C. con el levantamiento de Adriano, es decir, un período de 300 años, aunque en los libros canónicos del AT podemos ver algunos vislumbres de este género. Para más información sobre este tema es muy útil leer Bailey, John W. "Jewish Apocalyptic Literature." *The Biblical World* 25, no. 1 (1905) P. 30-42. También se recomienda leer la introducción de Zaldívar, Raúl. *Apocalipticismo. Creencia, duda, fascinación y temor*. Edit. Clie. Viladecavalls. España. 2012. P. 11–14 y L.M. Guerra Suárez, "Apocalíptica. Literatura", *GDEB*,pp.164-175.

5. Nos referimos a los libros del canon griego de la Biblia que sigue la Iglesia Católica romana. Para un estudio introductorio completo sobre el tema se recomienda: Pagán, Samuel. *Introducción a la Biblia Hebrea. Op. cit*. P. 591 – 600 y Alfonso Ropero, "Deuterocanónicos", GDEB, pp. 603-604.

6. Para más información ver Mébarki, Farah, and Claude Grenache. "The Qumran Library." *Near Eastern Archaeology* 63, no. 3 (2000): P 144-49. Collins, John J. *The "Dead*

oral de los judíos que posteriormente fue escrita en el Talmud y que, hasta cierto punto, tiene una relación con el NT. Por último, es objeto de estudio la literatura apócrifa del NT, no como fuente de los libros canónicos, sino como prueba de la existencia de fuentes que fueron comunes tanto a los evangelistas canónicos como a los apócrifos.

En conclusión: el objeto de estudio de esta investigación son todas aquellas fuentes que sirvieron o pudieron servir directa o indirectamente a la formación de los libros del canon del NT.

B. Propósito de la investigación

El fascinante mundo de las fuentes literarias que dio lugar a la teología y a los libros del canon del NT nos impone los siguientes propósitos:

1. Demostrar que las doctrinas del NT no se dan en un *vacivus* teológico, sino que son la síntesis de toda una infraestructura literaria.

2. Probar que las doctrinas más importantes del NT tienen su origen en los pseudoepígrafes, libros deuterocanónicos, literatura esenia y otros escritos judíos del PI.

3. Establecer la conexión entre la realidad sociopolítica de Israel y el género apocalíptico en los pseudoepígrafes.

4. Identificar las fuentes literarias que sirvieron de base para la formación de los libros del canon del NT.

5. Entender el intrincado y humano proceso de la formación del canon, tanto del AT como del NT.

6. Desmitificar[7] el concepto de inspiración bíblica sin afectar en un ápice que la Biblia es la Palabra de Dios.

Sea Scrolls": A Biography. Princeton University Press, USA. 2013. F.F. Bruce y F. García, *Los manuscritos del mar Muerto.* Edit. Clie. Viladecavalls. España. 2011; J. Mª Casciaro Ramírez, *Qumrán y el NT.* EUNSA, Pamplona 1982; A.G. Lamadrid, *Los descubrimientos del mar Muerto.* BAC, Madrid 1971; A.D. Roitman, "Manuscritos del mar Muerto", GDEB, pp. 1591-1597; C. P. Thiede, *Los rollos del mar Muerto y los orígenes del cristianismo* Ed. Océano, México 2008; J. Vázquez Allegue, *Para comprender los manuscritos del mar Muerto.* Ed. Verbo Divino, Estella 2004; G. Vermes, *Los manuscritos del mar Muerto.* Muchnik Editor, Barcelona 1977; E. Wilson, *Los rollos del mar Muerto. El descubrimiento de los manuscritos bíblicos.* FCE, México 1977; Y. Yadin, *Los rollos del mar Muerto.* Ed. Israel, Buenos Aires 1959.

7. Esta es una palabra tomada del vocabulario de Rudolf Bultmann que usó en sus amplias exposiciones de la Crítica Histórica. Sobre este tema se recomienda el *midrash* hecho en Zaldívar, Raúl. *Técnicas y Análisis e Investigación de la Biblia.* Edit. Clie. Viladecavalls. España 2016. P. 156 y ss.

Estas seis líneas de investigación son más que suficientes para desarrollar un trabajo que nos aclarará el origen y el desarrollo del proceso de formación de la teología del NT, así como la formación de los libros del canon.

C. Limitaciones de la investigación

El tema de las fuentes literarias en el canon bíblico es sumamente amplio, así que un proyecto como este tiene que ser bien delimitado para el mejor entendimiento de los lectores,[8] de ahí que nos centremos, en primer lugar, en el NT, es decir, vamos a estudiar solo lo relacionado con las fuentes de la teología y los libros del canon del NT.

Por otro lado, la literatura del PI que sirve de fuente para la formación del NT es sumamente numerosa y es simplemente imposible abarcarla toda.[9] Por tal razón, hemos seleccionado dicha literatura siguiendo estos criterios de delimitación: (1) Que el documento haya sido escrito antes del año 50 de nuestra era,[10] (2) Que tenga una relación directa con una doctrina teológica del NT, (3) Que pueda establecerse una conexión entre el documento del PI y Jesucristo y que dé como resultado un *midrash* que origine un dogma de la fe cristiana.[11]

---

8. Uno de los temas torales de la lógica es el Concepto. El entendimiento de un concepto dependerá de la delimitación del mismo. A mayor extensión, menor comprensión y *a contrario sensu*, a menor extensión, mayor comprensión. De manera que nuestro objetivo en esta investigación es que haya la menor extensión posible para que a su vez haya la mayor comprensión posible.

9. Solo para dar un idea de lo abundante que es esta literatura, vamos a efectuar una clasificación. Lo primero que vamos a citar es la Biblia griega, es decir, la Septuaginta, luego I de Enoc, después vamos a hablar de (1) Los antiguos libros y las tradiciones y dentro de esta clasificación está: Jubileos, Génesis Apócrifo, Libros sobre Adán y Eva, Antigüedades bíblicas, José y Asenat. (2) Literatura Apocalíptica: Daniel, Ascensión de Moisés, Rollos del Templo, Rollos de Guerra, Manual de la Disciplina y Documento de Damasco, Himnos (*Hodayot*), Salmos de Salomón, Testamento de los Doce Patriarcas y Oráculos Sibilinos. (3) Historia de Israel: I Esdras, 1 y 2 de Macabeos, Ester, Judit, Tobías. (4) De sabiduría o apologética: La Sabiduría de Jesús, Qoélet, 1 Baruch, Carta de Aristeas, 4 de Macabeos, Sabiduría de Salomón. Una sinopsis de cada uno de estos libros puede ser encontrada en Koester, Helmut. *History, Culture and Religion of the Hellenistic Age. Walter de Gruyter*. USA. 1995. P. 235 y ss.

10. Este es un criterio lógico, si estamos estudiando las fuentes que dieron origen a los libros del canon del NT, y se estima que Gálatas fue el primer escrito considerado inspirado y que data del año 49 d.C., por lo que es lógico que rechacemos cualquier documento posterior a esa fecha.

11. No tiene que ser una cita literal; una paráfrasis en la que pueda establecerse la relación es más que suficiente para nuestro propósito.

Con esto, hemos dejado claro cuáles son los parámetros dentro de los cuales nos estaremos moviendo en el transcurso de esta investigación.

D. Justificación del trabajo

No es suficiente ni honesto asegurarle al mundo que la Biblia es la Palabra de Dios y no saber cómo esta se ha formado. No es suficiente asegurar que la Biblia es inspirada por el Espíritu Santo y no saber el intricando proceso de su formación. No es suficiente ni honesto estudiar y enseñar de algo de lo que no tenemos una idea clara de cómo llegó a nuestras manos. No es suficiente ni honesto afirmar que el *justo vivirá por la fe* y divorciar esta de la razón y creer las cosas porque sí. Sí, *el justo por la fe vivirá,* empero el justo es un hombre inteligente, capaz de hacer análisis y valoraciones críticas. A estas alturas de la película ya no se puede justificar la ignorancia ni la pereza hablando en contra del conocimiento y satanizándolo para mostrar cuán ignorantes somos.[12]

En tal sentido, es menester conocer el complicado camino que el hombre ha tenido que seguir por miles de años para llegar a analizar y valorar según la sabiduría y entendimiento que Dios le ha dado para determinar qué es palabra de Dios y qué es palabra de los hombres. Este trabajo de investigación nos lleva por ese recorrido del hombre en su afán por confeccionar un cuerpo literario al que pueda considerar sagrado. Este solo hecho justifica con creces esta investigación y ofrece al pueblo iberoamericano un trabajo científico que clarifica muchas dudas y que también da muestras de la madurez de nuestra Iglesia, especialmente en estos últimos años.

E. Metodología de investigación

Sin un método[13] es imposible la aprehensión de conocimiento, cualquiera que este sea; de manera que el primer método usado en esta investigación

---

12. Estas palabras surgen en primer lugar, de un contexto socioreligioso donde se satanizó el conocimiento para justificar la ignorancia. En segundo lugar, surge de la realidad de aquellos que hacen educación teológica en Latinoamérica y que siguen dependiendo de obras traducidas del inglés o del alemán escritas por personajes cuyos nombres no podemos pronunciar, pero cuando lo hacemos sentimos orgullo de impresionar a los indoctos; y por último, surge de la realidad de aceptar las cosas sin analizar, reflexionar y valorar críticamente y simplemente porque así nos la enseñaron y así tienen que ser.

13. Método es el conjunto de procedimientos racionales para la investigación y la demostración de la verdad. Ver. Benlloch y Tejedor. *Filosofía General.* Ediciones S.M., Madrid. 1975.

es el *método analógico,*[14] que no es más que la conexión que se establece entre la palabra, concepto o pasaje que aparece en un libro del PI con una verdad en la cual Jesucristo es el centro del *midrash.* Entonces estamos hablando de una analogía entre esa palabra o concepto de un documento del PI y la palabra o concepto donde Cristo es el centro del universo.

En virtud que uno de los temas torales de la literatura del PI es el género apocalíptico y que este tiene una característica bien peculiar, estamos siguiendo los criterios metodológicos propuestos por el erudito profesor Samuel Pagán[15]: (1) Rigor académico y científico. *Es necesario elaborar un análisis a fondo de los problemas planteados y las dificultades estudiadas. Debe estudiarse sobriamente desde una perspectiva histórica y teológica.* Especialmente lo último que señala hay que tomarlo muy en cuenta puesto que la realidad sociopolítica del pueblo de Israel dio origen a la teología que prima en el NT. Así que lo histórico y lo teológico van de la mano. (2) Discernir entre lo esencial y lo periférico. Pagán acertadamente señala que debemos *ir directamente al núcleo de los problemas … el simbolismo puede llevar al lector no atento a divagaciones superfluas…* La característica del lenguaje apocalíptico es la simbología, código de lenguaje que la gente de aquel tiempo entendía mejor que nosotros, así que hay que saber identificar la verdad central del tema y no darle atención a cuestiones periféricas que nos sugieran los símbolos. (3) Los temas deben ser estudiados en el marco general de la Teología e historias bíblicas y (4) Debe ser una aportación a la fe, la esperanza y la edificación de los creyentes. Pagán apunta que el propósito último de la apocalíptica bíblica no es satisfacer la curiosidad intelectual de los eruditos, sino contribuir al crecimiento de la fe cristiana.

Siguiendo esta metodología vamos a alcanzar dos propósitos bien claros: el primero, establecer la relación del documento del PI y la verdad de Cristo, es decir, el *midrash.* En segundo lugar, las doctrinas teológicas iniciadas y desarrolladas en el PI, pero que al hacer el *midrash* con Jesucristo en el centro, da como resultado una dogmática cristiana completamente nueva.

F. Las fuentes del conocimiento

La fuente principal para la elaboración de este trabajo de investigación es la abundante literatura no canónica o deuterocanónica del PI, la cual afortunadamente ha sido compilada por académicos, mayormente en el

---

14. El *modus operandi* del método histórico es tratado de una forma magistral en Garraghan, Gilbert, J. *A guide to Historical Method.* Fordham University Press. USA. 1946.

15. Pagán, Samuel. *Apocalipsis. Interpretación Eficaz Hoy.* Edit. Clie. Viladecavalls. España. 2012. P. 20 – 23.

idioma inglés.[16] Luego se utilizan los artículos escritos por los académicos de mayor prestigio publicados en las revistas de las universidades y seminarios más cotizados.

G. Plan de estudio

El desarrollo heurístico de este trabajo de investigación se hará en cinco capítulos principales y tres anexos.

En el primer capítulo se abordará todo lo relacionado a la producción literaria de las escuelas de pensamiento representadas por los fariseos, saduceos y esenios respectivamente. En el segundo capítulo se hará un estudio de la literatura judía deuterocanónica y cómo esta es una fuente muy importante, tanto para establecer la teología del NT como también para la formación de los libros del canon. El capítulo tres será dedicado al estudio de la literatura conocida como pseudoepígrafe que dio origen al género apocalíptico. Se analizarán pasajes seleccionados en estos libros para ver cómo estos se convirtieron en fuentes para los redactores del NT. El capítulo IV será consagrado al estudio de toda aquella literatura apócrifa y gnóstica relacionada con el NT. El objetivo será ver cómo los redactores de esta literatura usaron las mismas fuentes que los redactores del NT. Terminaremos con el capítulo cinco, en el cual nos introduciremos en el mundo intricado de la inspiración y su relación con la canonización. Este capítulo es de suprema importancia porque se redefine el concepto de inspiración y demuestra cuál es el *modus operandi* para canonizar un escrito.

Con este planteamiento heurístico pretendemos dar una respuesta a una pregunta toral del cristianismo y de la generación actual que ha estado allí y que muy pocas veces se hace o simplemente se da por sentado y es: ¿qué hay detrás del libro que nosotros llamamos Biblia? ¿De dónde se origina la teología, los preceptos, los principios que nosotros enseñamos? Pues bien, este desarrollo pretende llegar a una conclusión a esas intrincadas preguntas que nos han inquietado y nos inquietan aún.

---

16. Tal es caso de esta magnífica obra que concentra los libros y documentos pseudoepígrafes más cotizados en el mundo de la academia. *The Old Testament Pseudepigrapha. Apocalyptic Literature and Testaments. Edited by James H. Charles Worth.* Volume I, II. *Op. cit.* Por otro lado tenemos Cartlidge, David, Dungan, David. *Documents and Images for the Study of the Gospels.* Este es un compendio de todos aquellos documentos apócrifos del NT que arrojan gran luz para su entendimiento.

Escritos de escuelas judías: fuente literaria del NT

Uno de los pueblos más prolíficos en cuanto a producción de literatura se refiere es el pueblo judío,[17] Esta ha sido una tradición que han mantenido a lo largo de su historia, de ahí que no nos extrañe que a día de hoy hayan sobresalido en el mundo de la academia tanto religiosa como secular. Por historia y tradición, los judíos han sido un pueblo religioso, depositarios exclusivos de la revelación de Dios e instrumentos del eterno en la conducción de su plan de redención de la humanidad. Al estar la ciencia y el conocimiento en su ADN, no nos debe extrañar que sean poseedores de una rica cultura literaria que es digna de ser estudiada y tomada en cuenta.

Gran parte de la producción literaria religiosa de los judíos tuvo su origen en el PI en el cual surgieron tres escuelas de pensamiento,[18] a saber, los fariseos, saduceos y esenios.[19] Algunas de estas escuelas dieron origen a una importante biblioteca religiosa que se convirtió en fuente literaria en la formación de los libros del canon del NT.

17. En II de Macabeos 2:13-14 leemos que Nehemías fundó una Biblioteca de literatura bíblica donde había una larga colección de libros. Aquí en esta biblioteca se preservó la literatura religiosa judía. Esto es de trascendental importancia porque fue aquí donde se gestó un movimiento literario muy importante en la vida del pueblo de Israel. Ver. Schniedewind, William M. *How the Bible Became a Book.* Cambridge University Press. USA. 2004. P. 182 y ss.

18. Sobre estos grupos Flavio Josefo señala: *En esta época había tres escuelas de pensamiento entre los judíos, las cuales sostenían puntos de vista encontrados en relación con el acontecer humano, una de las cuales se llamaba escuela de los fariseos, otra la de los saduceos y la tercera la de los esenios...* Ver Flavio Josefo. *Antigüedades de los judíos.* Clie, Viladecavalls 2013. P. 495.

19. También hubo dos grupos de carácter político que se opusieron tenazmente a Roma y que fueron conocidos como los zelotes, que surgieron después de la revuelta de Judas el Galileo y los sicarios. El de los Zelotes fue un grupo que surgió después del nacimiento de Cristo, justo en la época del censo romano en Judea (Hechos 5:37). Era un movimiento de carácter nacionalista bajo el liderazgo de Judas el Galileo. Su objetivo era lograr la independencia de Roma mediante la lucha armada. Para más información se recomienda el artículo "Zelote" de Alfonso Ropero en Gran Diccionario Enciclopédico de la Biblia. Clie. Viladecavalls. España 2013. P. 2661-2662.

Nuestro objetivo en este capítulo será efectuar el estudio de la producción literaria de cada uno de los grupos religiosos antes mencionados para llegar a dimensionar de la mejor manera posible todo el *spectrum* literario que moldeó el pensamiento tanto de los que produjeron esta literatura como de aquellos que la usaron como fuente para la redacción final de los libros canónicos del NT.

A. La escuela de los fariseos

Los fariseos fueron una consecuencia directa de la revuelta de los macabeos y se cree tienen su origen en la época del gobernante hasmoneo Juan Hircano. Este sector del judaísmo creció pronto en influencia y llegó a tener el favor de las masas. Abogaban por la pureza de las enseñanzas religiosas y eran muy celosos en el cumplimiento de las tradiciones. Los fariseos fueron prolíficos escritores y generaron una literatura sumamente importante hasta el día de hoy. En este apartado será objeto de estudio su literatura y la teología que de ella se deriva.

1. La literatura de los fariseos en la época de Jesús

El fundamento religioso de los fariseos estaba en la *Torah*, que era la ley escrita, pero a diferencia de los saduceos, ellos sí creían en la ley oral, la cual fue construyéndose a través de los siglos mediante la transmisión oral y escrita de generación a generación, efectuando exégesis que servía para aplicar la ley escrita a situaciones específicas del día a día de la nación. De esta manera, la ley oral iba acrecentándose hasta formar un cuerpo muy importante por lo que surgió la necesidad de escribirla —y así lo hicieron— surgiendo el Talmud.[20]

Es así cómo, para los judíos, tanto la tradición escrita —la *Torah*— como la tradición oral —el Talmud— son consideradas como una sola revelación.[21] De ahí que no nos extrañe que el sector del cristianismo católico

---

20. La palabra "Talmud", que literalmente significa "estudio", designa un libro sagrado —para muchos judíos ortodoxos incluso inspirado— que recoge el conjunto oficial de la tradición y la interpretación del judaísmo. Formado por la "Mishná" (ley oral codificada en torno al 200 d.C.) y la "Gemara" (comentario a la "Mishná" recopilado entre los siglos III y VI d.C.), durante siglos ha constituido el principal signo de identidad del judaísmo y la base real de su fe y su conducta. Para todo lo relacionado con este tema se recomienda altamente a Strack, H.L., Stemberger, Gunter. *Introduction to the Talmud and Midrash*. Fortress Press. USA. 1996.

21. Jaffé, Dan. *El Talmud y los orígenes judíos del cristianismo*. Desclée Brouwer, Bilbao. 2009. Pág. 15. Al final del segundo templo, las diferentes vicisitudes a las que fueron sometidos los judíos, así como el miedo a que se olvidaran todas las enseñanzas anteriores, condujeron a la transcripción de todas estas tradiciones. En el mundo judío se sintió

romano haya adoptado la misma política, de dar a las tradiciones puestas por escrito el mismo valor que a los libros canónicos.[22] El tema de tradición oral plasmada en el Talmud tiene su asidero en el texto de la *Torah* que reza de la siguiente manera: ... *sube a mi monte, y espera allá, y te daré la tablas de piedra, y la ley, y mandamiento que he escrito para enseñarles...*[23] los judíos interpretan que la segunda parte del versículo es el fundamento autoritativo de parte de Dios que justifica la existencia del Talmud. En el midrash Halaká Behuqotay 8,12 señala lo siguiente:

"He aquí las leyes, los decretos y las enseñanzas"(Lv. 26:46) [el anterior versículo demuestra que] las leyes son las interpretaciones (midrashot). Los decretos son las observaciones rituales. Las enseñanzas testifican que dos Torot (dos leyes divinas) fueron dadas a Israel: la Ley escrita y la Ley oral... en el monte Sinaí por mano de Moisés. Esto nos enseña que la Torah, sus leyes, sus profundizaciones y sus comentarios, todos fueron revelados en el Monte Sinaí.[24]

El anterior *midrash* del *Halaká Behuqotay* resalta el proceso de legitimación de la interpretación de la escritura que da origen a la tradición oral y que la pone al mismo nivel que a la tradición escrita.

Moviéndonos a la época del ministerio de Jesús en Israel, podemos observar que el *midrash* de los fariseos estaba en un franco conflicto con la interpretación que hacía Jesús, que aunque no necesariamente nulificaba el *halaká*[25] de los fariseos, sí refutaba mucha de su interpretación. El pasaje de Mateo 15 y ss. es altamente ilustrativo:

la necesidad de conferir a esta ley oral una legitimidad que le permitiese ser aceptada por el pueblo.

22. Este dogma fue ratificado en el Concilio de Trento para oponerse al pensamiento de Lutero que sostenía el principio de la *Sola Scriptura* que afirmaba que los libros canónicos eran la única norma de fe y conducta, no así la tradición de la Iglesia. Sobre este tema, el Concilio de Trento señala: ... considerando que esta verdad y disciplina están contenidas en los libros escritos, y en las tradiciones no escritas, que recibidas de boca del mismo Cristo por los apóstoles o enseñadas por los mismos apóstoles, inspirados por el Espíritu Santo, han llegado como de mano en mano hasta nosotros, siguiendo los ejemplos de los Padres católicos recibe y venera con igual afecto de piedad y de reverencia, todos los libros del viejo y nuevo testamento... así como las mencionadas tradiciones pertenecientes a la fe y a las costumbres, como que fueron dictadas verbalmente por Jesucristo, o por el Espíritu Santo y conservadas perpetuamente sin interrupción en la Iglesia Católica. Ver Sesión IV Concilio de Trento. https://www.emym.org/articulos1/conciliodetrento.pdf. Visto el 17 de septiembre 2018.

23. Éxodo 24:12.

24. Citado en el midrash Halaká Behuqotay 8,12.

25. Es el ordenamiento jurídico religioso y moral de los judíos por el cual ellos rigen sus relaciones personales, sociales, nacionales, el comportamiento en situaciones

...¿Por qué tus discípulos quebrantan la tradición de los ancianos? Porque no se lavan las manos cuando comen pan. Respondiendo él, les dijo: ¿Por qué también vosotros quebrantáis el mandamiento de Dios por vuestra tradición? Porque Dios mandó diciendo: Honra a tu padre y a tu madre; y: El que maldiga al padre o a la madre, muera irremisiblemente. Pero vosotros decís: Cualquiera que diga a su padre o a su madre: Es mi ofrenda a Dios todo aquello con que pudiera ayudarte, ya no ha de honrar a su padre o a su madre. Así habéis invalidado el mandamiento de Dios por vuestra tradición. Hipócritas, bien profetizó de vosotros Isaías, cuando dijo: Este pueblo de labios me honra; Mas su corazón está lejos de mí. Pues en vano me honran, Enseñando como doctrinas, mandamientos de hombres.[26]

Ya la pregunta de los fariseos nos deja ver claro que existía en esa época un *halaká* que en este caso específico viene del *midrash* de los fariseos y que es parte de lo que se conoce como la ley oral. [27] Lo interesante es que Jesús no refuta directamente el argumento de los fariseos, sino que, esgrimiendo un argumento fundamentado en otra estipulación oral de su *halaká*, prueba que su ordenamiento jurídico fundado en la ley oral invalida al mandamiento de Dios que en este caso es la ley escrita o *Torah*. La acusación que hace al final de la perícopa es sencillamente mordaz y lapidaria, dejando establecido que su *halaká* había invalidado a la ley de Dios plasmada en la *Torah*.

Otro ejemplo de las controversias entre Jesús y los fariseos por el tema del *halaká* de los fariseos fundamentado en la ley oral se encuentra en Marcos 2:23-28

Aconteció que al pasar él por los sembrados un día de reposo, sus discípulos, andando, comenzaron a arrancar espigas. Entonces los fariseos le dijeron: Mira, ¿por qué hacen en el día de reposo lo que no es lícito? Pero él les dijo: ¿Nunca leísteis lo que hizo David cuando tuvo necesidad, y sintió hambre, él y los que con él estaban; cómo entró en la casa de Dios, siendo Abiatar sumo sacerdote, y comió los panes de la proposición, de los cuales no es lícito comer sino a los sacerdotes, y aun dio a los que con él estaban? También les dijo: El

---

puntuales, por mencionar algunos. El Halaká tiene dos fuentes principales: (1) La ley escrita (La Torah) y (2) La ley oral (El Talmud).

26. Ver Mt. 15:2 y en ese mismo sentido se expresó Mc. 7:3 y Gál.1:14.

27. El guardar la tradición oral era un motivo de orgullo para los judíos, así nos lo revela Pablo en Gálatas 1:14 cuando afirma: *... y en judaísmo aventajaba a muchos de mis contemporáneos en mi nación, siendo mucho más celoso de las tradiciones de mis padres.* Es fundamental entender que en el mundo judío las tradiciones que un pueblo debe observar se escriben y tienen el carácter de ley. En nuestra cultura las tradiciones se guardan si se quieren y en ningún momento tienen carácter coercitivo.

día de reposo fue hecho por causa del hombre, y no el hombre por causa del día de reposo. Por tanto, el Hijo del Hombre es Señor aun del día de reposo.

En este interesante pasaje vemos que Jesús sigue la misma metodología de la perícopa analizada anteriormente: no refuta la argumentación basada en la violación del día de reposo, sino que realiza una analogía con la violación de la ley escrita que hizo David al comer un pan que por derecho divino no le estaba permitido comer, sin embargo comió y no incurrió en culpa. Luego remata su refutación aseverando que el ser humano tiene más importancia que una prescripción ritual para luego ponerle la guinda al pastel adjudicándose el papel de Mesías y declarando su señorío, no solo del día de reposo, sino de todo lo que existe. De esta manera, Jesús redujo al absurdo la pretensión de los fariseos.

Existen muchos encuentros controversiales en los Evangelios entre Jesús y los fariseos, pero estos dos ejemplos nos clarifican que existía una discrepancia entre el *midrash* de Jesús y la forma en que los fariseos hacían su *midrash*, tanto de la ley escrita como de la ley oral. Al final, Jesús deja claro que el *halaká* fariseo está fundamentado en aspectos exteriores y superficiales del ser humano y hace a un lado los aspectos internos como la misericordia, el amor, la solidaridad, donde el hombre tiene tanto valor que si es necesario romper con una ley oral, hay que hacerlo, y en algunos casos incluso con la ley escrita, porque el hombre es el supremo bien de la creación y está por encima de cualquier formulismo humano.[28]

2. La teología de los fariseos

La teología de los fariseos no está del todo lejos de los principales dogmas del cristianismo, *v.g.* la resurrección del cuerpo, los fariseos sí creían en esta doctrina, de tal manera que un fariseo como Pablo no tuvo ningún problema para escribir una teología tan clara sobre la resurrección como la que escribió en I de Corintios 15. Otra de las doctrinas teológicas de los fariseos era la creencia en la figura del Mesías *per se*, aunque había una discrepancia sobre qué clase de mesías iba a ser este y quién iba a serlo. Los

---

28. Ética de situación es una filosofía cristiana desarrollada por Joseph Fletcher en la cual sostiene que por amor puede violarse una regla moral o jurídica. Ver Fletcher, Joseph. *Ética de Situación. Una nueva moralidad.* Ediciones Ariel. México. 1970. En la Biblia existen varios casos de ética de situación, por ejemplo, cuando Rahab la ramera miente para salvar a los espías enviados por Josué, o cuando David come panes que no le era lícito comer, o cuando Jesús no aplica la ley de la lapidación a la mujer adúltera sino que la perdona. En ninguno de los casos anteriores se aplicó la ley, antes bien, se violó una ley; sin embargo, las tres fueron buenas acciones, cubiertas por el manto de la ética de situación.

fariseos creían en la canonicidad no solamente de la *Torah* (Ley), sino de los libros del *Nəbî'îm* (Profetas) y *Ketuvim* (Escritos),que son los que forma el *Tanaj*, que para nosotros es el AT. También creían en la predestinación, que estimaban compatible con el libre albedrío puesto que sostenían que el hombre tenía la responsabilidad de escoger entre el bien y el mal. En relación con el alma de los malvados, estas quedaban apresadas, en tanto que la de los justos revivirían en cuerpos nuevos. Finalmente, los fariseos creían en el día del juicio y por lo tanto en la recompensa de las almas: unos para vida eterna y otros para condenación. [29] Ahora bien, esta teología en realidad no era lo que caracterizaba a los fariseos, sino que lo era su apego a la observancia a la ley, tanto escrita como oral, enseñando que Dios solo otorga su *gracia* a las personas que viven conforme a estos preceptos.[30]

A simple vista todo está en orden, y si no pusiéramos en la redacción la palabra fariseo podría pasar lo que hemos escrito como dogmática cristiana; sin embargo, hay factores torales que a pesar de la similitud son a la vez muy diferentes. En primer lugar, porque en la ecuación teológica de los fariseos hace falta la figura de Jesucristo y este solo hecho le da un vuelco de 180 grados al *midrash* que hacen los fariseos. No se puede hablar de la resurrección si no se habla de Jesucristo, que fue hecho primicia de los que durmieron y no se puede sacar de la ecuación porque Él es la resurrección y la vida. No se puede hablar de un Mesías si no se identifica a Jesús con este personaje. En resumen: el problema de la teología de los fariseos es que Jesús no es el centro de la misma, y en ese mismo momento esta se vuelve fútil. En segundo lugar, el celo por la observancia de la ley —lo cual *per se* no es malo— sin embargo, cuando despojamos a la ley de Dios de su espíritu y nos volvemos legalistas e intérpretes literales de la ley, entonces nos volvemos fanáticos y perdemos la esencia de la ley, que es alcanzar la justicia a través de la misericordia. El mejor ejemplo para darnos a entender sobre este tema es la perícopa de la mujer adúltera. En esta historia había dos cosas en juego: la ley y la misericordia. Los judíos preguntan a Jesús en 8:45 ... *maestro, a esta mujer se le ha sorprendido en el acto mismo de adulterio. En la ley Moisés nos ordenó apedrear a tales mujeres. ¿Tú qué dices?...*

---

29. Ver. Beyer H. *Fariseos*. Gran Diccionario Enciclopédico de la Biblia. Clie. Viladecavalls. P. 891. También es útil Sanders, E. P. *Judaism: Practice and Belief, 63 BCE-66 CE*. Minneapolis: Augsburg Fortress Publishers, USA. 2016. J. Bowker, *Jesus and the Pharisees*. CUP, Cambridge 1973; J. Leipoldt y W. Grundmann, *El mundo del Nuevo Testamento* I, 283-299. Cristiandad, Madrid 1973; Emil Schürer, *Historia del pueblo judío en tiempos de Jesús*. Cristiandad, Madrid, 1985; Anthony J. Saldarini, *Pharisees, Scribes, and Sadducees in Palestinian Society: A Sociological Approach*. Wilmington 1988. Jacob Neusner, *The Rabbinic Traditions About the Pharisees Before 70*, 3 vols. Leiden, 1971.

30. Todo lo relacionado con la religión y prácticas de los judíos como la adoración a Dios, observancias rituales, ética, legalismo, *inter alia*, puede verse en Cohen, Shaye. *From the Maccabees to the Mishna*. John Knox Press. USA. 2006. P. 51 y ss.

Si vamos a observar la ley al estilo de los fariseos, solo hay un camino posible, lapidar a la pobre mujer y hundir a su familia en el dolor y la ausencia, o aplicar la misericordia y darle una oportunidad de arrepentirse para el bien de ella y de su familia. La segunda opción obedece a los más caros intereses de Dios que vino a *salvar el mundo, no a perderlo*. Este fue el error de los fariseos: desnaturalizar la ley y privarla de su más cara aspiración que es alcanzar la justicia y el bienestar del ser humano.

Una vez visto lo relacionado con la teología de los fariseos, toca estudiar todo lo relacionado con su producción literaria.

3. La literatura judía después del segundo templo

Después de la destrucción del segundo templo en el año 70,[31] cambia radicalmente todo el panorama socioreligioso de Israel.[32] En primer lugar, porque con la destrucción del segundo templo cesó todo lo relacionado con los rituales religiosos y, en segundo lugar, porque si no se hacía algo se iba a perder la identidad religiosa de un pueblo que había recibido un golpe certero de los romanos al haber estos destruido no solo el templo, sino la ciudad de Jerusalén. En este contexto de desolación y desesperanza se establece en la ciudad de Yavne o Jamnia un grupo de religiosos a los que se les va a llamar *sabios*, mayormente de extracción farisea, que van a normar la vida religiosa del pueblo.[33] Estos personajes iban a tener la sagrada responsabilidad de mantener la identidad religiosa milenaria del pueblo, fundamentada en su creencia en YHWH revelado en todo un cuerpo literario que ellos consideraba la Palabra misma de Dios. Desde la época de Esdras se venía desarrollando un cuerpo de leyes al que se le denomina en el NT como *la tradición de los ancianos*, y que ahora era necesario poner por escrito para que sirviera de base no solamente para el pueblo confundido y derrotado por los romanos, sino para las generaciones futuras. Todo esto es el *Sitz im Lebem* de lo que el mundo conoce el día de hoy como el Talmud.

31. En el año 70, siendo Vespasiano el emperador del imperio y Tito el oficial a cargo del ejército romano en Judea, Jerusalén fue destruida junto con su majestuoso templo. Esta era la segunda vez que el templo era destruido. La primera vez fue en la época de Nabucodonosor, cuando gran parte del pueblo fue llevado al exilio babilónico. Para una información exhaustiva de la primera guerra de los judíos y la destrucción del segundo templo, nada más útil que ver Flavio Josefo. *La guerra de los Judíos*. Edit. Clie. Viladecavalls. España. 2015. Capítulo V y VI.

32. Los saduceos, los esenios y otros grupos van a desaparecer paulatinamente para dar paso a los *sabios* que son los descendientes directos de los fariseos.

33. El rabino Yojanán ben Zakkai, quien logra escapar del sitio romano en el año 70, es el fundador —con otros rabinos— de la comunidad llamada "los sabios de Jamnia"; lo primero que hicieron fue poner por escrito las enseñanzas orales de los maestros anteriores antes de que estas se perdieran para siempre.

El Talmud es la obra principal del judaísmo y está formado por dos instrumentos muy importantes: El Mishná[34] y la Gemara.[35] El Mishná es un cuerpo legal y religioso que se mueve en dos direcciones bien marcadas: por un lado, contiene disposiciones que aclaran y precisan la ley de Moisés y, por otro lado, contiene sentencias de rabinos que comentaban la *Torah.* La Gemara es un conjunto de discusiones rabínicas eruditas que interpretan y amplían las aplicaciones legales de la Mishná.[36]

Se puede afirmar que las enseñanzas halákicas de los sabios de Yavne eran relativamente bien aceptadas por el pueblo[37] y, sobre todo, percibidas como exégesis autorizadas del texto revelado.[38] En resumen: en Yavne se trabajó principalmente en la consolidación y aclaración de los principios del *halaká*, constituyendo un cuerpo de dogmática jurídica[39] que dio como resultado el Talmud.

Hasta aquí la pregunta es: ¿qué relación tiene todo esto con el tema que estamos discutiendo? Bien, es de suprema importancia porque fueron los sabios de Jamnia o Yavne los que proscribieron o excomulgaron de una forma definitiva y contundente a los judeocristianos sobre los que lanzaron una de las más álgidas maldiciones o *Birkat ha-minim.*[40] La doceava

---

34. Para evitar olvidar sus doctrinas, se compone entre el año 150-200 d.C. por parte del rabino Yehuda Ha-Nasi un escrito con todas las tradiciones rabínicas halladas en los registros privados de sus predecesores, dando lugar al Mishná, que significa la ley repetida, la segunda ley, porque la primera ley eran los cinco libros de Moisés; y surge el Mishná con el propósito de explicar las dificultades de la primera ley, interpretarla y llenar los vacíos que esta tenga. Ver. m. Rohling, L'abbé Auguste. *Le Juif-Talmudiste. Résume Succinct des Croyances et des Pratiques Dangereuses de la Juiverie.* Alfred Vromant, Imprimeur - Éditeur 3, rue de la Chapelle. France, 1888. P. 11 y 12. En este mismo sentido Ver. A. Cabezón Martin. *Mishná.* Gran Diccionario Enciclopédico de la Biblia. Clie. Viladecavalls. P. 1711.

35. En los años siguientes, la Mishná fue enriquecida con diferentes comentarios por las escuelas judías de Israel y Babilonia. A estos comentarios de la Mishná se le llamó la Gemara.

36. Existen dos versiones distintas del Gemara: una redactada en Babilonia (Talmud Babilónico) que es más completa y prolífica, y la otra redactada en Jerusalén (Talmud Palestino) completada en el año 350 d.C. Ver. Ropero, Alfonso. *Gemara.* Gran Diccionario Enciclopédico de la Biblia. P. 981.

37. Los miembros del pueblo, al aceptar las interpretaciones halákicas, se adhieren directamente a este grupo elitista. Talmud 46.

38. Talmud… Ibíd. 45

39. Callejas, Cesar Benedicto. *Argumentación Jurídica en la Formación y Aplicación del Talmud.* Colección Estudios Jurídicos Universidad Autónoma de México. 2008. P. 22.

40. El Birkat ha-minim es una maldición incluida en una oración. Algunos críticos definen la Birkat ha-minim como la puesta en práctica de un alejamiento social más que de una evicción formal o un decreto de excomunión. Véase especialmente S.T. Katz, «Issues in the Separation of Judaism and Christianity after 70 C.E.: A Reconsideration»,

petición es simplemente mordaz e imprecatoria: *"Que no haya esperanza para los apóstatas; desenraiza en nuestros días prontamente el reino del orgullo. Que los nazarenos y heréticos perezcan en un instante, que sean borrados del libro de los vivos y que no sean inscritos con los justos. Bendito seas, tú, Yahvé, que doblas a los orgullosos".*[41]

Después de esta declaración, la separación entre la halaká judía y la halaká judeocristiana sobre la *Torah* y la adopción por parte de los judeocristianos de un nuevo cuerpo literario con el grado de canónico, hace irreconciliable para siempre a dos hermanos hijos de un mismo padre y de una misma madre, los primeros que guardan la pureza étnica, y los segundos que se lanzan en una obra misionera de conquista a un mundo que sencillamente estaba excluido del judaísmo.

Los fariseos han sido el sector del judaísmo que ha estado ligado con los escribas o *soferim*[42] que son los responsables directos de la redacción de los libros sagrados, tanto canónicos como deuterocanónicos y pseudoepígrafes, y también han estado ligados con el poder político en algún momento de su existencia o simplemente han ejercido una poderosa influencia sobre los gobernantes de turno. Como se ha afirmado anteriormente, ellos reconocían y aún reconocen la inspiración de la *tanaj* que estaba formada por la *Torah*, los *Nǝḇî'îm* y los *Ketuvim*. En el siglo II pusieron por escrito la tradición oral en el libro que se conoce como el Talmud y que es posterior a Cristo; sin embargo, en los sinópticos vamos a encontrar referencias a esa ley oral que después fue escrita en el Talmud. Lo que se quiere decir es que la *tradición de los ancianos* fue una fuente para que los redactores de los evangelios hicieran un *midrash* y sirviera para fundamento de los principios cristianos.

---

en Journal of Biblical Literature 103 (1984) 53-76. Este crítico se muestra poco radical y no duda en afirmar en p. 76: ... *No hubo ninguna política anticristiana oficial en Yabne y en ninguna otra parte antes de la insurrección de Bar Kokhbá....* No hace falta decir que tales afirmaciones carecen de fundamento y son difícilmente admisibles. El Birkat ha-minim es como un medio para desgajar a los judeocristianos de la sinagoga, en tanto que S. Safrai en su obra «La restauration de la société juive durant la génération de Yabneh», en À l'époque du Second Temple et de la Mishna. Essais d'histoire juive, Jerusalén 1994, vol. I, p. 335 [en hebreo], propone una tesis absoluta, que define la maldición no solo como exclusión de la sinagoga, sino también como separación total del pueblo judío. También ver Jaffe, Dan. El Talmud y los Orígenes Judíos del Cristianismo. Op. cit. P. 127 y ss.

41. Citado por Ropero, Alfonso, "Talmud", GDEB, p. 1296. Talmud... en los primeros capítulos de su libro... expone de una forma erudita cómo se consumó la ruptura entre el judaísmo y los judeocristianos.

42. La escuela de los *soferim* surge con Esdras en el siglo V a.C. que es cuando se cree que comenzó el proceso de la redacción final de los libros del AT por parte de estos personajes. Unos libros fueron redactados primero y otros —como Daniel— lo fueron ya en el siglo segundo a.C.

Ahora bien, aparte de esta literatura, está la literatura deuterocanó-nica que es parte de lo que llamamos el canon griego —que también es producción judía— así como la vasta literatura pseudoepígrafe del PI, que será objeto de estudios en capítulos posteriores. Todo este *milieu* literario fue lo que dio origen a la teología farisea.

B. La escuela de los saduceos

Con el regreso del los judíos del cautiverio babilónico y la reconstrucción del templo de Salomón, se va a requerir un personal religioso que maneje todo el tema cultual y que administre los rituales del judaísmo. Es así como se va formando una casta religiosa a la que se le conoce con el nombre de saduceos.[43] Sobre este grupo religioso Karl Kutsky se expresa en los siguientes términos:

> *Los saduceos eran los representantes de la nobleza sacerdotal que había ganado el control del Estado judaico, y que ejerció este control, primero bajo la dominación persa y después bajo la de los sucesores de Alejandro Magno. Este clero era el amo absoluto del Templo. Por medio del Templo gobernaba a Jerusalén y, además, a todo el judaísmo...*[44]

En las sociedades orientales de aquella época, la clase sacerdotal era una casta privilegiada e Israel no era una excepción. La nobleza sacerdotal de Israel adquiere un auge muy importante bajo el dominio de la dinastía hasmonea que gobernó Israel durante un período de alrededor de 150 años,[45] en los cuales, este pueblo gozó de independencia política gracias a la revuelta de los macabeos contra Antíoco Epífanes. Como muy bien señala Kutky, el que gobernaba el templo, gobernaba el Estado o ejercía una gran influencia. Quien quiera que sea que gobernaba el templo, manejaban

---

43. Según la tradición los saduceos (Los justos) tomaron su nombre de Sadoc, que fue Sumo Sacerdote en los tiempos de David y Salomón. Los descendientes de Sadoc constituyeron la jerarquía sacerdotal del tiempo del cautiverio. (II Crónicas 31:10, Ezequiel 40:46, 44:15, etc.) Ver Tenney, Merrill C. *Nuestro Nuevo Testamento. Un Estudio Panorámico del Nuevo Testamento*. Editorial Portavoz. Grand Rapids USA. Versión de 1989. P. 138; Alfred Edersheim, *La vida y los tiempos de Jesús*. Clie, Barcelona 1988; J. Jeremías, *Jerusalén en tiempos de Jesús*. Cristiandad, Madrid 1980; John Riches, *El mundo de Jesús. El judaísmo del siglo I*. El Almendro, Córdoba 1998.

44. Ver Kutsky, Karl. *Orígenes y Fundamentos del Cristianismo*. Grupo Editorial. Barcelona. 2006. P. 197.

45. Cuando se afirma que gobernó significa que lo hizo tanto política como religiosamente. El Sumo Sacerdote ostentaba ambos poderes. En la dinastía hasmonea los sumos sacerdotes más.famosos son sus fundadores Judas Macabeo y, tiempo después, Juan Hircano, Aristóbulo y Alejandro Janeo.

gran cantidad de recursos económicos, pues eran los receptores de todas las ofrendas que el pueblo traía a Dios. En muchos casos, estas no eran ofrendas, sino impuestos que ellos habían inventado para sostener el grandioso andamiaje religioso que habían montado. Por lo anteriormente expresado es que resulta propio afirmar que la clase sacerdotal, es decir, los saduceos, eran la aristocracia religiosa de Israel.

A pesar de lo dicho anteriormente, los sumos sacerdotes pertenecían a la dinastía de los hasmoneos, quienes tenían que gobernar con dos grupos antagónicos a su alrededor como eran los fariseos, de quienes el hasmoneo Juan Hircano se distanció, y los saduceos, que eran los sacerdotes empero proclives a identificarse con el helenismo, es decir, apoyaban una serie de aspectos de la cultura griega que era considerada por los fariseos así como por la población nacionalista y religiosa como una cultura pagana y espuria.[46]

1. Literatura religiosa de los saduceos

A diferencia de los fariseos o de los esenios, los saduceos no creían sino en la *Torah* solamente. Rechazaban categóricamente el resto de la literatura que era considerada como canónica entre los judíos. También se opusieron de una forma tenaz a la tradición oral, es decir, al Talmud.[47] Todo lo anterior nos lleva a la obvia conclusión que rechazaron también toda la literatura apócrifa y apocalíptica que se desarrolló en su época.

Este hecho los llevó a dos cosas: primero, a no desarrollar ningún cuerpo literario como hicieron los fariseos y los esenios, y segundo, y como consecuencia lógica, a tener una concepción teológica bien limitada, puesto que al no tener una infraestructura literaria amplia su *midrash* se centró en la *Torah* y su teología es simplemente muy pobre.

En el siguiente aparatado veremos algunas de las posturas teológicas de los saduceos que encontramos en los libros canónicos del NT.

---

46. II de Macabeos 4:14-16 nos muestra cómo los sumos sacerdotes saduceos Jasón, Menelao y Alcimo se identificaban plenamente con el mundo pagano de la época. Al tomar los macabeos la oficina del Sumo Sacerdote cambiaron esto radicalmente hasta la época de Juan Hircano que se desvió traicionando los ideales del movimiento macabeo y entró en una enemistad con los fariseos, quienes eran antihelenistas o proclives a la cultura griega.

47. Sobre este tema es útil González, Justo. *Historia del Pensamiento Cristiano. Clie. Viladecavalls.* P. 45 quien explica magistralmente todo lo relacionado al pensamiento y actuación de los grupos religiosos de la época de Jesús.

2. La teología saducea

Al reducir los saduceos sus fuentes para hacer teología a la *Torah*, estos tenían un pensamiento teológico estrecho que fue ampliamente refutado por Jesús cuando hubo encuentros entre ambos por disputas teológicas. En este apartado será objeto de estudio algunos de esos encuentros. A continuación, el tema de la resurrección:

> *Entonces los saduceos, que dicen que no hay resurrección, fueron a verlo y le plantearon un problema:* [19] *—Maestro, Moisés nos enseñó en sus escritos que, si un hombre muere y deja a la viuda sin hijos, el hermano de ese hombre tiene que casarse con la viuda para que su hermano tenga descendencia.* [20] *Ahora bien, había siete hermanos. El primero se casó y murió sin dejar descendencia.*[21] *El segundo se casó con la viuda, pero también murió sin dejar descendencia. Lo mismo le pasó al tercero.* [22] *En fin, ninguno de los siete dejó descendencia. Por último, murió también la mujer.* [23] *Cuando resuciten, ¿de cuál será esposa esta mujer, ya que los siete estuvieron casados con ella?* [24] *—¿Acaso no andan ustedes equivocados? —les replicó Jesús—. ¡Es que desconocen las Escrituras y el poder de Dios!* [25] *Cuando resuciten los muertos, no se casarán ni serán dados en casamiento, sino que serán como los ángeles que están en el cielo.* [26] *Pero, en cuanto a que los muertos resucitan, ¿no han leído en el libro de Moisés, en el pasaje sobre la zarza, cómo Dios le dijo: "Yo soy el Dios de Abraham, de Isaac y de Jacob"?* [27] *Él no es Dios de muertos, sino de vivos. ¡Ustedes andan muy equivocados!*

Esta perícopa es extraordinaria, puesto que nos muestra aspectos claves, no solamente de la teología de aquella época, sino de las fuentes de cómo se formaron los evangelios. En primer lugar, hablemos de lo teológico: los grupos religiosos de aquella época estaban polarizados en los que creían en la resurrección de muertos y los que no. No nos extrañe que los saduceos no creyeran, puesto que ellos no aceptaban ningún libro como sagrado excepto la *Torah* y el pasaje que ellos están citando es precisamente de la *Torah*. En segundo lugar, la respuesta que da Jesús ... *desconocen las Escrituras y el poder de Dios...* en primer lugar, los saduceos tenían razón de negar la resurrección, puesto que no reconocían ninguna otra revelación escrita y la *Torah* no nos dice nada al respecto, sin embargo, cuando Jesús responde diciendo ... *desconocen las Escrituras* está reconociendo *ipso facto* el cuerpo literario deuterocanónico y pseudoepígrafe que sí habla de la resurrección y que sirve de fuente a la teología cristiana de la resurrección y que, por no ser parte del canon, no quiere decir que no sea cierta. La siguiente parte de la respuesta de Jesús ...*Yo soy el Dios de Abraham, de Isaac y de Jacob"? Él no es Dios de muertos, sino de vivos...* es un *midrash* que Jesús hace de la *Torah* que sin duda es una fuente fundamental para el desarrollo de la doctrina de la resurrección de los muertos.

Otra de las doctrina de los saduceos es la no creencia en los ángeles, como aparece reflejado en Hechos 23:8 *....porque los saduceos dicen que no hay resurrección, ni ángel, ni espíritu...* y esto tampoco es de extrañar puesto que, al tener un cuerpo literario muy estrecho, no se puede esperar otra cosa. La implicaciones de este dogma son realmente graves porque *ipso facto* niega la existencia de Satanás y el reino de los demonios que gobierna el cosmos.

Otro de los Dogmas de los saduceos lo encontramos en *Antigüedades de los Judíos* donde se afirma que los saduceos apostaban por el libre albedrío en contraposición al determinismo o predestinación que defendían los esenios y fariseos:

> *Los fariseos decían que algunas cosas, no todas, se deben al destino; otras dependen de nuestra voluntad que se cumplan o no. Los esenios afirmaban que todo se debe al destino, y que los hombres nada pueden hacer que escape al destino. En cuanto a los saduceos, suprimían el destino, diciendo que no es nada y que no interviene para nada en los asuntos humanos, sino que todo está sometido a nuestro arbitrio; de modo que somos autores tanto de los bienes como de los males que nos acontecen por imprudencia nuestra.*[48]

Usando un término teológico contemporaneo, los saduceos eran arminianos, creían que el libro albedrío era el centro que daba origen a lo que ocurría.

Como puede observarse, los saduceos eran un grupo religioso sin ningún cuerpo literario y fundamentaban toda su dogmática en una reducida área de la revelación divina —como era la *Torah*— y, a raíz de eso, tenían una teología muy limitada. A pesar de lo anterior, fueron los sacerdotes del pueblo de Israel, sirvieron en el templo y fueron aquellos que cumplieron con todos los rituales religiosos del judaísmo. Al ser parte del clero religioso, esto los ubicó en situación social y política de privilegio, al llegar a manejar importantes cantidades de dinero. En el relato de los macabeos podemos ver que los saduceos entraron en un proceso de degeneración al identificarse con prácticas paganas de los helenistas hasta que los hasmoneos tomaron el poder. Estuvieron siempre allí, en el templo, en el Sanedrin y usufructuaron los privilegios que su posición les daba. Al tener una mente estrecha —como verdaderamente la tenían— se opusieron al mensaje de Jesucristo, a quien trataron de ridiculizar. También se opusie-

---

48. Ver Flavio Josefo. *Antigüedades de los judíos*. Clie. Viladecavalls, 2013. P. 495

ron a Pablo, pero este audazmente los hizo a un lado y salió bien librado. Lo cierto es que, con la destrucción del segundo templo, los saduceos salen de la escena humana y nunca más se vuelve a saber de ellos. Pasaron por la historia sin pena ni gloria y hoy son solamente un capítulo triste en la historia del pueblo de Israel.

Una vez estudiado lo relacionado con los saduceos, es menester enfocarnos en el otro grupo religioso del PI, los fariseos.

C. La escuela de los esenios

Los esenios[49] fueron un grupo religioso que surgió en el PI en la época de la dinastía hasmonea, convirtiéndose en una organización cerrada, de ahí el nombre de secta de los esenios. Vivieron a las orillas del mar Muerto, en las cercanías de Jericó, donde desarrollaron una comunidad religiosa de la que se cree que Juan Bautista fue parte.[50]

Los esenios se apartaron radicalmente de los otros grupos religiosos de la época como fueron los fariseos y los saduceos, a quienes criticaron y sindicaron de espurios por sus creencias y prácticas. Como era una característica en aquella época, cada grupo religioso estaba sustentado en un cuerpo literario que les servía como marco teológico y filosófico en el desarrollo de sus actividades. En ese sentido, los esenios tenían un cuerpo literario muy importante, el cual fue descubierto en parte por el gran hallazgo efectuado en 1947 en las cuevas de Qumrán, conocido como el más grande descubrimiento arqueológico del s. XX: los rollos del mar Muerto.[51]

En la literatura esenia se pueden distinguir tres tipos de literatura: 1) los textos bíblicos, 2) los libros apocalípticos y 3) los libros propios de la secta.

49. Tanto el AT como el NT guardan silencio de esta organización religiosa, sin embargo, personalidades históricas como Flavio Josefo los menciona en su libro de Antigüedades 13:5, 9 18:1, 5, así como hizo Filón y Plinio. A. Paul, *Qumrán y los esenios. El estallido de un dogma.* Ed. Verbo Divino, Estella 2009; A. Ropero, "Esenios", *GDEB*, pp. 790-793; H. Stegemann, *Los esenios, Qumrán, Juan Bautista y Jesús.* Trotta, Madrid 1995.

50. Uno de los mejores estudios en el mercado sobre los esenios y lo que estos representan se encuentra en el primer volumen de Flusser, David. *Judaism of the Second period. Vol. 1. Qumran and Apocalypticism. Williams B. Eerdmans Publishing Company.* USA. 2007.

51. Sobre este descubrimiento la bibliografía es abundante, pero para efecto de esta investigación recomendaremos la siguiente: Puech, Emile. *Los Manuscritos del mar Muerto y el Nuevo Testamento. El Nuevo Moisés: Algunas prácticas de la Ley.* Antiguo Oriente. Cuadernos del Centro Estudios de Historia del Antiguo Oriente. Vol. 7 . 2009. P. 219 – 254. http://bibliotecadigital.uca.edu.ar/repositorio/revistas/manuscritos-mar-muertonuevo- testamento.pdf (Visto el 11 de Mayo 2018).

1. Los textos bíblicos

Se encontraron fragmentos de MSS de todos los libros canónicos del AT excluyendo el libro de Ester. Lo anterior atestigua que eran un grupo religioso conectado con la historia religiosa del pueblo de Israel, del cual ellos se consideraban la reserva moral y religiosa. En la Q1[52] se encontró un comentario de Habacuc correspondiente al capítulo 1-2 que tiene una estrecha relación con el TM. También, en la misma Q1, se encontró un fragmento del libro de Miqueas que comenta Miqueas 1:5-6. El libro de Isaías: de este se hallaron 2 rollos, el primero es un texto completo y es idéntico al Isaías del TM; el segundo rollo, aunque incompleto, es casi idéntico al TM. Se hallaron fragmentos del libro de Daniel (1Q 71 y 72). En la misma Q1 encontraron cinco fragmentos del libro de Levítico (Cap. 17-26) que se refieren al código de santidad. En el año 1952 se descubrió la Q2 y en ella se encontraron fragmentos de Éxodo, Rut, Salmos, Jeremías, del libro de Jubileos y un rollo de Levítico. En Q4, explorada en 1952, se encontraron más de 380 libros, incluyendo todos los libros del AT exceptuando a Ester. Entre los canónicos encontrados podemos citar: fragmentos de Éxodo, dos fragmentos de Samuel, fragmento de Eclesiastés, dos fragmentos de Jeremías, diversos fragmentos de Daniel y cuatro fragmentos del libro de Isaías. En la Q11 se encontró el libro de los Salmos.

Los libros o fragmentos de libros canónicos encontrados en las diversas cuevas de Qumrán demuestran que había un cuerpo literario común a todos los grupos religiosos de aquella época y que ha significado la base de lo que posteriormente fue canonizado como el *tanaj* para los judíos o el AT para los cristianos.

2. Los textos apocalípticos o pseudoepígrafes

La basta literatura pseudoepígrafe encontrada en Qumrán es una evidencia palmaria para conocer del compromiso de esta secta con su religión y, sobre todo, el pensamiento teológico que dio origen a una producción literaria propiamente esenia que influyó en personajes como Juan el Bautista.

Son muchos los pseudoepígrafes encontrados en Qumrán que revelan el carácter de esta secta que floreció a las orillas del mar Muerto. Un grupo de personas muy comprometidas con sus creencias, estudiosas de toda la literatura religiosa de su época, no para adornar su biblioteca, sino para que esta sirviera de base para su propia producción literaria.

Algunos de los pseudoepígrafes encontrados son: el Testamento de Moisés, El Testamento de los XII Patriarcas, el libro de los Jubileos, I de

---

52. Q se refiere a la cueva en que fue encontrado el MSS.

Enoc, *inter alia*. Este último es uno de los documentos más importantes por el papel que juega como fuente para los redactores del canon del NT. En Qumrán, el libro etíope de Enoc —también conocido como I de Enoc— es el más antiguo pseudoepígrafe atribuido a Enoc, séptimo descendiente de Adán y Eva. (Génesis 5:4). Se le llama etíope porque este relato se ha conservado íntegramente en este idioma. El texto griego nos ha llegado de forma parcial y en la Q4 se encontraron solo una serie de fragmentos de I de Enoc en el idioma arameo.

Es importante señalar que el libro de I de Enoc tiene una paternidad literaria plural, es decir, es una composición de varios escritos hecha por varios autores en períodos de tiempo diferentes, que comienzan antes de la época macabea con una redacción final, probablemente, al final del s. II a.C.[53]

I de Enoc es uno de los libros más importantes del género apocalíptico y desarrolla una serie de conceptos teológicos claves para la teología del Nuevo Testamento, como el juicio, el mesías, la resurrección de los muertos, el Hijo del hombre, la caída de los ángeles, en fin, una serie de conceptos nunca antes tratados en los escritos judíos que después fueron canonizados. Es de suma importancia señalar que este libro es probablemente uno de los que más utilizan los redactores de los libros del NT, razón por la cual le dedicamos suficiente atención a lo largo de toda esta investigación.[54]

3. Los textos esenios

Los esenios eran una secta que había producido su propia literatura,[55] que no era más que el *midrash* que ellos habían hecho de la literatura canónica

---

53. *Ibíd.* 6-7.

54. Ver *infra*. Capítulo 3, Letra A.

55. Los arqueólogos encontraron unos ochocientos manuscritos diferentes en las once cuevas de Qumrán. Entre ellos había textos bíblicos y no bíblicos. Los primeros agrupan textos íntegros o fragmentarios de los escritos sagrados, limitándose a copiar los escritos sin variaciones o cambios significativos. Los segundos forman un amplio abanico de documentos que podríamos identificar como textos propios del movimiento esenio. Este segundo grupo, a su vez, debe ser clasificado en diferentes categorías atendiendo a su contenido en: Reglas, Textos halákicos, Literatura de contenido escatológico, Literatura exegética, Literatura para-bíblica, Textos poéticos, Textos litúrgicos, Textos astronómicos, calendarios-horóscopos y el Rollo de Cobre. Ver F. García Martínez y J. Trebolle, *Los hombres de Qumrán: literatura, estructura social y concepciones religiosas*. Trotta, Madrid 1993; M. Jiménez y F. Bonhomme, *Los documentos de Qumrán*. Cristiandad, Madrid 1976; A.D. Roitman, *Sectarios de Qumrán* (Martínez Roca, Madrid 2000); J. Vázquez Allegue, "Qumrán". GDEB, pp. 2069-2076; Id., *La Regla de la Comunidad de Qumrán*, Sígueme, Salamanca 2006.

y pseudoepígrafe de la época. Esta literatura formaba el cuerpo doctrinal de esta secta de la cual se cree que Juan el Bautista fue parte y, por lo tanto, tiene implicaciones directas sobre hechos narrados en el NT, así como de doctrinas que en él se mencionan.

Para un mejor conocimiento de la literatura de origen esenia y su conexión con el NT, hemos seleccionado ciertos libros que a continuación son objeto de análisis.

La guerra de los hijos de la luz contra los hijos de las tinieblas

El libro[56] comienza diciéndonos que la guerra comenzará cuando los hijos de la luz, liderados por el "Príncipe de la Luz" (al que en ocasiones se denomina Arcángel Miguel), lancen un ataque contra los hijos de las tinieblas; confrontación dualista en siete etapas contra el ejército de Belial y pueblos que históricamente fueron enemigos de Israel. Los hijos de la luz sostienen una gran batalla en la cual derrotan el poder de Belial y aniquilan eternamente a todos sus seguidores. Dicha confrontación habría de durar 49 años y concluiría con la victoria de los "Hijos de la Luz" y la restauración del servicio del templo y los sacrificios. El Rollo del Templo describe con profusión órdenes de batalla, armamento, tácticas de combate, edad y características físicas de los combatientes, recordando así los tratados bélicos helenísticos y romanos.

Este será el tiempo de salvación para el pueblo de Dios, el cual asumirá el dominio. El texto deja claro que todo esto es una venganza de Dios, de quien viene todo el poder para luchar contra los hijos de las tinieblas.

El contexto sociopolítico que da origen a este documento es la dominación romana sobre el territorio de Israel. El poder avasallador de los gentiles es sencillamente incompatible con la doctrina religiosa de un pueblo que se consideraba a sí mismo el depositario de la revelación divina. En tal sentido, era una necesidad imperativa que una comunidad como la de los esenios produjera escrituras de esta naturaleza que, en términos generales, obedece a la verdad, puesto que sí existen los hijos de luz y los hijos de las tinieblas y la lucha es real entre ambos bandos. No está en el tapete

---

56. El libro *Regla de la Guerra* (1QM), conocido también como la *Guerra de los Hijos de la Luz contra los Hijos de las Tinieblas*, es uno de los siete primeros MSS encontrados en Qumrán en 1947. El texto que poseemos contiene 19 columnas con entre 19 y 20 líneas cada una; en su forma original, sin embargo, debía tener al menos 20 columnas de 21 ó 22 líneas cada una. Está escrito en hebreo. Se han encontrado siete fragmentos adicionales (4Q 491-497) de contenido similar, aunque su relación con el presente manuscrito (1QM) no está suficientemente clara y no se puede precisar con exactitud si dichos fragmentos preservan una edición anterior a la conservada en el libro *Regla de la Guerra* o son quizás los materiales originales en los que 1QM se basó.

de la discusión el triunfo final de los buenos sobre los malos y la derrota eterna de Belial. Toda esta trama está en consonancia con la doctrina que subyace en el NT; lo que no está de acuerdo con la ortodoxia de la Iglesia es el *midrash* que hacen los esenios. Es aquí donde tienen que intervenir los redactores del NT, quienes sí le hacen el *midrash* correcto a esta realidad de lucha que se nos presenta en dicho libro.

Una vez visto lo relacionado con este libro, *La guerra de los hijos de la luz contra los hijos de las tinieblas,* es menester comentar otro de los libros de la producción literaria esenia.

La Regla de la Comunidad o Documento de Damasco

La Regla de la Comunidad[57] o *Documento de Damasco* es un manual de disciplina[58] que regula hasta los más mínimos aspectos de la vida comunitaria de los miembros de la secta de los esenios. Representa el legalismo en su máxima expresión[59] y ¡ay de aquel individuo que fallara en una sola prescripción! puese volvía reo de culpa y, por lo tanto, sujeto a una pena. La estructura jurídica de esta manual era la siguiente: (1) Normas de acceso a la comunidad, (2) Normas de comportamiento,[60] (3) Formas en las que se organizaba el grupo, (4) Las penas que se aplicaban a los infractores y (5) Los himnos.

---

57. La regla de la comunidad (1QS) es la sección principal de uno de los primeros siete MSS encontrados en 1947. Además de este MSS se encontraron otras copias en diferentes cuevas. La copia de la cueva 1 es la mejor conservada y contiene la versión más extensa.

58. En el año 1896 fue encontrado en una sinagoga de El Cairo un documento que Salomón Schechter publicó como *Fragmentos de la obra Zadoquita* en 1910. Este documento vino a ser conocido como *Documento de Damasco* debido a sus referencias a Damasco. Cuando se efectuó el hallazgo de los rollos del mar Muerto, especialmente los documentos de la cueva 4, se concluyó que el Documento de Damasco era de origen esenio y que pertenecía a la biblioteca de Qumrán.

59. Uno de los tantos ejemplos de legalismo lo encontramos en el tema relacionado con el sábado, sobre el cual tiene reglas como: ... *que nadie haga en el sexto día ningún trabajo cuando el sol ya esté llegando al ocaso... que en ese día no se haga nada que pueda proporcionar lucro ... que nadie coma en el día sábado sino lo que haya preparado el día anterior... que nadie traslade nada de fuera de la casa para adentro, ni de dentro para afuera... que nadie vaya perfumado cuando sale en el día sábado... si un animal cae en una fosa o en un pozo que no lo retire en el día sábado...* a esta última prescripción se refirió Jesús —pero en sentido contrario— cuando dijo: *Si uno de ustedes tiene un hijo o un buey que se le cae en un pozo, ¿no lo saca en seguida aunque sea sábado?* (Lucas 14:5). El texto íntegro con su explicación y comentario puede ser visto en Vázquez Allegue, Jaime (ed.). *La «Regla de la Comunidad» de Qumrán.* Edit. Sígueme. Salamanca. España. 2006.

60. Debía evitarse la contaminación causada por baños ritualmente inmundos o alimentos prohibidos, por trato con los gentiles y por fornicación, mientras que se encomiaban la monogamia y la confesión de los pecados.

En este interesante manual de disciplina encontramos una teología sólida, que es una síntesis de la efervescencia literaria del PI y que influye, no solamente en la mente de personajes como Juan el Bautista, sino en el pueblo y los redactores de los evangelios. Entre las doctrinas teológicas que encontramos en este tratado se puede mencionar el dualismo, la predestinación, los ángeles buenos y malos, el doble mesianismo, la importancia del sacerdocio, *inter alia*.

El dualismo esenio afirma que Dios era el creador y que había puesto en el hombre dos espíritus: uno de verdad y otro de mentira. El hombre tiene que decidir cual de los dos espíritus sigue. El que sigue el espíritu de verdad tiene una vida de gozo y vida eterna, en contraste con el que sigue la mentira, que es castigado en el fuego eterno. Los espíritus están en lucha hasta que Dios venga y el espíritu de mentira sea arrancado del hombre recto.[61]

Este dualismo esenio no está alejado del espíritu de la teología cristiana que nos habla de los dos hombres. Pablo, por ejemplo, menciona el dualismo de *anthropos sarkinos* y el *anthropos pneumatikos*, es decir, el hombre carnal y el hombre espiritual, o del hombre nuevo y el hombre viejo. La exhortación paulina es despojarse del hombre viejo que representa el pecado porque el final de este es la muerte. Un sector muy importante de los cristianos, al igual que los esenios, cree que esta lucha solo puede ser erradicada o con la muerte o con la *parusía* del Señor.[62]

En relación con la predestinación. En el 1QS 3,15-17 se afirma que Dios ha creado todo con un plan concreto en mente conocido como el espíritu de verdad, donde Dios elige a los *hijos de la luz* para una alianza eterna. Este plan preconcebido lleva al mundo hacia un final que es inevitable. Existe una contradicción cuando afirma que el hombre puede elegir el camino del bien por el que podría alcanzar la libertad humana.[63]

61. Cfr. Aguilera Romojaro, José María. *La Regla de la Comunidad de Qumrán y el Cristianismo*. Málaga 2011. P. 8 https://www.academia.edu/3198540/Regla_de_la_comunidad_de_Qumr%C3%A1n_y_el_cristianismo. Visto el 14 de Junio 2018.

62. Sobre este tema Flusser señala: *El descubrimiento de los rollos provee un nuevo ímpetu para el complejo análisis de la dicotomía carne-espíritu ... en mi opinión, la solución correcta está en examinar el significado teológico de los punto de vista relacionados con la carne y el espíritu en los rollos y en el Nuevo Testamento, comparar ambos y, solo entonces, proceder a discutir otros sistemas conceptuales. Creo que este acercamiento nos guía a la conclusión que los rollos del mar Muerto hablan con una sola voz en relación con la dicotomía carne-espíritu. Ver. Flusser, David. Judaism of the Second period. Vol. 1. Qumran and Apocalypticism.* Williams B. Eerdmans Publishing Company. USA. 2007. P. 283-284.

63. Sobre la postura de los esenios en relación con la predestinación se recomienda ver Flusser, David. *The Spiritual History of the Dead Sea Sect. MOD Books.* Tel Aviv. 1989. P. 46 y ss.

La predestinación o el determinismo —como también se le llama— es una doctrina inherente a la fe judía y cristiana. La elección de Abraham y su descendencia y el pacto hecho con estos está en consonancia con esta doctrina que aparece plasmada en el NT donde queda claro que el Dios creador hizo todo con un propósito y que todo obedece a un plan que Él mismo ha diseñado, donde no existen las coincidencias ni los accidentes, sino la realidad de un determinismo puro.

En relación con el fin del mundo, en el 1Q 4,15-26 se puede ver que los esenios esperaban el fin de los tiempos, momento en que Dios hará desaparecer el espíritu de mentira representado por Belial, que es el gobernador del mundo. En el 1Q 1, 17-18; 2,19 habla del juicio en el cual los elegidos serían purificados del espíritu de mentira y pasarían a vivir en la presencia de Dios eternamente, y los no elegidos, que recibirían la condena en el fuego del infierno. En el 1QS 5,12-13 se señala que la condena es eterna, aunque en 1Q 4,14; 5,13 parece tener un fin de destrucción.[64]

Al efectuar una revisión de la doctrina escatológica esenia podemos ver *mutatis mutandi*, una concordancia con lo que Jesús dice en los sinópticos, con lo que Pablo expone en sus cartas y con lo que nos revela el Apocalipsis: que habrá un juicio en el cual se realizará una separación del bueno y del malo, unos disfrutaran de la gloria y otros del infierno; en el NT esta doctrina está muy bien establecida.

Y, finalmente, es muy importante traer a la atención del lector el concepto de Mesías que tenían los esenios.

Este documento nos muestra la creencia de los esenios en la existencia de dos mesías (1QS 9,11), un mesías sacerdote y otro de origen real.[65] En el 1QSa2, 11 se específica que el mesías sacerdotal está por encima del mesías real. Es importante señalar que en el *Testamento de los Doce Patriarcas* se habla de los dos mesías también.

De la vasta literatura esenia,[66] los dos documentos que hemos analizado son suficientes para mostrarnos el pensamiento teológico de esta secta

64. *Idem.*

65. Históricamente se ha creído que el primer vislumbre de un Mesías lo encontramos en Deuteronomio 18:5 … *un profeta como yo te levantará Jehová, tu Dios, en medio de ti…* (Deuteronomio 18:15) por otro lado, se cree que Zacarías 4:14 puede dar pie a la doctrina de los dos mesías… *estos son los dos ungidos que están delante del Señor.*

66. La literatura esenia es muy amplia, aquí citamos alguna: *Salmos de Qumrán*. En la literatura de los manuscritos del mar Muerto, los salmos son un elemento ineludible por ser parte de la liturgia que se ha de utilizar en las celebraciones festivas que establece el calendario. Las celebraciones de los tiempos fijados son, para los hombres de Qumrán, momentos destacados a lo largo del año, de ahí que los salmos se conviertan en una literatura privilegiada. Los Salmos apócrifos de Qumrán —como también se conocen— son el 151, 154, 155. Para más información ver Berger, Klaus. *Salmos de Qumrán.* Edit.

que se divorció del mundo socioreligioso de su época y se enclaustró en un área geográfica cercana al mar Muerto: las cuevas de Qumrán. Los esenios hicieron su propio *midrash* de los libros del AT que hoy son considerados canónicos y de los pseudoepígrafes para originar su propia literatura, que a decir verdad, no presenta mayores diferencias ni con la literatura del PI ni con la literatura cristiana propiamente dicha. Los temas teológicos que se manejaban en esa época: Mesías, juicio, infierno, ángeles, destrucción del poder de los gentiles, entre otros,son comunes al *halaká* de cualquiera de los grupos religiosos de la época. Claro está que cada *midrash* hace aportes nuevos, y de esto se valieron los redactores del NT para efectuar un *midrash* partiendo de todo este *milieu* literario y poner a Jesucristo en el centro del universo. Es en realidad la figura de Jesucristo como el Mesías lo que le da un giro único a la literatura cristiana. Como es obvio, este *midrash* fue enfáticamente rechazado por el judaísmo hasta el día de hoy y por todos aquellos grupos que no aceptaron la mesianidad de Jesucristo. En conclusión, existe una conexión estrecha entre la literatura esenia y la cristiana: la primera es fuente de la segunda.

Una vez tratado todo lo relacionado con la literatura religiosa judía producida por los diferentes grupos surgidos en el PI, toca centrarnos en un área específica y toral para el NT, como son los libros deuterocanónicos.

D. Resumen

Como puede observarse, los judíos son un pueblo con peculiaridades bien propias: primeramente, tienen la conciencia de ser un pueblo único y privilegiado y de que han sido escogidos para ser depositarios de la revelación especial de Dios. En ese sentido, han desarrollado un cuerpo literario impresionante al cual nos hemos referido en este capítulo y que sintetizamos de la siguiente manera:

1. Difícilmente vamos a encontrar a un pueblo que haya desarrollado un cuerpo literario tan importante y que haya pasado la prueba del

Lumen. Argentina. 1996. *El comentario del libro de Habacuc.* El comentario transcribe los versículos del libro y luego el redactor inicia el trabajo de interpretación. Dos son los temas principales: el primero se refiere a las luchas de poder en Jerusalén y el segundo se refiere a la aparición de los romanos en la escena. Ver Cantera Ortiz de Urbina, Jesús. *El Comentario de Habacuc de Qumrán.* Textos y Estudios del Seminario Filológico Cardenal Cisneros. Madrid. 1960. Otros documentos de la literatura esenia: *La Nueva Alianza* (Documento de Damasco VI), *La venida del Hijo del Hombre como Hijo de Dios, llamado Hijo del Altísimo* (4Q246), *El Mesías engendrado por Dios* (1Q28a), *El Espíritu Santo* (1QHa XX), *El Pozo de agua viva* (1QHa XVI), *Bautismo y tiempo en el desierto después de la conversión* (4Q414). *Cena Sagrada con pan y vino* (1Q28a y 1QS VI). Para una información completa de la literatura esenia se recomienda altamente, Duhaime, Jean y Legrand, Thierry. *Los Rollos del Mar Muerto.* Edit. Verbo Divino. España. 2018.

tiempo. Desde épocas legendarias, cuando los primeros miembros del pueblo de Israel comenzaron a plasmar en el papiro historias, preceptos, y tradiciones, fueron creando los MSS que iban a ser la fuente principal para la redacción de la *Torah*. Nos referimos a la historia de la creación que fue transmitiéndose de generación en generación hasta su redacción final o historias como las del viejo Job que datan de las épocas patriarcales, solo por mencionar algunas.

2. Justo después de la salida de Egipto, Dios se revela de una forma personal al pueblo y pide al gran caudillo Moisés que escriba, y este lo hace. Todo esto iba a ser la materia prima de lo que se conoce como la *Torah*. Con el transcurso de los años, fue necesaria la intervención de unos hombres llamados los יאִים *Nəḇî'îm* o profetas, que hablaron al pueblo en nombre de Dios y que, no solamente hablaron, sino que escribieron. Pues bien, de lo que ellos hablaron, ya sea que lo hayan registrado ellos mismos u otros lo hayan hecho, los redactores posteriores al exilio crearon un cuerpo literario que fue llamado: Los libros del אִים *Nəḇî'îm*. Luego hubo en el templo una casta de individuos que fueron conocidos en la época de Esdras como los *Soferim*, que fueron recopilando una serie de MSS para luego redactar un grupo de libros conocidos en el judaísmo como los libros de *Ketuvim*. Estas tres secciones formaron el cuerpo literario canónico de los judíos.

3. Un pueblo sumamente religioso como el judío, de un alto nivel académico y acostumbrado a escribir, produjo en el PI un segmento de su cuerpo literario muy importante. A esta literatura se la conoce como deuterocanónica y pseudoepígrafe. Deuterocanónica porque no fue considerada parte del canon judío, pero útil para entender la historia y las creencias religiosas de la época, y pseudoepígrafe porque esta creó un género conocido como *apocalíptico* que fue provocado por la realidad política de avasallamiento que había pasado Israel, primero con los asirios, luego con los babilonios, después con los persas, griegos y últimamente con los descendientes de Alejandro, que hacía necesario una literatura que hablara de la terminación de los poderes gentiles y que Israel fuera llevada de la mano de un mesías a un lugar de prominencia política en el concierto de las naciones. En este contexto surge el libro de Daniel y todo un cuerpo literario al que se le llama apocalíptico.

Ha sido objeto de estudio todo lo relacionado a la literatura canónica, es decir, aquella literatura que era considera sagrada en el judaísmo. Como podrá observarse, un sector importante de esa literatura no es considerada como canónica por la Iglesia, y nos referimos específicamente a aquella literatura que tienen su origen en la época de Esdras, que es llamada en el NT como *la tradición de los ancianos* y que fue cristalizada por los sabios de Yavne en un cuerpo literario que el mundo conoce como el Talmud, el cual subsiste en nuestros días y rige la vida religiosa de un sector muy importante de los judíos actuales.

En el siguiente capítulo abordaremos aquella literatura judía que fue altamente apreciada tanto por el judaísmo como por el cristianismo, pero que no fue y no es considerada como canónica o sagrada, y nos referimos particularmente a dos sectores: la literatura apócrifa y la apocalíptica.

Libros deuterocanónicos: fuente primaria de los escritores del NT

En la economía de Dios no existen los accidentes, de manera que el PI obedece al cumplimiento de un plan trazado antes de la fundación del mundo. Esta época, a la que erróneamente se conoce como "los cuatrocientos años del silencio", es la época donde la acción del Espíritu Santo estuvo más activa que nunca a través de la producción de literatura.

Es importante señalar que la producción literaria es un fenómeno ligado a las instituciones del Estado y del templo. La escritura religiosa era un privilegio de la corte y de la aristocracia sacerdotal. Era un instrumento del gobierno así como de la autoridad religiosa y ortodoxa. Se cree que la literatura religiosa judía es un componente muy importante de aquella sociedad y que se origina en el s. VIII a.C.[67]

Hablando específicamente de la literatura del PI, esta comienza a producirse con la revuelta de los macabeos, que dio lugar a un período de independencia donde ocurren una serie de fenómenos que pavimentan el camino para la venida del Mesías. El PI fue un período de alta producción literaria que, sin lugar a dudas, sentó las bases teológicas del cristianismo, cuyas doctrinas iban a ser mencionadas por Jesús y desarrolladas por personalidades como el apóstol Pablo *entre otros*.

En este período hubo dos tipos de producción literaria: la que se llama pseudoepígrafe y la que se llama deuterocanónica. En este capítulo vamos a abordar la segunda, a la cual la Iglesia Protestante se refiere como literatura apócrifa,[68] mientras que la Iglesia Católica romana la llama segundo canon

---

67. Ver. Schniedewind, William M. *How the Bible Became a Book. Op. cit.* P.212-213.

68. Ver. Henri Blocher. Utiles ou nocifs ? Les « Apocryphes » et la Théologie Évangélique. *Théologie évangélique* vol. 3, n° 3, 2004. En este extraordinario artículo nos recuerda la postura de Jerónimo sobre estos libros al juzgarlos no canónicos y dándoles el nombre de apócrifos: Saint Jérôme, le bibliste le plus érudit de son temps, muni de sa compétence exceptionnelle en hébreu, a souligné leur statut *non*-canonique, il les a qualifiés d'*apocryphes. (p. 254)* Señala que el Concilio de la Unión de Florencia en 1441 y el de Trento el 8 de abril de 1546 los declaró canónicos, sin embargo *Sixte de Sienne, érudit et converti du judaïsme, a forgé* le mot «deutérocanonique»… *qu'emploient aujourd'hui couramment les catholiques, (p. 254)* Sixto de Sienne acuñó la palabra deuterocanónicos, que es la palabra que los católicos usan hoy.

o literatura deuterocanónica.[69] Históricamente se ha dicho que los libros del segundo canon aparecen en la versión griega de la Biblia judía, pero que nunca fue aceptada por los sabios de Jerusalén. Lo cierto es que este es un problema más complejo que esta simple declaración; si bien es cierto que Jerónimo no consideró estos libros como parte del canon hebreo a finales del s. IV y principios del s. V, también es cierto que en los códices aceptados por los cristianos como el Sinaítico (א),[70] Vaticano (B) y Alejandrino (A) aparecen estos libros, aunque no todos. Por ejemplo: el Sinaítico no incluye a Baruch (El apéndice apócrifo de Jeremías), pero sí incluye el cuarto libro de Macabeos, que nadie reconoce como canónico. El Códice Vaticano no incluye ninguno de los libros de Macabeos, pero sí incluye Tercero de Esdras y, un siglo más tarde, el Códice Alejandrino incluye Tercero de Esdras y Tercero y Cuarto de Macabeos.[71] Lo que esto significa es que a comienzos del s. V la iglesia cristiana no tenía claro cuáles eran los libros del canon del AT. Otro de los aspectos a tener en cuenta es el hecho que todo el NT está salpicado de citas de los deuterocanónicos, enseñanzas producto de paralelismos y alusiones a narraciones contenidas en esos libros y, lo más interesante de todo, son las alusiones que Jesús hace en algunos de sus dichos haciendo repeticiones de textos que ya habían sido escritos en estos libros.[72] En suma, es incorrecto menospreciarlos, más bien hay que respetarlos y tenerlos como fuentes importantísimas para la construcción de la teología del NT.

Antes de dar inicio a esta extraordinaria aventura es necesario señalar que este cuerpo literario consta de 18 libros o porciones de libros que fueron escritos en un intervalo que va desde el 200 a.C. hasta el año 138 dC, *i.e.* un período de tiempo de 338 años; o en otras palabras: desde Antíoco III, rey de Siria, hasta el emperador romano Adriano.[73]

69. Para efectos de este trabajo de investigación, he decidido utilizar el termino deuterocanónicos que usa la Iglesia Católica romana y no el de apócrifos que usa la Iglesia Protestante. La razón de nuestra decisión obedece a la connotación peyorativa que tiene la palabra apócrifo en el mundo protestante y que no hace justicia a un cuerpo literario que es una fuente importante de la teología cristiana a la cual hacen referencia los escritores del NT y Jesús mismo.

70. Tischendorf, Constantine. *When were our Gospel Written. A Narrative of the Discovery of the Sinaictic Manuscript.* Published by American Tract Society. New York. traducción inglesa del original alemán *Wann wurden unsere Evangelien verfasst?.* En este libro publicado en el s. XIX por el mismo Tischendorf, nos relata la forma en que descubrió este manuscrito en el Monasterio de Santa Catalina.

71. Ibíd. P. 256.

72. Así que la regla de oro ...*todas las cosas que queráis que los hombres hagan con vosotros, así también haced vosotros con ellos...* (Mateo 7:12) la encontramos también en el libro de Tobías: ... *Lo que no quieras que te hagan, no se lo hagas a los demás...* (4:15).

73. Ver Achtemeier, Paul. *The Harper Collins Bible Dictionary. Harper San Francisco.* USA. 1996. P. 39.

Sin más preámbulos, vamos entrar en el estudio de este capítulo, el cual hemos dividido en dos partes principales: (1) Los libros deuterocanónicos como fuente literaria para la formación de los libros del canon del NT y (2) Las citas que hacen algunos redactores de los libros deuterocanónicos en algunos de sus escritos.

A. Los deuterocanónicos como fuente de teología cristiana

Dentro del género literario histórico que se dio en el PI sobresalen los libros de los Macabeos. De estos existen cuatro libros: dos de ellos, *i.e.* el primero y segundo,[74] son parte del canon de los judíos de Alejandría, que también acepta la Iglesia Católica y que llaman deuterocanónicos; libros que no fueron aceptados como parte del canon por un sector de los judíos de Israel. Es importante señalar que la Iglesia Protestante dejó de incluirlos en la Biblia en la segunda mitad del s. XIX. Estos libros tratan directamente sobre el tema de la revuelta de los macabeos,[75] su lucha contra Antíoco Epífanes y todo lo relacionado con estos hechos. El libro de III de Macabeos, solamente es aceptado como sagrado por la Iglesia Cristiana Ortodoxa. Aunque este libro lleva el nombre de Macabeos, su trama no tiene nada que ver con los macabeos, antes bien, su tema principal gira alrededor de la persecución de Ptolomeo IV o Filator y una serie de hechos relacionados con este personaje. El IV libro de los Macabeos, igual que el anterior, solamente es aceptado como canónico por la Iglesia Ortodoxa, y este libro gira

74. Primero de Macabeos nos narra episodios ocurridos en el s. II a.C. relacionados directamente con los reinos de los seleúcidas y Ptolomeo respectivamente, y cómo Israel tuvo que hacer frente a los primeros, que trataron por todos los medios de imponer su cultura y su religión. Estas luchas ocasionaron la revuelta de los macabeos, quienes se rebelaron contra los invasores y a quienes repelieron pudiendo fundar una dinastía que llevó el nombre de Hasmonea hablándonos este libro del reino de Judas, Jonathan y Simón conocidos como los macabeos, cuyas hazañas son relatadas en este libro. El segundo libro de los Macabeos no es realmente una continuación del primero, sino una especie de resumen, si bien es cierto que repite algunos de los sucesos relatados en el primer libro, este libro abarca menos y el redactor final tiene un enfoque diferente al del primer libro. El autor de este libro se centra mucho en la figura de Judas Macabeo y se dirige a los judíos de la diáspora para que estos se solidaricen con los de Israel y muestren interés por el templo. Estos dos libros nos narran una serie de hechos históricos del PI que sirven de fundamento para el entendimiento socioreligioso y teológico de la época de Jesús. Su estudio es obligatorio y sumamente útil para el comprensión de la literatura judeocristiana.

75. Se refiere a la revolución que emprendió el sacerdote Matatías y sus cinco hijos contra Antíoco Epífanes, cuando este profanó el templo. Estos lograron formar un ejército que consiguió la independencia de Israel por un período de aproximadamente 150 años hasta que Roma, a través de la figura del general Pompeyo, invade su territorio en el año 64 a.C. Para mayor información sobre esta revuelta ver Harrington, Daniel. *The Maccabean Revolt: Anatomy of a Biblical Revolution*. Wipf & Stock. USA. 2009.

alrededor de la historia del martirio de una madre con sus siete hijos que se negaron a incumplir la leyes judías.

Pues bien, en los libros de Macabeos hay conceptos teológicos propios de la época que son desarrollados por los escritores del NT formando doctrinas importantes de la fe cristiana. De esta manera, los libros de Macabeos se convierten en fuente de la teología cristiana. A continuación veremos algunos de esos conceptos.

1. La resurrección en los libros de Macabeos

Una de las doctrinas pétreas de la fe cristiana es la resurrección de los muertos. En el AT no encontramos casi nada acerca de este concepto. Es en el PI donde el mismo comienza a desarrollarse hasta ser adoptado por el judaísmo. Los saduceos lo rechazaban, mientras que los fariseos lo aceptaban. A decir verdad, fue el apóstol Pablo quien dimensionó este dogma, fundamentado en la literatura apócrifa del PI. En II de Macabeos 7:9, 13, 23 y 29 encontramos lo siguiente:

> *...tú, criminal, nos quitas la vida presente. Pero el Rey del mundo nos resucitará a una vida eterna a nosotros que morimos por sus leyes... «Acepto morir a manos de los hombres, esperando las promesas hechas por Dios de que él nos resucitará. Para ti, en cambio, no habrá resurrección a la vida.»... Él, en su misericordia, les devolverá la vida y el aliento... No temas a este verdugo; muéstrate digno de tus hermanos y acepta la muerte, para que por la misericordia de Dios yo te recobre junto con ellos.»...*

Este es el célebre pasaje de II Macabeos 7 en el que el tirano de Antíoco, asesina a una madre y a sus siete hijos porque estos no quieren incumplir la ley de Moisés comiendo viandas ceremonialmente impuras. Algunos de ellos, antes de morir, dijeron estas palabras que nos muestran de una forma clara que ya en este momento el pueblo entendía: 1) Que existe la resurrección del cuerpo, 2) Como consecuencia, existe la vida eterna, 3) Que los impíos no resucitaran para vida, 4) En el v.29 habla de la resurrección como una reunión familiar.

Como puede observarse, aquí encontramos una serie de elementos que están acordes con el dogma cristiano y que nunca se había hablado en los libros canónicos del AT. De manera que el estudio de esta literatura y su correspondiente entendimiento le fue muy útil a Pablo para hablarnos de este tema con tanta solvencia en sus epístolas.[76]

76. Ver el Anexo I. La Resurrección de los Muertos.

En el versículo 36 de este mismo capítulo encontramos otra declaración que calza a la perfección con uno de los dogmas del cristianismo y es, a saber, la conciencia después de la muerte:

Nuestros hermanos, después de soportar un sufrimiento pasajero, gozan ya de la vida eterna que Dios ha prometido…

La expresión *gozan ya de la vida eterna* nos está diciendo que estos mártires que acaban de morir están en un estado de *gozo* que equivale a decir conciencia. De manera que la perícopa del Rico y Lázaro, que nos habla de la conciencia de la persona una vez que esta muere no resultaría extraña para las personas de la época de Jesús. Ya la literatura judía nos muestra esta creencia como en este versículo de IV de Macabeos 17:12 que reza de la siguiente manera:

… el premio lo fijaba la virtud tomando como criterio la perseverancia. El galardón era la incorruptibilidad en una vida perdurable …

Como podemos ver, aquí nos está hablando de la inmortalidad del alma y del concepto de incorruptibilidad, que compaginan a la perfección con la teología paulina que nos asegura *…así es también la resurrección de los muertos. Se siembra un cuerpo corruptible, se resucita un cuerpo incorruptible…*[77] La epistemología nos enseña sobre los criterios de verdad, y uno de los criterios que hace a un conocimiento —en este caso un dogma— verdadero, es la concordancia. Existe una concordancia entre el concepto de inmortalidad y resurrección que se tenía en el PI y que desarrolla Pablo en I de Corintios 15.

2. El mal y las recompensas en literatura sapiencial

Dentro de los libros deuterocanónicos del PI existe un género al que se llama Sapiencial[78] y al que pertenecen libros como Eclesiástico y Sabiduría.[79] Para efectos de este apartado será objeto de estudio algunas doctrinas del libro de Sabiduría.

---

77. I de Corintios 15:42.

78. A. Giménez González, "Sapiencial, literatura", GDEB, pp. 2256-2258; V. Morla Asensio, *Libros sapienciales y otros escritos*. Ed. Verbo Divino, Estella 1994.

79. Sobre el libro de Eclesiástico se recomienda Claudia Mendoza, "Eclesiástico o Sirácida", *GDEB*, pp. 679-682; L. Alonso Schökel, *Proverbios y Eclesiástico*. Ed. Verbo Divino, Estella 1997; G. Von Rad, *La Sabiduría de Israel*. Cristiandad, Madrid 1985. Sobre el libro de Sabiduría es útil J. Busto Saiz, *La justicia es inmortal. Una lectura del libro de la*

El concepto de diablo

Como se sabe, en el AT no existe el concepto teológico de Satanás o del diablo como existe en el NT. Este concepto surge en el PI, es ampliado por el magisterio de Jesús y es consagrado en la teología de Pablo. En el libro de Sabiduría 2:24 leemos:

> *… sin embargo, por la envidia del diablo entró la muerte en el mundo, y la sufren los que del diablo son.*

Este versículo escrito en el s. II a.C. a judíos de Alejandría nos muestra el concepto teológico que estos tenían acerca del adversario de Dios y más fiel representante del mal. Aquí el escritor le da un nombre al engendro del mal, *diablo*, que es precisamente la forma como Jesús y Pablo se van a referir a él. Luego el escritor de Sabiduría lo está haciendo responsable de la muerte o de la separación del hombre de Dios. Es interesante lo que el escritor señala, que la muerte solo la sufren aquellos seres humanos que pertenecen o son controlados por el diablo, abriendo toda una ventana para hacer teología sobre el reino del diablo. El profesor Bob Utley[80] sostiene que el judaísmo rabínico fue influenciado por el dualismo persa y la especulación demoníaca y que el concepto de un ángel archienemigo de YHWH se desarrolló a partir del concepto de los dos dioses supremos del dualismo iraní *Ahkiman* y *Ormaza*, y que este concepto fue después desarrollado por los rabinos a través del dualismo bíblico de YHWH y Satanás.[81] Todos estos conceptos están ampliamente desarrollados en el NT, por ejemplo, Pablo escribe: *… no sea que envaneciéndose caiga en la condenación del diablo… (I Timoteo 3:6)* quien efectúa un *midrash* y nos deja claro que cualquiera de nosotros puede estropear su vida y la de otros al incurrir en ese pecado. Si nosotros tomamos todos los versículos en que Pablo habla del diablo usando el método inductivo, creamos una teología; pues bien, la fuente de esa teología está en libros deuterocanónicos como Sabiduría a la que vamos a llamar fuente primaria y a la teología de Pablo vamos a llamar

---

Sabiduría de Salomón. Sal Terrae, Santander 1992; D. Doré, *El libro de la Sabiduría de Salomón*. Ed. Verbo Divino, Estella 2003; Claudia Mendoza, "Sabiduría, Libro de la", *GDEB*, pp. 2183-2187; J. Vílchez, *Sabios y Sabiduría en Israel*. Ed. Verbo Divino, Estella 1995.

80. Profesor de origen bautista con estudios en el East Baptist University, Southwestern Baptist Seminary, Baylor University y Trinity Evangelical Divinity School. Es fundador del ministerio Bible Lessons International.

81. Ver http://www.freebiblecommentary.org/pdf/spa/VOL02COT_spanish.pdf. Visto el 14 de septiembre del 2018. Es importante señalar que Utley solamente está manifestando su acuerdo con la exposición de Alfred Edersheim en, *La Vida y los Tiempos de Jesús el Mesías*, Volumen 2, apéndices XIII [P 748-763] y XVI (P. 770-776).

fuente secundaria de la que vamos crear la Satanología, que es una rama de la Angelología que a su vez es una rama de la Teología Sistemática.

El juicio y las recompensas

El libro de Sabiduría, en cierto modo, amplía la teología de Daniel[82] y II de Macabeos sobre el tema de las recompensas. En ellos se esbozaba por primera vez la promesa de premios y castigos en la vida ultraterrena; primera concepción intelectual del más allá que antes no existía para la mentalidad judía. A continuación, presentaremos algunos fragmentos del pasaje comprendido entre el versículo 1 al 19 del capítulo 3 del libro de Sabiduría.

> *...las almas de los justos están en las manos de Dios y ningún tormento podrá alcanzarlos. A los ojos de los insensatos están bien muertos y su partida parece una derrota... pero, en realidad, entraron en la paz. Aunque los hombres hayan visto en eso un castigo, allí estaba la vida inmortal para sostener su esperanza: después de una corta prueba recibirán grandes recompensas... y en el día del juicio no tendrán quien los consuele. A la gente perversa le espera un destino terrible...*

En este pasaje podemos ver una serie de aspectos que sirven de fundamento para la teología del NT. En primer lugar, nos habla de la seguridad del alma de los justos. Esta doctrina es fundamental porque la obediencia a Dios y el ser justo trae consecuencias. El segundo aspecto que encontramos en este pasaje es la *paz* que experimentan las personas que han muerto siendo justas. Luego nos habla de la esperanza de la inmortalidad del alma para luego referirse al tema de la recompensa que reciben los justos; ambas doctrinas están claramente explicadas en la teología de Pablo. Termina el capítulo tres hablándonos del día del juicio, día al que Jesús se refirió muchas veces y, finalmente, menciona que los perversos tendrán un *destino terrible* que encaja perfectamente con el infierno del que habló Jesús o lago de fuego que menciona Juan en Apocalipsis.

> *Porque es necesario que todos nosotros comparezcamos ante el tribunal de Cristo, para que cada uno reciba según lo que haya hecho mientras estaba en el cuerpo, sea bueno o sea malo. (II Cor.5:10)*

---

82. ...muchos de los que duermen en la tumba, despertarán: unos para vivir eternamente, y otros para vergüenza y horror eternos. Daniel 12:2.

He aquí, yo vengo pronto, y mi recompensa conmigo para recompensar a cada uno según sea su obra. (Apocalipsis 22:12)

Igual que en el caso anterior en el que nos referíamos al diablo, estos versículos son solo piezas que forman parte de un engranaje doctrinal que tiene que ver con el infierno, el día del juicio y las recompensas a unos y otros. Estos temas son estudiados en la Escatología Individual que es una subdivisión de la Escatología, que a su vez es una división de la Teología Sistemática.[83]

Lo estudiado en este apartado nos muestra de una forma sucinta cómo estos temas, nunca antes tratados en la literatura judía, se constituyeron en fuente primaria de la teología cristiana plasmada en el NT. Además de ser fuente de doctrinas cristianas sirvió a los escritores del NT como fuente de redacción de un texto que posteriormente iba a ser sancionado por la Iglesia como inspirado, y esto precisamente será nuestro objeto de estudio a continuación.

B. Citas deuternocanónicas en el NT

Los libros deuterocanónicos, lejos de ser espurios e indignos como erróneamente nos enseñaron algunos maestros —cargados de buenas intenciones pero errados en el conocimiento— son libros de un extraordinario valor que se constituyeron en fuente primaria para personajes como Pablo. Piense por un momento: ¿de dónde cree Ud. que Pablo obtuvo el material que utilizó para redactar I de Corintios 15 y las enseñanzas de Tesalonicenses? Recordemos dos aspectos muy importantes: primero, que Pablo no fue un discípulo de Jesús, por lo tanto, a diferencia de Juan, toda la información acerca de Jesús la obtuvo de segunda mano, y segundo, al momento de escribir no existía nada canonizado por la Iglesia, ningún ser humano puede escribir en un vacío contextual y Pablo no es la excepción: él se fundamentó en la literatura judía de su época, no en la literatura cristiana porque estaba en un estado de formación incipiente, así que le tocó construir un *midrash* que hoy por hoy es el fundamento de la fe cristiana. ¿A qué cree Ud. que se refería Pablo cuando escribió: ....*toda la Escritura es inspirada por Dios, y útil para enseñar, para redargüir, para corregir, para instruir en justicia...* si en el momento en el cual escribió esto no existía el NT y ni los judíos ni los cristianos se habían puesto de acuerdo en los libros del canon del *tanaj* o AT? Pues es sencillo: se refería a los escritos que él tenía en sus manos, pues es completamente absurdo y ridículo hablar de lo que no se tiene. Ahora bien, esto suscitaría una gran controversia en la que no

83. Ver. Zaldívar, Raúl. *Teología Sistemática. Op. cit.* P. 456 y ss.

vamos a entrar aquí, en relación a que los libros inspirados a los que se refiere Pablo incluye a los deuterocanónicos.

Una vez efectuadas las consideraciones anteriores es menester entrar en materia y ver cuáles son las citas que los redactores del NT hacen de los libros deuterocanónicos. Para desarrollar este tema seguiremos el orden de los libros que están en el NT.

1. Citas en los evangelios

Los evangelios están salpicados de citas y alusiones a narraciones hechas en los libros deuterocanónicos para dejarnos ver a nosotros de forma clara que los redactores del NT no escribieron *ex nihilo* sino en el marco de un contexto religioso y literario; tampoco escribieron de una forma mística mediante una intervención sobrenatural de Dios en la que ellos fueron simples marionetas. Nada más lejos de la verdad. Para efectos de este apartado, hemos seleccionado cuidadosamente algunas de esas alusiones a narraciones, citas o paralelos que hacen los redactores del NT para demostrar las aseveraciones que acabamos de efectuar.

Una de las perícopas que aparece en los tres evangelios es aquella en la que los saduceos se acercan a Jesús para ridiculizarlo con una pregunta acerca de la resurrección. La perícopa comienza:

> ... *Maestro, Moisés nos escribió que si el hermano de alguno muriere y dejare esposa, pero no dejare hijos, que su hermano se case con ella, y levante descendencia a su hermano. Hubo siete hermanos; el primero tomó esposa, y murió sin dejar descendencia. Y el segundo se casó con ella, y murió, y tampoco dejó descendencia; y el tercero, de la misma manera. Y así los siete, y no dejaron descendencia; y después de todos murió también la mujer. En la resurrección, pues, cuando resuciten, ¿de cuál de ellos será ella mujer, ya que los siete la tuvieron por mujer? (Marcos 12:19-23)*[84]

Ahora, cuando leemos el libro de Tobías, nos damos cuenta de dónde sacaron los saduceos la historia de la mujer y los siete maridos: ... *una mujer llamada Sara, hija de Ragüel, que vivía en la ciudad de Ecbatana, en el país de Media, tuvo que sufrir también los insultos de una criada de su padre. Resulta que Sara había sido dada en matrimonio siete veces, pero en cada caso Asmodeo, un demonio malvado, había matado al esposo antes de que este se uniera a ella como en todo matrimonio ... ya antes se la he dado a siete esposos, parientes nuestros, y to-*

---

84. Según la teoría más plausible de la academia, este pasaje se generó en el evangelio de Marcos, que es el primer evangelio escrito y que a su vez sirvió de fuente tanto a Mateo, que lo registra en 22:23-33, y a Lucas, que lo registra en 20:27-40.

dos han muerto la misma noche en que se acercaron a ella ... (Tobías 3: 7-8 y 7:11)
Los saduceos conocían bien la historia de Tobías, la cual toman como base
para hacer una pregunta teológica bien fundamentada con el objeto de
llevar a Jesús a un callejón sin salida y ridiculizarlo en público. La alusión
a la narrativa del Tobías por parte de Marcos no valida, necesariamente, la
inspiración del libro, pero sí nos muestra la importancia de su contenido,
pues es una fuente literaria clave en la formación del NT.

Por otro lado, existen numerosos pasajes del libro de eclesiástico que
son citados en el NT; por ejemplo: Eclesiástico 28:2 *Perdona las ofensas a tu
prójimo, y Dios perdonará tus pecados cuando se lo pidas. Si uno guarda rencor a
su prójimo, ¿cómo querrá que Dios le dé a él la salud?* Conecta perfectamente
con el dicho de Jesús de Mateo 6:14-15 *Porque si perdonáis a los hombres sus
ofensas, os perdonará también a vosotros vuestro Padre celestial; mas si no perdonáis a los hombres sus ofensas, tampoco vuestro Padre os perdonará vuestras
ofensas.* Lo que esto significa es que el Sermón del Monte atribuido a Jesús
tiene alusiones a la literatura apócrifa judía.

Para terminar con este tema, hemos seleccionado un ejemplo de inter-
conexión literaria y nos referimos al tema de la abominación desoladora o
profanación del templo de Dios por un impío. En Mateo 22:14-21 leemos
las palabras de Jesús:

*...y entonces vendrá el fin. Por tanto, cuando veáis en el lugar santo la
abominación desoladora de que habló el profeta Daniel (el que lee, entienda)...
porque habrá entonces gran tribulación, cual no la ha habido desde el principio
del mundo hasta ahora, ni la habrá.*

Si bien es cierto esta es una alusión directa a Daniel 11:31 que reza de
la siguiente manera:

*...y se levantarán de su parte tropas que profanarán el santuario y la forta-
leza, y quitarán el continuo sacrificio, y pondrán la abominación desoladora...*

también es cierto que el redactor de Macabeos en el capítulo 1:54 nos
amplía completamente la historia de la profanación del templo. El relato
de Macabeos vindica hasta cierto punto el relato de Daniel, aunque ambos
escritos son contemporáneos y surgidos del mismo contexto sociopolítico.
En el libro de Macabeos la historia se lee de la siguiente manera:

*El día quince del mes de Quisleu del año ciento cuarenta y cinco, el rey co-
metió un horrible sacrilegio, pues construyó un altar pagano encima del altar
de los holocaustos. Igualmente, se construyeron altares en las demás ciudades*

de Judea... destrozaron y quemaron los libros de la ley que encontraron, y si
a alguien se le encontraba un libro de la alianza de Dios, o alguno simpatizaba
con la ley, se le condenaba a muerte, según el decreto del rey... el día veinti-
cinco de cada mes se ofrecían sacrificios en el altar pagano que estaba sobre el
altar de los holocaustos. De acuerdo con el decreto, a las mujeres que habían
hecho circuncidar a sus hijos, las mataron con sus niños colgados del cuello, y
mataron también a sus familiares y a los que habían hecho la circuncisión...

El relato de I de Macabeos es mucho más amplio y nos da un contexto perfecto, no solo para entender la alusión de Daniel, sino las palabras de Jesús registradas en Mateo.

Como puede observarse, la literatura judía está interconectada, y, por lo tanto, la información que estos libros nos dan, clarifican en gran manera el tema, sobre todo la cita que Jesús hace y que incluye en su relato el redactor de Mateo, quien está haciendo un *midrash* del texto de Daniel para conectarlo con el tiempo de la destrucción del segundo templo o el tiempo del fin del mundo o ambas cosas, según sea la interpretación que el exégeta haga de la Palabra.

Entre los otros escritos del NT, hemos escogido la carta de Santiago para analizar las citas que este hace de los deuterocanónicos en su relato ético-sapiencial.

2. Citas de Santiago

La carta de Santiago es un escrito con un alto contenido ético que va dirigido a judíos convertidos al cristianismo que estaban completamente familiarizados con el género sapiencial, de manera que el estilo de Santiago y su temática no era ajena a ellos. La aportación de la carta de Santiago es envolver el mensaje con el ropaje de la dogmática, desarrollando el tema ético en el mismo estilo judío: los contrastes. Allí encontramos la sabiduría de Dios y la del mundo, los hacedores de la palabra y los que no, la lengua y su función destructora vs constructora, la amistad con el mundo y la amistad con Dios, entre muchos otros temas.

En la construcción de su tratado ético-sapiencial, Santiago utiliza los libros deuterocanónicos como fuente primaria, *v.g.* en Santiago 1:10 se lee: *... pero el que es rico, en su humillación; porque él pasará como la flor de la hierba...* encontramos una alusión conceptual en Eclesiástico 14:18 que dice: *... Somos como las hojas de un árbol frondoso: unas se marchitan y otras brotan. Así pasa con los hombres: unos mueren y otros nacen...* se puede observar que lo de Santiago es una paráfrasis, pues si se lee todo el capítulo 14 de Eclesiástico nos vamos a dar cuenta que está tratando el tema de las riquezas y la relación de estas con los ricos, que es *mutatis mutandis* lo que está haciendo el redactor de Santiago de una forma muy breve a diferencia del redactor de Eclesiástico, que lo efectúa de una forma muy amplia. En síntesis, el paralelo teológico en los pasajes es inconfundible.

Otro ejemplo lo encontramos en Santiago 3:2 donde leemos: ... *porque todos ofendemos muchas veces. Si alguno no ofende en palabra, este es varón perfecto, capaz también de refrenar todo el cuerpo.* En este mismo sentido se había expresado el escritor de Eclesiástico: ... ¡*Dichoso el hombre que no sufre por lo que dice y a quien la conciencia no le acusa! (41:1) ... A veces uno se equivoca, pero sin querer; ¿quién no ha pecado con la lengua?(19:16).* Puede identificarse el paralelismo entre ambos pasajes, ambos están hablando del daño que un ser humano puede causar por lo que expresa a otra persona o de otra persona.

Estos dos pasajes son suficientes para dejarnos ver que un escritor nunca escribe en un *vacivus* literario y menos religioso. El escritor de esta carta estaba bien familiarizado con el estilo de la literatura sapiencial judía y simplemente escribe usando el mismo estilo.

3. Citas de Pablo

Uno de los personajes bíblicos familiarizado con la versión griega de los judíos era Pablo, de manera que muchos aspectos de la teología que expone tienen su fundamento en los deuterocanónicos, por ejemplo, Romanos 1:23: ... *y cambiaron la gloria del Dios incorruptible en semejanza de imagen de hombre corruptible, de aves, de cuadrúpedos y de reptiles...* tiene paralelo en el libro de Sabiduría 14:24-26: ... *se habían extraviado mucho siguiendo el camino del error, aceptando como dioses a los animales más feos y repugnantes, dejándose engañar como niños sin inteligencia; y por eso, como a niños sin uso de razón, les enviaste un castigo que los puso en ridículo. Y como no escarmentaron con el ridículo y la corrección, tuvieron que sufrir el juicio de Dios que merecían.* Esto es lo que se llama paralelismo teológico, es decir, si bien es cierto no es una cita textual que se hace, sí es un concepto fundamentado en otro concepto igual. Lo que esto quiere decir es que Pablo conocía este pasaje de Sabiduría, toma el concepto, lo desarrolla y hace un *midrash* y lo aplica al mundo gentil que vivía en la Roma del primer siglo. Esta metodología usada por Pablo muestra el manejo, no solamente de la información, sino de la técnica para estructurar un pensamiento.

Otra cita de Pablo la encontramos en Romanos 9:20 que declara: ... *Mas antes, oh hombre, ¿quién eres tú, para que alterques con Dios? ¿Dirá el vaso de barro al que lo formó: ¿Por qué me has hecho así?... ¿O no tiene potestad el alfarero sobre el barro, para hacer de la misma masa un vaso para honra y otro para deshonra?* Tal parece que este concepto del barro estaba bien afincado en la mente de Pablo porque lo vuelve a repetir en II de Timoteo 2:20 a quien le dice: ... *pero en una casa grande, no solamente hay utensilios de oro y de plata, sino también de madera y de barro; y unos son para usos honrosos, y otros para usos viles...* cuyo paralelo exacto lo encontramos en Sabiduría 15:7 que reza de la siguiente manera: *El alfarero, por ejemplo, amasa laboriosamente el barro blando y moldea cada vasija que necesitamos; pero del mismo barro hace por igual las que sirven para usos nobles y las que sirven para otros usos; es él, sin embargo, quien decide cuál ha de servir para este o aquel uso.* El paralelismo teológico es más que evidente: Pablo toma la cita del libro de Sabiduría en el capítulo 9 de Romanos para argumentar sobre el tema de la soberanía de Dios y su potestad de elegir a quien quiere. No existe una cita más perfecta para efectuar una analogía tan bien hecha y probar la doctrina de la soberanía de Dios. En el caso específico de Timoteo el discurso que está haciendo Pablo está relacionado con otro tema: la diversidad de personas que se hallan en la Iglesia.

Existen muchos otros ejemplos que podemos dar en este sentido; daremos uno más para cerrar con el tema de las citas de Pablo. En la carta a los Efesios Pablo nos hace una analogía entre la armadura de un militar y la de un cristiano: ... *Por tanto, tomad toda la armadura de Dios, para que podáis resistir en el día malo, y habiendo acabado todo, estar firmes. Estad, pues, firmes, ceñidos vuestros lomos con la verdad, y vestidos con la coraza de justicia, y calzados los pies con el apresto del evangelio de la paz. Sobre todo, tomad el escudo de la fe, con que podáis apagar todos los dardos de fuego del maligno. Y tomad el yelmo de la salvación, y la espada del Espíritu, que es la palabra de Dios... (Efesios 6:13-17).* Toda la vida se creyó lo que nuestros bien intencionados maestros nos enseñaron, que Pablo al momento de escribir este pasaje estaba viendo la figura de un soldado romano y es lógico afirmarlo puesto que él estaba en una cárcel en la ciudad imperial donde había muchos soldados vestidos de esta forma, pero cuando leemos Sabiduría 5:17 al 20 nos damos cuenta de a quién estaba viendo Pablo; el pasaje reza de la siguiente manera: ... *El Señor se vestirá de su ira, como de una armadura, y se armará de la creación, para castigar a sus enemigos; se revestirá de justicia, como de una coraza; se pondrá como casco el juicio sincero, tomará su santidad como escudo impenetrable, afilará como una espada su ira inflexible y el universo combatirá a su lado contra los insensatos...* El formato es idéntico al de Pablo en Efesios, aunque el contenido es diferente. En ese sentido, la literatura deuterocanónica es una fuente primaria de la cual el escritor del NT hace un *midrash* y crea una nueva teología, puesto que en el libro de Sabiduría el escritor nos está hablando de la ira de Dios y su juicio contra los malos, y la armadura es el símbolo que lo hará invencible; en cambio el contenido de Pablo es en relación a las asechanzas del diablo que tiene que sufrir el cristiano y, por lo tanto, necesita tener la armadura de Dios.

La técnica que Pablo utiliza es tomar un texto como base el cual usa o como una cita o como una fuente para sacar un concepto o simplemente lo usa como fundamento de una doctrina diferente para efectuar un *midrash* arropado con la doctrina cristiana. Esta es la técnica que dio como resultado la fuente secundaria de la teología cristiana que tenemos hoy en día y que es lo que hacemos nosotros.

Con el análisis de estas citas hemos demostrado el gran trabajo que los *soferim* tuvieron que hacer al momento de redactar estos escritos. Primeramente, tenían que tener una educación amplia en lenguas, religión y otras ciencias. Luego, un talento innato para poder hacer las operaciones lógicas y poder relacionar conceptos y narraciones y efectuar un *midrash* con un ropaje eminentemente cristiano que crea una nueva síntesis, a la que el día de hoy llamamos teología cristiana. También tenían que tener un alto discernimiento espiritual para poder entender los misterios, interpretarlos y comunicarlos a la comunidad de fe. Todo esto es un don de Dios. Por último, hicieron un trabajo muy duro, responsable, disciplinado y con excelencia, que fue redactar estos documentos que el día de hoy son parte del canon sagrado de la Iglesia del Señor. El trabajo que hicieron no fue místico ni sobrenatural, simplemente recopilaron las fuentes, estudiaron las fuentes y redactaron usando las fuentes. Esto último ha quedado suficientemente demostrado en este capítulo al ver todas las citas que los escritores del NT hacen de los libros deuterocanónicos.

C. Resumen

Los libros deuterocanónicos son un conjunto de libros creados por los judíos que vivían en Alejandría que contiene una información histórica y teológica útil no necesariamente inspirada.

1. Los libros deuterocanónicos son llamados "apócrifos" por el cristianismo protestante. En este trabajo de investigación utilizaremos el término deuterocanónicos por considerar el otro término peyorativo y porque este conjunto de libros es de gran utilidad para entender aspectos históricos y teológicos relacionados con el canon del NT.

2. La Iglesia Católica adoptó el canon alejandrino oficialmente en el Concilio de Trento. Es importante señalar que la Iglesia Católica no aceptó libros deuterocanónicos que la Iglesia Ortodoxa si aceptó. La Iglesia Protestante incluyó los libros deuterocanónicos en sus primeras versiones, hasta que gente de la Sociedad Bíblica de Inglaterra, de una forma arbitraria, decidió quitarlos en el año de 1862.

3. El primer libro en el cual se habla abiertamente de la resurrección de los muertos es en el libro de Segundo Macabeos.

4. Existe otra serie de conceptos teológicos que se tratan en los deuterocanónicos que nunca se habían tratado como el concepto del juicio, la retribución de los impíos o la recompensa de los justos. También menciona al diablo de una manera más personal, nunca tratado así en los libros del canon. Estos conceptos son fuentes para la doctrina teológica del NT.

5. Existen innumerables citas de los libros deuterocanónicos en el NT. Para efectos de esta investigación, hemos seleccionado algunos pasajes en los cuales Pablo, Santiago y los evangelistas los citan.

6. Las citas que los redactores del NT hacen de los libros deuterocanónicos demuestran la popularidad que tenía la versión griega, conocida como Septuaginta en medio de los judíos.

Libros pseudoepígrafes: fuente primaria de la escatología cristiana

La literatura pseudoepígrafe es un conjunto de libros cuyos títulos se atribuyen a personajes prominentes del AT falsamente, de ahí el nombre pseudoepígrafe. Se cree que esta colección de libros fue escrita en un período comprendido entre el año 150 a.C. y el 100 d.C. aproximadamente. Gran parte de este cuerpo pseudoepígrafe es de carácter escatológico; de hecho, se puede afirmar que con esta literatura nació el género apocalíptico.[85]

La literatura apocalíptica[86]surge en un contexto sociopolítico que fue el caldo de cultivo para que este género se desarrollara. En unos pocos años, había desfilado una serie de imperios como el asirio, el persa, el griego[87] y finalmente el romano. Todos ellos tuvieron que ver directamente con el pueblo de Israel, al que avasallaron e hicieron tributario hasta dejarlo paralizado y en incertidumbre. A todo esto hay que tener en mente que Israel no era cualquier pueblo en el concierto de las naciones de aquella época, era el pueblo de YHWH, el Dios que les había sacado de Egipto, que se había revelado como el creador de los cielos y la tierra; pero nada de eso encajaba con la realidad sociopolítica que el pueblo estaba viviendo. Es en ese contexto donde Dios impulsa a ciertos hombres relacionados con la vida religiosa de la nación a escribir una serie de escritos en los cuales se presenta bien claro el papel que las potencias militares estaban jugado en el sometimiento del pueblo escogido. Es allí precisamente cuando surge

---

85. Entre la literatura pseudoepígrafe de orientación escatológica podemos citar *Introduction for the general readers*. En *The Old Testament Pseudepigrapha. Apocalyptic Literature and Testaments. Edited by James H. CharlesWorth. Op. cit.* P. XXI – XXXIV.

86. Para el entendimiento de este fascinante mundo es sumamente útil el escrito de Juan Stam. *El género apocalíptico.* (2007): http://www.juanstam.com/dnn/Blogs/tabid/110/EntryID/119/Default.aspx. (Visto el 7 de Marzo del 2017).

87. Es importante señalar que entre el Imperio griego y el romano, hubo un período de tiempo en que Israel estuvo bajo la égida de dos reinos que se formaron tras la muerte de Alejandro Magno como fueron los ptolomeos y seleúcidas. De estos últimos se independizaron mediante la revuelta de los macabeos alrededor del año 150 a.C. Vivieron un período de independencia bajo lo que se llamó la dinastía hasmonea, quienes eran descendientes de Matatías macabeo hasta el año 64 a.C. cuando Pompeyo invadió el territorio de Israel comenzando la dominación romana.

el libro de Daniel, convirtiéndose *ipso facto* en el prototipo de la literatura apocalíptica del PI. La segunda parte del libro de Daniel nos relata el papel de las potencias militares anteriormente mencionadas, en la historia del hombre, y lo hace en un lenguaje inminentemente simbólico para darle un carácter distintivo a este naciente género literario. De ahí en adelante, todo este tipo de literatura va estar salpicada de un lenguaje simbólico y de complicada interpretación para todas aquellas sociedades que no tengan nada que ver con el pueblo judío.

Para desarrollar este capítulo, comenzaremos hablando del libro de Enoc como una fuente primaria para la formación de conceptos teológicos en el NT; luego, bajo el título "literatura pseudoepígrafe como fuente de los libros del NT" estudiaremos al menos dos libros pseudoepígrafes que tiene una relación directa con el NT: La Asunción de Isaías y José y Asenat.

A. Libro de Enoc: fuente primaria para la formación de conceptos escatológicos

De la amplia literatura pseudoepígrafe de orientación escatológica que existe,[88] hemos seleccionado I de Enoc para ser analizado, y ha sido así porque I de Enoc fue escrito antes que los libros canónicos del NT, constituyéndose de esta manera como uno de los textos apocalípticos claves del PI que debe ser objeto de un cuidadoso estudio y análisis puesto que es una fuente muy importante para los redactores del NT, *v.g.* los redactores de II de Pedro y Judas respectivamente, así como una fuente fundamental para conceptos teológicos como el del Mesías o el Hijo del hombre que se encuentran diseminados en los evangelios canónicos.

Lo primero que hay que señalar es que este libro fue aceptado como canónico por la iglesia etíope,[89] no así por el resto del cristianismo. Aparece

---

88. Entre la literatura pseudoepígrafe de orientación escatológica podemos citar: El Apocalipsis Eslavo de Enoc (finales del primer siglo), Apocalipsis Hebreo de Enoc (s. V-VI d.C.), Los Oráculos Sibelinos que es un conjunto de 15 libros (II a.C.-VII d.C.), Tratado de Shen (I a.C.), Apócrifo de Ezequiel (I a.C.-I d.C.), Apocalipsis de Zofonías (I a.C.-I d.C.), IV Esdras (finales del primer siglo), El Apocalipsis griego de Esdras (II-IX d.C.), Visión de Esdras (IV-VII d.C.), Preguntas de Esdras (Fecha desconocida), Revelación de Esdras (Antes del IX d.C.), Apocalipsis de Sadrac (II-V d.C.), Apocalipsis siríaco de Baruc (II d.C.), Apocalipsis griego de Baruc (I-III d.C.), Apocalipsis de Abraham (I-II d.C.), Apocalipsis de Adán (IIV d.C.), Apocalipsis de Elías (I-IV d.C.), Apocalipsis de Daniel (IX d.C.). Los textos de todos estos libros pueden ser encontrados en la compilación de *The Old Testament Pseudepigrapha. Apocalyptic Literature and Testaments. Edited by James H. Charles Worth.* Yale University Press. USA. 1999. Volumen 1.

89. En el año de 1975 el gobierno del Estado de Israel reconoció como auténtico a un grupo de judíos de origen etíope. Este grupo que en su mayoría vive en el territorio de Israel tiene en su *tanaj* (La Biblia en el idioma hebreo) el libro de Enoc como un texto canónico.

en MSS importantes como el B, el Papiro de Chester Beatty[90] entre otros. El libro[91] de I de Enoc está dividido en las siguientes secciones: (1) El libro del juicio, (2) El libro de los vigilantes o caída de los ángeles, (3) El libro de las parábolas o el Mesías y el reino, (4) Libro del cambio de las luminarias celestiales, (5) El libro de los sueños, (6) El apocalipsis de Semanas y otros fragmentos.

El libro de I Enoc es la fuente por antonomasia de una serie de conceptos teológicos que no aparecen en los libros del AT, que fueron aceptados por los judíos posteriormente y que se constituyeron en una fuente primaria de la teología del NT. Para efectos de este trabajo de investigación, hemos seleccionado algunos de sus conceptos para ser estudiados.

90. Como muy bien señala FF Bruce: *Chester Beatty, proved to be portions of twelve distinct manuscripts, of which eight contained parts of the Greek Old Testament, three contained parts of the New Testament, and the remaining one, parts of the Book of Enoch and a Christian Homily.* (… son porciones de 12 MSS, de los cuales ocho son partes del AT, tres del NT y el resto parte del libro de Enoc…) Bruce, F.F., The Chester Beatty Papyri," *The Harvester* 11 (1934): 163-164. Finalmente señalar que en la nomenclatura del *Textus Receptus* Nestle-Aland, estos papiros son conocidos como P45, P46 y P47.

91. Es una compilación de las obras de varios autores fariseos, y parte se escribió en hebreo y parte en arameo. De particular interés son sus enseñanzas acerca del reino venidero y la vida futura. Aparentemente declara que el gobernante trascendental de ese reino estuvo escondido con Dios desde antes de la creación del mundo (cap. 46:1-2; 48:6; 62:7). Varios títulos que se dan a este gobernante se aplican a Jesús en el Nuevo Testamento. Es llamado "Su [de Dios] Ungido [o Mesías]" (cap. 52:4); "el justo" (cap. 38:2; cf. Hechos 3:14); "el Elegido" (1 Enoc 40:5; 45:3-4; cf. Lucas 23:35); y "el Hijo del Hombre" (1 Enoc 46:3-4; 62:5). Las diversas partes de Primero de Enoc —escritas por diferentes autores— indican que existían varios puntos de vista entre los judíos del siglo I a. C. en cuanto al reino mesiánico. Los cap. 1-36 enseñan que ese reino existirá eternamente en la tierra después del juicio final; los cap. 37-71, que perdurará por la eternidad en la tierra y en el cielo, y que comenzará con el juicio final; y en los cap. 91-104 se enseña que el reino mesiánico será transitorio, estará en la tierra y será seguido por el juicio final. También se da importancia a Azazel, identificado como el que "ha enseñado toda injusticia en la tierra y ha revelado los secretos eternos que estaban (guardados) en el cielo, los cuales los hombres se esforzaban por conocer" (cap. 9:6). El juicio final de Azazel se declara con estas palabras: "El Señor dijo a Rafael: 'Ata a Azazel de pies y manos, y échalo a las tinieblas; haz una abertura en el desierto... y en el día del gran juicio será echado en el fuego... Toda la tierra ha sido corrompida por las obras que enseñó Azazel; atribúyele a él todos los pecados'" (cap. 10:4-8). Aunque la identificación de Azazel con Satanás no se puede probar por la autoridad del libro de Enoc, su nombre aquí muestra lo que entendían los judíos acerca de Azazel en el siglo I a.C. Primero de Enoc señala el fermento del pensamiento escatológico que predominaba en ciertos sectores del judaísmo precisamente antes del período del Nuevo Testamento y durante el.

1. El Hijo del hombre

Una de las expresiones con las que Jesús se identifica en el NT es la de *Hijo de hombre*[92] que, si bien es cierto aparece enunciado en el libro de Daniel,[93] es en el libro de Enoc donde el concepto es desarrollado de una mejor manera, así que lo encontramos en I de Enoc 48 donde se dice: ... *en ese momento al hijo del hombre le fue dado un nombre en presencia del Señor de los espíritus aun antes de la creación del sol y la luna (v2 - 3)... él es la luz de los gentiles y él se convertirá en la esperanza de aquellos que están enfermos en su corazón (v4) y aquellos que moran en la tierra se postrarán y le adorarán (v5) ... con este propósito se ha convertido en el escogido (v6)...* y en este mismo orden hasta el versículo diez.

De estos versículos puede verse la pre-existencia del hijo del hombre; habla de su obra redentora al señalarlo como la *luz de los gentiles y esperanza de los enfermos de corazón*; se dice que los moradores de la tierra le adorarán; y en el verso 6 le llamó *el escogido* que es el equivalente a Mesías. En los libros canónicos encontramos a Jesús atribuyéndose el título de Hijo del hombre, *v.g. Porque el Hijo del Hombre vino a buscar y a salvar lo que se había perdido* Lc. 19:10; *Porque el Hijo del Hombre no vino para ser servido, sino para servir, y para dar su vida en rescate por muchos* Mr. 10:45; *Como fue en los días de Noé, así también será en los días del Hijo del Hombre ...así será el día en que el Hijo del Hombre se manifieste.* Lc. 17:26, 30. Existen muchos otros pasajes[94] en que se utiliza este título, pero con estos que hemos citado en los evangelios canónicos queda suficientemente establecida la plena identificación de Jesús con el concepto *Hijo del hombre.*[95]

---

92. Se dice que la expresión que se traduce al griego υἱὸν τοῦ νθρώπου —*hijo de hombre*— viene del arameo *bar enash*. Existe un debate de si esta expresión debe entenderse como una referencia a la humanidad del individuo como se utiliza en el libro de Ezequiel o adjudicarle el ropaje mesiánico como se utiliza en Enoc o los evangelios. Ver. Graham Stanton. *The Gospels and Jesus. Oxford University Press.* Second Edition. Great Britain. 2002. P. 249 – 250.

93. Daniel 7:13: *Miraba yo en la visión de la noche, y he aquí con las nubes del cielo venía uno como un hijo de hombre, que vino hasta el Anciano de días...*

94. 13 veces en el libro de Marcos, 12 veces en el Documento Q, 8 veces en Mateo (M), 6 veces en Lucas (L) y 11 veces en Juan. Ver. Graham Stanton. *The Gospels and Jesus. Op. cit. P. 247.*

95. Para mayor información sobre este concepto Hooker, Morna D. *The Son of Man in Mark: A Study of the Background of the Term "Son of Man" and Its Use in St Mark's Gospel.* Montreal: McGill-Queen's University Press, 1967; Teeple, Howard M. "The Origin of the Son of Man Christology." *Journal of Biblical Literature* 84, no. 3 (1965) P. 213-50; Thompson, G. H. P. "The Son of Man—Some Further Considerations." *The Journal of Theological Studies,* New Series, 12, no. 2 (1961) P. 203-09; Walker, William O. "The Son of Man: Some Recent Developments." *The Catholic Biblical Quarterly* 45, no. 4 (1983) P. 584-607, entre otros.

El debate en el mundo de la academia es si este es un título mesiánico-apocalíptico o no; no vamos a entrar en esa discusión en esta investigación, solo vamos a señalar que existen al menos tres teorías o explicaciones diferentes sobre el significado de la expresión.[96] A nuestro criterio, existe suficiente evidencia para afirmar que sí es un título mesiánico-apocalíptico: primero, por lo que el libro de Enoc afirma: no puede estar hablando de un ser humano común y corriente y luego con la plena identificación que Jesús hace de sí mismo con el título mesiánico. En Juan encontramos un pasaje donde no queda ninguna duda al respecto:

Jesús se enteró de que habían expulsado a aquel hombre, y al encontrarlo le preguntó: —¿Crees en el Hijo del Hombre? —¿Quién es, Señor? Dímelo, para que crea en él. —Pues ya lo has visto —le contestó Jesús—; es el que está hablando contigo.

Sabemos que la *raison d'être* de Juan es combatir la herejía docética de los gnósticos y demostrar que Jesús es el Dios encarnado. En esta perícopa, intencionalmente seleccionada por Juan, Jesús se identifica plenamente con el título de *Hijo del hombre* corroborando que, en efecto, es un título mesiánico-apocalíptico.

Si el título de *Hijo del hombre* es un título mesiánico, es importante que entremos al mundo del concepto mesiánico; y es precisamente lo que haremos a continuación.

2. El Mesías

El concepto de Mesías[97] es fundamental en la literatura apocalíptica y es toral porque es la persona que va a redimir a los *santos del altísimo* del poder político de los malos, de aquellos que se oponen a Dios y a su culto y, por ende, persiguen a su pueblo. En la teología cristiana, Jesús encarna al Mesías de la literatura apocalíptica, pero los *santos del altísimo* no lo aceptan como Mesías, antes bien, lo rechazan y le quitan la vida. Ahora bien, todo esto no es decisión de los líderes religiosos judíos, sino que todo obedece a un plan que el mismo Mesías había establecido, en el cual Él iba a morir y resucitar al tercer día y fundar de esta manera un nuevo cuerpo religioso al que llama *la Iglesia*. En este momento, el concepto Mesías de la literatura apocalíptica no nos sirve y es necesaria una relectura de

---

96. Acerca de las tres teorías sobre el significado del título *Hijo del hombre* ver: Graham Stanton. *The Gospels and Jesus. Op. cit.* P. 250.

97. Sobre el concepto Mesías es de mucha utilidad la siguiente bibliografía Flusser, David. *Jewish Sources in Early Christianity.* MOD Books. USA. 1989. P. 55 y ss.

aquellos escritos y efectuar una nueva interpretación. Es así cómo surge la figura de Pablo, quien se vuelve en el ideólogo de la Iglesia desarrollando una nueva teología en la que la figura del Mesías ocupa una posición muy importante.

Este apartado lo hemos subdividido para una mejor comprensión del concepto Mesías: en primer lugar, la realidad sociopolítica de Israel como el origen del concepto, luego la conexión mesiánica de la literatura apocalíptica con Jesús, en tercer lugar la teología del NT sobre el Mesías y, finalmente, el concepto de Mesías en el libro de Enoc.

Realidad sociopolítica Sitz im Lebem del concepto Mesías

El género apocalíptico no surge *ex-nihilo*, es realmente una reacción de un pueblo que necesita tener una esperanza en medio de la desolación en la que se encuentra. En el caso específico del libro de Daniel y del *milieu* en el cual surge, nos vamos a dar cuenta que los judíos venían de un durísimo cautiverio y de un proceso de avasallamiento de potencias políticomilitares que les habían humillado hasta lo sumo y que los había puesto en una encrucijada existencial. Ellos eran el pueblo de Dios, que había salido de Egipto con mano dura, que había conquistado un territorio, que había establecido una monarquía que en la época de Salomón había provocado la admiración y la envidia de propios y extraños pero que ahora se encontraban sujetos a la voluntad de paganos e incircuncisos, y para colmo de males, en ese momento se había levantado un tirano a quien la Iglesia conoce como Antíoco Epífanes, que no solamente ordenó el cese del culto a YHWH en el templo, sino que ordenó se adorara una imagen pagana en el templo.[98] En este momento de la historia de Israel se puede afirmar que más bajo no se podía caer, de manera que, *strictu sensu*, tenía que haber una reacción y la hubo, y esta se dio tanto en lo político como en lo literario. En lo político se dio lo que la historia conoce como "la revuelta de los macabeos" y en lo literario surgió el género apocalíptico. Los elementos que caracterizan a la literatura apocalíptica se dan para dar una respuesta clara a un pueblo que desesperadamente necesita mirar al futuro, no al

---

98. Antíoco Epífanes fue un nefasto gobernante de la dinastía seleúcida, de origen griego, que llega al poder en Siria. En ese momento histórico los seleúcidas le han arrebatado el poder que los ptolomeos tenían sobre el territorio de Israel. Antíoco Epífanes no solamente tenía un control político sobre Israel sino también religioso y el sumo sacerdote de turno estaba en el ejercicio de sus funciones con la venia de Antíoco. Su política era completamente helenizante y no tenía ningún respeto por la religión de los judíos. Tal fue su insolencia que no solamente profanó el templo del Señor sino que lanzó una cruenta persecución contra aquellos que no se rindieron a su política helenizante. Se recomienda ver. Mathews, Shailer. "Antiochus Epiphanes and the Jewish State." *The Biblical World* 14, no. 1 (1899) P 13-26.

pasado. Anteriormente al género apocalíptico, la literatura apuntaba a la *Torah*, a los profetas; ahora apunta al futuro, a la redención del pueblo, a la aparición de un mesías salvador en la escena que ponga fin a la humillación a la que las potencias paganas habían sometido al pueblo de Dios.

En virtud de lo anteriormente expresado, se comenzó a escribir, enseñar y hablar en todos los niveles de la sociedad judía acerca de un Mesías que iba a venir a redimir a su pueblo. Esto generó toda una serie de interpretaciones, porque unos creían que se trataba de un mesías militar, otros sacerdotal, pero muy pocos se imaginaron que el Mesías iba a ser un siervo sufriente, que su redención no iba a ser política o económica, sino eminentemente espiritual, de ahí el choque irreconciliable con el ministerio de Jesús.

La conexión mesiánica de la literatura apocalíptica con Jesús

En la década de los años veinte del primer siglo, hace acto de presencia en la escena humana Jesús, quien después de ser bautizado en el Jordán inicia su efímero ministerio profético y de redención del hombre. El magisterio de Jesús no se da nunca en un *vacivus* teológico, de lo contrario nadie habría entendido sus enseñanzas.[99] Cuando Andrés encuentra a Pedro y le dice *hemos hallado al Mesías*[100] ellos sabían todo lo relacionado al concepto Mesías, era tan popular en aquella época que aun una mujer samaritana completamente alejada de Dios podía decir ... *sé que el Mesías ha de venir, el cual se dice el Cristo: cuando él viniere nos declarará todas las cosas...*[101] y Jesús con toda firmeza contesta *Yo soy, el que habla contigo*. El contexto de este pasaje nos muestra algo extraordinario, porque Jesús está declarando que Él es el Mesías a una representante de un pueblo considerado espurio por los judíos, anunciando de esta manera que el Mesías no solamente iba a redimir al pueblo judío, sino a todos los linajes de la tierra que creyeran en Él. Esta interpretación no había sido considerada por los judíos, y es que no podía ser considerada porque no cabía en sus mentes que la redención incluyera a los incircuncisos, de ahí que la aceptación de Jesús como Mesías fuera al fin y al cabo un acto sobrenatural de revelación de parte de YHWH

---

99. Ver: Henze, Matthias. *Mind the Gap: How the Jewish Writings between the Old and New Testament Help Us Understand Jesus*. Minneapolis: Augsburg Fortress, Publishers, 2017. El autor introduce la literatura del PI y cómo esta ha influenciado a través de la historia, guía al estudiante a encontrar determinados textos y lo introduce a los conceptos teológicos de que nos hablan Jesús y los redactores del NT, los cuales pueden ser entendidos una vez que se estudia esta literatura. Entre los conceptos que él aborda están: Mesías, ángeles, demonios, la resurrección, entre otros.

100. Juan 1:41.

101. Juan 4:25.

a la persona. Esto está claramente establecido en aquella perícopa donde Jesús pregunta ¿Quién dicen los hombres que es el Hijo del hombre? y los discípulos responden mencionando las diferentes interpretaciones del pueblo. Luego, Jesús hace la pregunta clave ... *y vosotros ¿quién decís que soy?* A lo que Pedro responde *Tú eres el Cristo el hijo del Dios viviente...* aquí Pedro llama por primera vez a Jesús, *el Cristo.* Jesús contesta *Bienaventurado eres, Simón, hijo de Jonás, porque no te lo reveló carne ni sangre, sino mi Padre que está en los cielos;* esta aseveración de Jesús es sumamente importante, porque lo que está diciendo es que la correcta interpretación del concepto de Mesías es un acto sobrenatural; por lo tanto, el error de las personas era el resultado de la falta de revelación producto del contexto socioreligioso que no permitía otra interpretación más que la de un mesías militar que iba a liberar al pueblo mediante una acción militar.[102]

La teología del NT sobre el Mesías

La teología cristiana le da una interpretación *sui generis* al concepto Mesías y, cronológicamente hablando, es Pablo el primer teólogo en aclarar este concepto y ajustarlo al pensamiento judeocristiano. En primer lugar, es menester señalar que para Pablo, educado en una de las escuelas rabínicas de más prestigio de su época, era inconcebible el concepto del Mesías judeocristiano; hizo falta una revelación personal de Jesús en el camino a Damasco para que este rabino experimentara una cambio de pensamiento de 180 grados. Después de su conversión a la fe judeocristiana, Pablo estuvo un período de alrededor de 15 años en un proceso de reeducación y entendimiento de una teología que le iba tocar a él presentar a los miembros de la comunidad cristiana. Un punto de coincidencia entre la teología judía y la judeocristiana era que el Mesías iba a ser un descendiente directo de David y que iba a nacer en Belén de Judea. Por lo tanto, el primer punto a demostrar por Pablo era su filiación, de manera que en Romanos 1:3 señala *era del linaje de David según la carne...* pues esta declaración establece la filiación de Jesús.[103] El problema radica en la interpretación que hacen unos y otros de quién es el Mesías. Así que el trabajo de Pablo y de los que

---

102. Esta concepción dio origen a grupos nacionalistas como los zelotes, de los que ya hemos hablado. Judas Iscariote era un personaje que miraba a Jesús como el mesías militar.

103. En Romanos 1: 3-4 encontramos: ... *este evangelio habla de su Hijo, que según la naturaleza humana era descendiente de David, pero que según el Espíritu de santidad fue designado con poder Hijo de Dios por la resurrección. Él es Jesucristo nuestro Señor...* Este es un midrash que Pablo está efectuando de la literatura tanto deuterocanónica y pseudoepígrafe que poseía. Al aseverar ... *que según la naturaleza humana era descendiente de David...* estaba afirmando su mesianidad, el Mesías iba a ser un descendiente de David (II Samuel 7:12) y cuando asevera que *fue designado con poder Hijo de Dios por la resurrección...* está confirmando su deidad, por lo que no tiene problemas en decir *Él es Jesucristo*

redactaron los Evangelios era demostrar que Dios tenía en su organigrama un modelo de Mesías diferente al que el pueblo había entendido.

El Primer discurso de Pedro en el libro de los Hechos es un extraordinario *midrash* de una serie de textos del AT para enseñar la verdadera teología de Jesús como el Mesías de Dios y el cumplimiento a cabalidad de la profecía apocalíptica en los pseudoepígrafes. En Hechos 2:14-36 leemos el discurso de Pedro:

> *Entonces Pedro, poniéndose en pie con los once, alzó la voz y les habló diciendo: Varones judíos, y todos los que habitáis en Jerusalén, esto os sea notorio, y oíd mis palabras ... Jesús nazareno, varón aprobado por Dios entre vosotros con las maravillas, prodigios y señales que Dios hizo entre vosotros por medio de él ... a este, entregado por el determinado consejo y anticipado conocimiento de Dios, prendisteis y matasteis por manos de inicuos, crucificándole; al cual Dios levantó, sueltos los dolores de la muerte, por cuanto era imposible que fuese retenido por ella ... viéndolo antes, habló de la resurrección de Cristo, que su alma no fue dejada en el Hades, ni su carne vio corrupción. A este Jesús resucitó Dios, de lo cual todos nosotros somos testigos ... Sepa, pues, ciertísimamente toda la casa de Israel, que a este Jesús a quien vosotros crucificasteis, Dios le ha hecho Señor y Cristo.*

La conclusión del discurso de Pedro ... *Sepa, pues, ciertísimamente toda la casa de Israel, que a este Jesús a quien vosotros crucificasteis, Dios le ha hecho Señor y Cristo* no deja ninguna duda, le ha hecho Señor y Cristo (Mesías)[104] y de ahí, por deducción, podemos construir una teología novotestamentaria sobre el Mesías y decir sin ningún problema que el Mesías es Dios, que se humana mediante un acto sobrenatural[105] en una virgen que concibe y da a luz a una persona en la cual se iban a conjugar dos naturalezas: la humana y divina.[106] Que a la edad de 30 años, para cumplir con la ley, iba

nuestro Señor. Ver: Zaldívar, Raúl. A los Romanos. Una Carta de Ayer para el Mundo de Hoy. Universidad para Líderes. Honduras. 2017. P. 17.

104. La palabra hebrea Mesías significa *el ungido.* Se traduce al griego como *Cristo* que es la palabra que usa la Septuaginta. Es importante señalar que, aunque la palabra Mesías no aparece citada como tal en el AT como un sustantivo, sí aparece 39 veces en forma adjetival como el *ungido.* Fue ya en el PI que comenzó el período de la esperanza mesiánica y surge la palabra Mesías como un sustantivo. Cf. Ver. Graham Stanton. *The Gospels and Jesus. Op. cit.* P. 241 – 242.

105. Este es precisamente el trabajo de Juan en sus escritos, probar la deidad de Cristo, que equivale a decir su mesianidad, pues una cosa va ligada a la otra. La perícopa de la mujer samaritana es un ejemplo de la indivisibilidad de los dos conceptos.

106. Esta es una doctrina que iba a ser adoptada como un dogma oficial de la Iglesia en el Concilio de Calcedonia en el año 451 d.C. que condenó la herejía de Nestorio. Aquí quedó claro la doctrina de la unión hipostática de Jesús.

a comenzar su corto ministerio en el cual iba a predicar un nuevo mensaje que consistía en creer en su mesianidad no sin antes arrepentirse de sus pecados y vivir una vida piadosa. A esa nueva agrupación de personas la llamó "Iglesia". El Mesías no era un militar que iba a salvar a Israel del poder temporal de los gentiles, era Dios hecho carne que iba a morir en lugar del pecador en una cruz y de esta manera expiar el pecado del hombre. Con este acto expiatorio, Jesús provee salvación a todas aquellas personas que creen en él y, como señala Pedro en su Discurso y Pablo en sus escritos, el sello de esta teología es la resurrección de Jesucristo de entre los muertos, de manera que Pedro puede decir sin nungún tipo de inhibiciones ... *a este Jesús resucitó Dios, de lo cual todos nosotros somos testigos...*

Para llegar a tener el concepto completo de Mesías hubo que pasar por un proceso de revelación en el cual podemos identificar las siguientes etapas: (1) La revelación en los libros canónicos. Comenzando con Deuteronomio 18:18 encontramos textos como este ... *Profeta les levantaré de en medio de sus hermanos, como tú; y pondré mis palabras en su boca, y él les hablará todo lo que yo le mandare...* Luego tenemos la declaración de II Samuel 7:12 ... *levantaré a tu descendiente después de ti, el cual saldrá de tus entrañas, y estableceré su reino* y finalmente Miqueas 5:2 ...*pero tú, Belén Efrata, aunque eres pequeña entre las familias de Judá, de ti me saldrá el que ha de ser gobernante en Israel...* El midrash que se ha hecho de estos pasajes apuntan al *Mesías*. (2) La revelación en los pseudoepígrafes. Como ya se ha dicho, la situación sociopolítica de Israel obligó a los escribas a redactar los pseudoepígrafes donde se dimensiona el concepto *Mesías* como nunca antes. Uno de los pseudoepígrafes principales es el libro de Enoc que estudiaremos brevemente, empero también está el pseudoepígrafe Los Salmos de Salomón[107] que en su capítulo 17: 26-32 dice:

> *Reunirá [el Señor-Mesías] un pueblo santo al que conducirá con justicia, gobernará las tribus del pueblo santificado por el Señor su Dios ... juzgará a los pueblos y a las naciones con sabiduría. Obligará a los gentiles a vivir bajo su yugo; y purificará Jerusalem con sus santificación, para que vengan las gentes desde los confines de la tierra para ver su gloria. Él será sobre ellos un rey justo, instruido por Dios; no existe injusticia durante su reinado sobre ellos, porque todos son santos, y su Rey será el Señor Mesías...*

---

107. La evidencia interna de los Salmos de Salomón nos muestra que la fecha de escritura puede estar entre el 125 a.C. hasta principios del primer siglo d.C. Ver: Wright, R.B. "Psalms of Salomon. A New Translation and Introduction". En *The Old Testament Pseudepigrapha. Apocalyptic Literature and Testaments.* Vol. II. *Op. cit.* P. 640 - 641.

Esta es una de las muchas alusiones que en la literatura apocalíptica encontramos sobre el Mesías y se cree que esta es una de las que dio pie a creer que el Mesías sería una figura militar.[108] (3) La tercera etapa en el proceso de revelación es la de las declaraciones del Mesías propiamente dichas. Aquí tenemos que recurrir a todas aquellas perícopas en las cuales Jesús reveló su mesianidad, la cual estuvo siempre vinculada con su misión de redención del hombre. (4) Los concilios. En el siglo IV se celebró el primer concilio ecuménico donde se dio inició el proceso de establecer la naturaleza de la personalidad del Mesías.

Una vez que la Iglesia clarifica quién es Jesús, especialmente en el Concilio de Calcedonia en el año 451 d.C., podemos decir que tenemos un concepto completo de Mesías que ha tomado varios miles de años en lograrse.

Ahora veamos lo que el libro de Enoc propiamente dice sobre el Mesías, que es en definitiva lo que estamos estudiando: El libro de Enoc como fuente primaria para la formación de conceptos escatológicos.

El concepto Mesías en el libro de I de Enoc

Después de la exposición anterior nos queda claro todo lo relacionado con el concepto de Mesías, corresponde ahora identificar el concepto en la literatura del PI. Uno de los libros donde podemos verlo claramente es el libro de I de Enoc, donde el Mesías aparece como el elegido,[109] *v.g.* en el 46:2-8 se lee: ... *este es el hijo del hombre a quien le pertenece la justicia... porque el Señor de los espíritus le ha escogido y está destinado a ser victorioso delante del Señor de los espíritus... este hijo del hombre a quien tú has visto es el que va a remover a los reyes y poderosos... los rostros de los poderosos serán abofeteados y llenados de vergüenza...* A lo largo del libro de Enoc se le llama *el escogido* y siempre se diferencia del Señor de los espíritus que es una alusión directa a Dios. Por otro lado, no se le da una categoría inferior ni mucho menos, sino que se le ubica en la misma posición que al Señor de los espíritus para que se siente en el trono y que sea adorado por los santos. (Enoc 51:1-4). En este pasaje donde se nos dice que *removerá a los reyes y poderosos*, está dando lugar a identificar al *escogido* como un líder militar que suprimirá el poder de los gobiernos gentiles, que era el concepto de mesías que tenían los judíos nacionalistas de la época de Jesús. El error de aquellos fue

---

108. Ver. Graham Stanton. *The Gospels and Jesus. Op. cit.* P. 242.

109. García Martínez, F., and E. J. C. Tigchelaar. "1 Enoch" and the Figure of Enoch a Bibliography of Studies 1970-1988." *Revue De Qumrân* 14, no. 1 (53) (1989) P 149-74 Hooker, Morna D. *The Son of Man in Mark: A Study of the Background of the Term "Son of Man" and Its Use in St Mark's Gospel. Op. cit.*

el haber hecho una interpretación literal sin considerar otras dimensiones como la espiritual.

En el 48:10, hablando de los malos, se dice: ... *En el día de su aflicción habrá descanso en la tierra, ante ellos caerán y no se levantarán jamás y nadie estará para levantarlos, porque han renegado del Señor de los espíritus y su Ungido...* estas son las consecuencias para aquellas personas que sacan al Mesías de su ecuación. En el 52:4 se lee: ... *me dijo: "Todo lo que has visto servirá para el gobierno de su Ungido, para que pueda ser fuerte y poderoso sobre la tierra".* Texto que da pie al Mesías militar al que ya nos hemos referido. El 62:9 revela la deidad y el poder del Mesías: ... *pero los reyes, los poderosos, los dignatarios y los que dominan la tierra caerán ante Él sobre sus rostros, adorarán y pondrán su esperanza en este Hijo del Hombre, le suplicarán y le pedirán misericordia.* Queda suficientemente claro que el Mesías es la deidad misma. Los judíos nunca doblaron la cerviz ante nadie que no fuera Dios. El 69:29 nos revela lo siguiente: ... *A partir de entonces nada se corromperá, porque este Hijo del Hombre ha aparecido y se ha sentado en el trono de su gloria, toda maldad se alejará de su presencia y la palabra de este Hijo del Hombre saldrá y se fortalecerá ante el Señor de los espíritus. Esta es la tercera parábola de Enoc* ... La identificación con la deidad en este pasaje es más que clara, así como la ausencia del mal donde Él está presente y el poder de su Palabra.

Aunque hay otras citas sobre el Mesías en el libro de Enoc, las que se han mencionado son más que suficientes para mostrar cómo este libro es una pieza fundamental en el mundo de las fuentes para la formación de conceptos escatológicos o apocalípticos como el concepto de Mesías.

Una vez abordado el concepto de Mesías, su origen, desarrollo doctrinal y su conexión con Jesús y el NT, debemos movernos a otro de los temas centrales de la teología de los pseudoepígrafes del PI, el juicio de los impíos.

3. El juicio de los impíos

Una de las doctrinas cardinales del cristianismo es la recompensa de los justos y la retribución de los impíos. Esto se efectuará a través de un juicio de condenación que claramente podemos ver en el libro I de Enoc.[110] *Cuando la congregación de los justos aparezca, los pecadores serán juzgados por sus pecados, ellos serán quitados de la faz de la tierra... ¿Dónde será la morada de los pecadores? ... mejor les hubiera sido no haber nacido nunca... cuando los secretos del justo sean revelados, Él juzgará a los pecadores y los perversos serán*

---

110. Sobre este tema se recomienda: Stuckenbruck, Loren T., and Gabriele Boccaccini, eds. *Enoch and the Synoptic Gospels: Reminiscences, Allusions, Intertextuality.* SBL Press; First edition. USA. 2016.

quitados de la presencia del justo y de los elegidos... (38:1-6). En este pasaje queda establecido el juicio condenatorio de los malvados y la recompensa de los justos que encontramos a lo largo de todo el magisterio de Jesús en los evangelios canónicos, *v.g.* Mateo 10:15: *En verdad os digo que en el día del juicio será más tolerable el castigo para la tierra de Sodoma y Gomorra que para esa ciudad ...* o la sentencia condenatoria que encontramos en Mateo 25:41 *... Apartaos de mí, malditos, al fuego eterno preparado para el diablo y sus ángeles ...* Esta doctrina del juicio también la encontramos en otros libros del NT como Hebreos ... *por cuanto está establecido un día en el cual juzgará al mundo con justicia (Hebreos 17:31)* uno de los aspectos de esta doctrina es que, no solamente incluye seres humanos, sino que incluye ángeles: *... y los ángeles que no guardaron su dignidad, sino que abandonaron su propia morada, los ha guardado bajo oscuridad, en prisiones eternas, para el juicio del gran día. (Judas 1:6).* Aunque hay otros pasajes que nos habla del juicio en el NT, citaremos un pasaje más, el de Apocalipsis 20:12-15: *... Se abrieron unos libros ... los muertos fueron juzgados según lo que habían hecho, conforme a lo que estaba escrito en los libros. El mar devolvió sus muertos; la muerte y el infierno devolvieron los suyos; y cada uno fue juzgado según lo que había hecho.* Este versículo es una copia de Enoc 51:1 que reza *... en esos días la tierra devolverá lo que ha sido depositado en ella; el Sheol también devolverá lo que ha recibido y los infiernos devolverán lo que deben.* Lo que esto significa es que la persona que redactó el Apocalipsis conocía el libro de Enoc. El pasaje de Apocalipsis termina diciendo *... Aquel cuyo nombre no estaba escrito en el libro de la vida era arrojado al lago de fuego.*

En Enoc 61:8 leemos *... el Señor de los Espíritus colocó al Elegido sobre el trono de gloria y el juzgará todas las obras de los santos y sus acciones serán pesadas en la balanza.* Y en Mateo 25:31 leemos *...cuando el Hijo del Hombre venga en su gloria, y todos los santos ángeles con él, entonces se sentará en su trono de gloria ...* esto no es coincidencia, la persona que redactó el evangelio de Mateo conocía muy bien el libro de Enoc; primero usa el título mesiánico de *hijo de hombre* y luego usa la misma figura de *trono de gloria* para juzgar.

Las citas anteriores nos han demostrado palmariamente que el libro de Enoc fue una fuente primaria para los redactores de los libros del canon del NT en temas escatológicos como el juicio. Una vez tratado lo relacionado con el juicio, nuestro siguiente tema de reflexión es la resurrección de los muertos.

4. La resurrección de los muertos

Los primeros apóstoles definieron su misión como la ser testigo de su resurrección (Hechos 1:22) en consonancia con la declaración de Pablo en I de Corintios 15, donde asegura que la resurrección de Jesús es el hecho que valida al cristianismo y su mensaje. El tema de la resurrección se plantea por primera vez en el deuterocanónico de II de Macabeos, sin embargo, también se plantea en los pseudoepígrafes, y Enoc no es la excepción. [111] La primera referencia que encontramos en Enoc es la siguiente: ... *en aquellos días, el Sheol devolverá todos los depósitos que había recibido y el infierno entregará todo lo que debe. Y él escogerá a los justos y a los santos de aquellos (resucitados de los muertos), porque el día cuando ellos deben ser seleccionados y salvos ha llegado. En esos días (el elegido) se sentará en mi trono ... porque el Señor de los espíritus se los ha dado a Él para que le glorifiquen... (51:1-4).* Es importante señalar que este pasaje también se puede utilizar para hablar del juicio, porque al final existe una conexión entre resurrección y juicio.

En los libros que fueron canonizados del AT nunca apareció nada como esto, exceptuando el libro de Daniel en el cual se nos indica: ... *y muchos de los que duermen en el polvo de la tierra serán despertados, unos para vida eterna y otros para vergüenza y confusión perpetua. (Dn. 12:2)* Ahora bien, siendo el libro de Daniel redactado en el PI al igual que I de Enoc, nos deja claro que antes de esta época nunca se trató el tema de la resurrección de los muertos.

En el pasaje de I de Enoc se efectúa una diferenciación entre el Sheol y el infierno; según la redacción no parece que se refiera al mismo lugar, si ese es el caso, el Sheol es el lugar donde están los justos.[112] El siguiente aspecto es que habrá una selección de personas y lo último que aparece es una alusión clara a la deidad de *el elegido*, quien se sienta en el trono y a quien el Señor de los espíritus le ha dado a los resucitados para que le glorifiquen. En este mismo sentido, se expresa en el Apocalipsis de San Juan: ... *y el Hades entregaron los muertos que había en ellos; y fueron juzgados cada uno según sus obras. (Apocalipsis 20:13)*

Hemos visto en esta sección cómo el redactor de uno de los tantos libros pseudoepígrafes como es el libro de I de Enoc escribe cosas que dieron origen a conceptos que fueron el caldo del cultivo de una teología que, con el transcurso de los años, se fue transformando hasta servir de plataforma para el ejercicio ministerial de Jesús. Hubiese sido imposible la obra redentora de Cristo si no hubiera habido una plataforma teológica bien montada. El pueblo esperaba un Mesías, Jesús dice *yo soy, el que habla contigo* el pueblo sabía de la resurrección de los muertos, Jesús dice *Yo soy la resurrección y la vida...* el pueblo sabía del Hijo del hombre, Jesús dice *Pues para que*

111. Ver Weber, William. "The Resurrection of Christ." *The Monist*11, no. 3 (1901) P 361-404.

112. En I Enoc 56:8 se lee: ...*el Sheol abrirá su boca y ellos serán tragados y perecerán. EL Sheol tragará a los pecadores en presencia de los elegidos.* De este manera el Sheol también es el lugar donde están los malos.

veáis que el Hijo del hombre tiene poder en la tierra para perdonar los pecados —se dirige al paralítico— yo te digo: Levántate, toma tu camilla y vete a tu casa" (Mc 2:10-11) si no existiera una plataforma teológica que creara una conciencia colectiva, Jesús jamás hubiera podido identificarse a sí mismo ni con el Mesías, ni con la resurrección, y menos con el Hijo del hombre. Este es el trabajo de la literatura pseudoepígrafe y, en este caso particular, del libro de I de Enoc, y también es la razón por la cual este libro es ampliamente citado por los redactores del NT.

Una vez visto el libro de Enoc como la fuente que dio origen a conceptos escatológicos que son fundamentales en la teología del NT, es oportuno estudiar cómo la literatura pseudoepígrafe es citada en el NT, convirtiéndose de esta manera en unas de las fuentes principales de sus redactores.

B. Literatura pseudoepígrafe como fuente de NT

Ya nos hemos referido que una característica de la literatura *pseudoepígrafe* es la de usar nombres de personalidades religiosas como título de sus libros, de allí el nombre *pseudoepígrafe o escritos falsos*[113] que de falsos no tenían nada, pues era simplemente una costumbre literaria de la época. Los pseudoepígrafes son un conjunto de libros escritos en el PI del año 200 a.C. y 200d.C.[114] que, al igual que los deuterocanónicos, nos proporcionan una valiosa información acerca de la historia del pueblo judío y de su vida religiosa. Es importante señalar que la temática de estos libros está íntimamente relacionada con el contexto socioreligioso del pueblo judío en este *momentum* del PI, *i.e.* temas como perseverancia en medio del sufrimiento, el carácter justo de Dios a pesar de las circunstancias perversas, la resistencia al helenismo o la exaltación del judaísmo a través de la fe y la ley de Moisés. Dentro de este vasto cuerpo literario existen, además del género apocalíptico, otros géneros en los que podemos incluir libros como:

---

113. Sobre este fascinante mundo de la literatura pseudoepígrafe se recomienda la siguiente bibliografía. Stone, Michael E. "Why Study the Pseudepigrapha?" *The Biblical Archaeologist* 46, no. 4 (1983) P. 235-43. Rowley, H. H. "Introduction to the Apocrypha." *The Jewish Quarterly Review* 40, no. 3 (1950) P. 303-05; Stone, Michael E. "The Dead Sea Scrolls and the Pseudepigrapha." *Dead Sea Discoveries* 3, no. 3 (1996) P. 270-95; Charlesworth, James H. "The Renaissance of Pseudepigrapha studies the SBL Pseudepigrapha Project." *Journal for the Study of Judaism in the Persian, Hellenistic, and Roman Period* 2, no. 2 (1971) P. 107-14; Reed, Annette Yoshiko. "The Modern Invention of Old Testament Pseudepigrapha'." *The Journal of Theological Studies*, New Series, 60, no. 2 (2009) P. 403-36. Fudge, Edward William, and Richard Bauckham. *The Fire that Consumes: A Biblical and Historical Study of the Doctrine of Final Punishment.* Cambridge: Lutterworth Press, 2011.

114. Patzia, Arthur G. *The Making of the New Testament.* Intervarsity Press. USA. 1995. P. 29.

El Testamento de los Doce Patriarcas, La Carta de Aristeas, El Martirio y la Ascensión de Isaías, José y Asenat, La Vida de Adán y Eva, entre otros.[115]

Para su estudio, hemos seleccionado cinco libros pseudoepígrafes.

1. La Ascensión de Isaías

Es un libro fantástico[116] que nos habla del martirio de Isaías, pero también nos habla de episodios de la vida de Jesús. El relato es una simbiosis de tres fragmentos[117] escritos en períodos de tiempo diferente, en donde el primero pudo haber sido escrito en el siglo I a.C. y el último a finales del siglo I d.C.[118] El libro tiene 11 capítulos y puede dividirse en dos partes principales: la primera parte, que va del capítulo 1 al 5, nos relata el martirio del profeta. El relato comienza con una reunión entre Isaías y el Rey Ezequías, con la cual termina el capítulo 11. El capítulo 2 relata la muerte de Ezequías y la sucesión de su hijo Manasés, quien fue un rey perverso que se apartó de los caminos de su padre e introdujo en Jerusalén tal cantidad de prácticas paganas —cometiendo cualquier cantidad de desafueros morales— que hizo que el profeta Isaías dejara la ciudad de Jerusalén y se autoexiliara en una montaña en un lugar desértico. La historia nos relata el levantamiento de un falso profeta llamado *Belkira* quien acusó a Isaías y a los profetas que le acompañaban ante el rey Manasés. En el capítulo 5 (v.2), Manasés aserró por la mitad al profeta Isaías acabando con su vida. Del capítulo 6 hasta el 11 se nos habla de la visión de Isaías, donde nos cuenta de su recorrido por los 7 cielos en los cuales vio cosas fantásticas como: ser todos los justos desde Adán disfrutando

115. Para una lista completa de los libros *pseudiepígrafes*. *Ibíd.* P. 30 - 31.

116. Sobre el libro *La Ascensión de Isaías* se recomienda la siguiente bibliografía: Hall, Robert G. "The Ascension of Isaiah: Community Situation, Date, and Place in Early Christianity." *Journal of Biblical Literature*109, no. 2 (1990) P. 289-306. Hannah, Darrell D. "The Ascension of Isaiah and Docetic Christology." *Vigiliae Christianae* 53, no. 2 (1999) P. 165-96. Hall, Robert G. "Isaiah's Ascent to See the Beloved: An Ancient Jewish Source for the Ascension of Isaiah." *Journal of Biblical Literature* 113, no. 3 (1994) P. 463-84.

117. Está dividido en dos partes principales, del capítulo 1-5 y del 6-11; la primera parte es conocida como el Martirio de Isaías y la segunda como la Visión de Isaías. La primera parte del libro *i.e.* el Martirio de Isaías es una simbiosis de fragmentos donde existe una sección independiente que fue introducida posteriormente que se llama El Testamento de Ezequías 3:13-4:22. Además de estas tres secciones existen adiciones que son atribuidas al redactor final del libro. Ver: Knibb, M.A. *Martyrdom and Ascension of Isaiah. The Old Testament Pseudepigrapha. Apocalyptic Literature and Testaments. Op. cit.* Volume II. P. 143.

118. Es difícil fechar las diferentes secciones del relato con precisión, lo que sí se puede es dar indicaciones partiendo de la evidencia interna que existe en el relato. En la primera parte, por ejemplo, existe evidencia de que pudo haber sido escrita en el 167-164 aC, en cambio el 3:13-4:22 se estima fue escrita a finales del siglo I d.C. Ver. *Ibíd.* P. 149.

de la gloria de Dios, las vestiduras, los tronos y las coronas, así como la adoración al Señor, la adoración del ángel del Espíritu Santo, la comisión dada por el Padre al Señor Jesucristo, el descenso del Señor por los siete cielos. En el capítulo 11 donde nos habla del milagroso nacimiento de Jesús, la infancia y vida del Señor, la crucifixión y muerte y la ascensión a través de los 7 cielos. El relato finaliza con la intervención de un ángel que da por concluida la visión y con Isaías relatando la visión al rey Eze-quías, quien a su vez se la relató a su hijo Manasés, quien olvida la visión y mata al profeta.

Elementos apocalípticos comunes del relato

El primer elemento de la apocalíptica judía es que un ángel es el que revela la visión *...vi a un glorioso ángel... no puedo describir la gloria de este ángel...*(7:2) *él me agarró de la mano ... y yo le dije a él, quién eres tú...* (7:3) En el Apocalipsis de San Juan se lee *Jesucristo envió a su ángel para dar a conocer la revelación a su siervo Juan...* (Apocalipsis 1:1)

Otro de los elementos es la lucha entre el bien y el mal: *... vi a Sammael*[119] *y sus huestes... había envidia unos con otros... y yo le dije al ángel qué es esta envi-dia ... ha existido desde que el mundo existe... y esta lucha permanecerá hasta que uno que viene... lo destruya.* (7:9-12) En Apocalipsis se lee *... se desató una gran guerra en el cielo: Miguel y sus ángeles combatieron al dragón... y así fueron ex-pulsados ...aquella serpiente antigua que se llama diablo...* (Apocalipsis 12:7-9).

También se puede observar en el pseudoepígrafe la adoración de los ángeles a Dios *... y la adoración era santa y maravillosa* (8:4) contrastada con Apocalipsis, que en capítulo 4 y 5 nos habla de la adoración alrededor del trono de Dios de parte de los 4 seres vivientes y millares de ángeles.

En resumen, la literatura de género apocalíptico tiene en el simbolismo su código para comunicar la revelación de Dios a su pueblo como pode-mos verlo en los paralelismos, no solo de lenguaje sino teológicos, entre este pseudoepígrafe y Apocalipsis

Conexión con el NT

Hay una interesante conexión con un pasaje del NT en la carta a los Hebreos cuando el redactor escribe: *...fueron apedreados, aserrados por la mi-tad....* (Heb.11:37) es una cita del libro del *Martirio y Ascensión* de Isaías 5:2 *...y él aserró a Isaías por la mitad...* un pequeño detalle como este nos mues-tra cómo el redactor final de la carta a los Hebreos conocía el cuerpo lite-rario pseudoepígrafe de manera que al describir la muerte de los hombres

---

119. Uno de los nombres que los judíos dan a Satanás.

de Dios hace una alusión directa a un libro no canónico para hablarnos del final del profeta Isaías. Esta cita del redactor vindica *ipso facto* cómo murió el profeta Isaías, hecho que no aparece en ninguno de los libros canónicos del AT.

Una vez establecido los paralelismos de lenguaje y teológicos en este libro pseudoepígrafe con algunos libros del NT, es menester abordar otro pseudoepígrafe, *El Testamento de Moisés*, para seguir evidenciando la dependencia de los redactores del NT a esta literatura del PI.

2. El Testamento de Moisés

El Testamento de Moisés[120] es un libro pseudoepígrafe que se encontró en las diferentes cuevas de Qumrán y es una exhortación de despedida hecha por Moisés a su sucesor escogido justo antes de su muerte y previo a la entrada del pueblo a la tierra prometida. Sobre la fecha en que este relato fue escrito, los estudiosos no se han puesto de acuerdo y las fechas más plausibles son: o en el período macabeo, en 168-165 a.C., o antes de la destrucción del templo en el año 70 d.C.[121] Los aspectos teológicos relevantes del libro tienen que ver con los siguientes temas: (1) El determinismo, que encontramos a través de todo el escrito, es decir, la afirmación de que Dios es el creador de todo, decretando las cosas que van a ocurrir y que Él mira desde el principio de la humanidad hasta el final (12:4-5), (2) Las recompensas, siguiendo la línea del Deuteronomio, declara que los pecadores serán castigados y los justos serán recompensados (12:10-11), (3) El argumento central del libro yace en la afirmación que la liberación final del pueblo de Dios de todas sus tribulaciones será hecha en base al pacto que Dios estableció con ellos y que, por lo tanto, no tiene nada que ver con su fuerza. (Cfr. 1:8-9, 3:9, 4:2 6, 12:4-5).

Existen otros temas que el redactor trata, pero estos son los más importantes y, como muy bien puede observarse, ninguno de estos temas contradice el espíritu teológico del AT ni del NT. Esto no quiere decir que no haya en el libro narraciones fantásticas que no compaginan en un ápice

120. Para más información sobre este libro se recomienda la siguiente bibliografía: *The Old Testament Pseudepigrapha. Apocalyptic Literature and Testaments. Op. cit.* Volume I. USA. 1999. P. 919-925. Atkinson, Kenneth. "Taxo's Martyrdom and the Role of the Nuntius in the "Testament of Moses": Implications for Understanding the Role of Other Intermediary Figures." *Journal of Biblical Literature*125, no. 3 (2006) P. 453-76. Collins, Adela Yarbro. "Composition and Redaction of the Testament of Moses 10." *The Harvard Theological Review* 69, no. 1/2 (1976) P. 179-86. En este trabajo el autor propone dos etapas de composición de este libro.

121. *The Old Testament Pseudepigrapha. Apocalyptic Literature and Testaments. Op. cit.* Volume I. *P. 920.*

con la teología de los libros del canon, tal es el caso, *inter alia*, del relato de Taxo (Capítulo 9:1-11) un hombre de la tribu de Leví al que algunos eruditos intentan relacionar con el Mesías.

Para terminar, señalar que existe una estrecha relación entre el Testamento de Moisés y pasajes del NT, *v.g.* los pasajes de II de Pedro y de Judas que hablan en contra de los falsos maestros que se han infiltrado en la Iglesia y donde los redactores de estos libros citaron textos de este pseudoepígrafe.[122]

A continuación estudiaremos otro de los pseudoepígrafes encontrado en las cuevas de Qumrán: Los XII Patriarcas.

3. Los XII Patriarcas

El Testamento de los XII Patriarcas[123] registra las últimas palabras de los doce hijos del patriarca Jacob, siguiendo el patrón que encontramos en Génesis 49, en el cual los hijos y la familia se reúnen alrededor del patriarca, quien reflexiona sobre aspectos de la vida, confiesa los pecados de ellos y los exhorta a seguir ejerciendo la virtud. Concluyen con predicciones acerca del futuro de Israel y dan instrucciones respecto a su entierro.

Sobre la fecha de la escritura existen varias opiniones, entre las más plausibles es que fue escrito en el 250 a.C. que es más o menos el año en que se terminó de escribir la Septuaginta. También pudo haber sido escrito en los años 137-107 a.C. si la combinación de los papeles de sacerdote, rey y profeta que encontramos en el Testamento de Leví corresponden a la época de Juan Hircano.[124]

La teología del Testamento de los XII Patriarcas es realmente rica: (1) Dios. Nos presenta a un Dios misericordioso. Nos habla de su santidad y de su ira. También presenta a un Dios que ejecuta juicios sobre los impíos. (2) Hombre. Se presenta como alguien que está poseído por siete espíritus. (3) Cosmología. Nos habla de un universo dividido en tres cielos en orden ascendente, donde el tercer cielo es el lugar de la morada de Dios. (4) Ángeles. Presenta a los ángeles como instructores de los justos y también como instrumentos de castigo a los impíos. (5) Dualismo. Habla de dos

---

122. Ver *Infra.* Anexo II: Discurso contra los Falsos Maestros. Aquí se desarrolla, de una forma amplia, la conexión entre este pseudoepígrafe y el tema de los falsos maestros del primer siglo.

123. Sobre este pseudoepígrafe se recomienda la siguiente bibliografía: Twelftree, Graham H. "Exorcism and the Defeat of Beliar in the Testaments of the Twelve Patriarchs." *Vigiliae Christianae* 65, no. 2 (2011) P. 170-88.

124. *The Old Testament Pseudepigrapha. Apocalyptic Literature and Testaments.* Edited by James H. Charles Worth. *Op. cit.* P. 777–778.

clases de espíritus, los espíritu de verdad y los de error. Aquí presenta a Beliar como el ángel que instiga al hombre a pecar.(6) Escatología. Tanto Leví como Judá son figuras torales en el tema escatológico en los testamentos. Aquí se dice que el templo será destruido y reconstruido. Finalmente, Dios será revelado a todas las naciones entre las cuales Israel aparecerá como luz. (7) Aunque existe a lo largo de los doce testamentos un fuerte énfasis a la obediencia a la *Torah,* lo cierto es que son presentadas una serie de virtudes, entre las cuales se puede mencionar: la piedad, la justicia, la honestidad, la generosidad, la compasión, trabajo duro, o el autocontrol. Se le da cierto énfasis a los pecados sexuales y se habla de cuál debe ser la conducta del hombre al respecto.[125]

Como puede observarse, es un verdadero compendio de Teología Sistemática, cuyas líneas doctrinales *mutatis mutandis* están en concordancia con la teología cristiana, aunque como señala Charles Worth: ... *ofrece una solución diferente a los mismos problemas.*[126]

Algunos aspectos que conectan con el NT que merece la pena mencionar son los relacionados con el *tercer cielo.* En la sección que corresponde al Testamento de Leví, en el capítulo 2:7-10 nos habla de tres cielos, y esto es lo que el escritor señala al respecto: ... *yo entré al primer cielo .... Vi un segundo cielo más brillante... no te maravilles de esto, porque tú veras otro cielo [tercer cielo] más lustroso e incomparable, y cuando tú estés allí, estarás cerca del Señor...*[127] luego leemos a Pablo en II de Corintios 12: 2-4 ... *conozco a un seguidor de Cristo que hace catorce años fue llevado al tercer cielo (no sé si en el cuerpo o fuera del cuerpo; Dios lo sabe). Y sé que este hombre (no sé si en el cuerpo o aparte del cuerpo; Dios lo sabe) fue llevado al paraíso y escuchó cosas indecibles que a los humanos no se nos permite expresar...* esta conexión nos muestra: (1) que había una teología en el judaísmo acerca del tercer cielo fundamentada en la literatura apocalíptica (2) que Pablo tuvo una experiencia espiritual única que identifica con el *tercer cielo,* que es el lugar de la presencia de Dios.[128] En resumen: Pablo estaba bien familiarizado con la teología del PI en relación con el *tercer cielo* de manera que cuando él tiene su extraordinaria experiencia sobrenatural no duda en identificarla como una experiencia en ese lugar.

125. Ibíd. *P. 778 -780.*

126. Ídem.

127. ... En el libro pseudoepígrafe *El Martirio y Ascensión de Isaías* en el capítulo 7: 24 se lee ... *y él me llevó al tercer cielo y de la misma manera vi a aquellas que estaban a la diestra y a la izquierda...* Lo interesante de este pseudoepígrafe es que su redactor nos habla de siete cielos. En cada uno de esos cielos quien escribe el libro o el personaje del libro tuvo una experiencia en él.

128. Esto debe entenderse como un tecnicismo puesto que Dios, al ser omnipresente, está en todas partes.

Otra conexión interesante entre este pseudoepígrafe y el NT es el uso de la palabra *Beliar* que en el NT se escribe Belial. Viene del hebreo בְּלִיַּעַל *běli-yaal* que se traduce como destructor o impío, etc. pero en este pseudoepígrafe se le identifica como aquel que representa el mal, el cual es Satanás (Testamento de Dan 1:7, 3:6 y 5:6) (Testamento de Benjamín 6:1, 7:1), *inter alia*. Es el mismo uso que le da Pablo en II de Corintios 6:14-15 cuando argumenta … *¿Y qué comunión la luz con las tinieblas?... ¿Y qué concordia Cristo con Belial?...* Lo que esto significa es que Pablo conocía este libro y la semántica del título del engendro del mal y por tal razón lo usa con toda naturalidad.

Con estos ejemplos queda suficientemente demostrado cómo este libro es una fuente importante para hacer el *midrash* que hacen los redactores de los libros canónicos del NT.

El siguiente pseudoepígrafe que será objeto de estudio será el libro de los Jubileos que también se encontró en las cuevas de Qumrán.

4. Libro de los Jubileos

El libro de los Jubileos[129] es también conocido como el pequeño Génesis, y gira alrededor de la revelación que Dios le hizo a Moisés durante los 40 días que este estuvo en el Monte Sinaí. En el primer capítulo, Dios le describe a Moisés la apostasía y la restauración final de su pueblo, la cual ocurrirá en el futuro. Los capítulos restantes (2-50) contiene una amplia revelación de un ángel a Moisés en la cual este ser le relata la historia de la humanidad y la subsecuente historia del pueblo de Dios hasta Moisés.[130]

Es imposible determinar la fecha exacta en que se hizo la redacción final de este libro, pero según los descubrimientos hechos en Qumrán queda establecido que este libro comenzó a escribirse en algún momento entre el 125 y el 75 a.C.[131]

El estudio de este libro nos muestra a un redactor al que no le interesaba describir a un Mesías futuro o hablar de cuándo este iba a venir. Su interés principal era enseñar que Dios está listo para restaurar la correcta

129. Harkins, Angela Kim, Kelley Coblentz Bautch, and John c. Endres, eds. *The Watchers in Jewish and Christian Traditions*. Minneapolis: Augsburg Fortress, Publishers, 2014. Van Ruiten, Jacques T.A.G.M. "The Use And Interpretation Of The Book Of "Jubilees" In The "Măṣḥāfā Milad"." *Revue De Qumrân* 26, no. 4 (104) (2014): 613-29. Zeitlin, Solomon. "The Book of "Jubilees" and the Pentateuch." *The Jewish Quarterly Review* 48, no. 2 (1957): 218-35.

130. *The Old Testament Pseudepigrapha. Apocalyptic Literature and Testaments*. Edited by James H. Charles Worth. Yale University Press. Volume II. USA. 1999. P. 35 y ss.

131. Ibíd. P. 43 - 44.

relación con su pueblo llamándolos al arrepentimiento. También es muy importante señalar que desarrolla una amplia teología sobre los demonios a quienes describe por rango; es, a saber, los ángeles de la presencia y los ángeles de la santificación. Habla de la misión tanto de los ángeles como de los demonios en el mundo. Los ángeles le enseñan a los hombres destrezas, informan a los hombres sobre la voluntad de Dios, *inter alia*.

Tanto en los sinópticos como en el resto del NT vemos la teología, el trabajo y la misión tanto de los ángeles como de los demonios. De aquí surge una subdivisión de la angelología que es la demonología, que se forma por la inducción de todos los pasajes que encontramos en el Texto Sagrado, y mayormente en el NT. Sin duda que la base de ese conocimiento está en libros como este pseudoepígrafe que es fuente literaria para la teología sobre los demonios.[132]

5. *José y Asenat*

En el libro de Génesis 41:45 leemos: *...y Faraón llamó a José por el nombre de Zafnat-panea, y le dio por mujer a Asenat,*[133] *hija de Potifera, sacerdote de On...*; y luego nos dice en el v.50 que tuvo dos hijos con ella. El redactor final de Génesis simplemente deja el asunto ahí para que nuestra imaginación vuele; y nos deja con una serie de preguntas: ¿cómo es posible que José, un hombre de Dios se haya casado con una mujer pagana, hija de un sacerdote egipcio? Si Dios estaba levantando un pueblo santo, ¿cómo permitía que una mujer idólatra fuera la madre de la descendencia de Israel? En otras palabras: este matrimonio de José no encajaba con la política de YHWH de levantar un pueblo a través del cual iba a bendecir a todas las naciones de la tierra, pues con este matrimonio lo que estaba haciendo era seguir con la misma línea de maldición de idolatría y paganismo.

En ese contexto de dudas y confusión surge el pseudoepígrafe *José y Asenat*, una historia fantástica compuesta de 29 capítulos que nos relata con lujo de detalles el origen de la relación de José con su esposa pagana y qué ocurre en los primeros siete años de abundancia de Egipto. El redactor no esconde el origen y práctica de la idolatría por parte de Asenat y su familia, hecho que la descalifica de entrada para ser parte del pueblo de Dios, y razón por la cual el redactor construye una historia de conversión a YHWH en el capítulo 10, en la cual esta renuncia a la idolatría destruyendo sus

---

132. Sobre el *modus operandi* de la ciencia de la demonología se recomienda ver: Zaldívar, Raúl. *Teología Sistemática desde una Perspectiva Latinoamericana*. Op. cit. P. 243-249.

133. En relación con la historia de esta mujer y la novela apócrifa judeacristiana de la comunidad de Alejandría es muy útil leer Pikaza, Xabier. *Mujeres de la Biblia*. Edit. Clie. Viladecavalls. España. 2013. P. 389 y ss.

dioses y, por ende, renunciando a las prácticas paganas en las que se había criado. Este hecho la calificaba *ipso facto* para ser parte del pueblo de Dios, arreglando de esta manera el entuerto de estar casada con una mujer pagana. Es importante señalar que el redactor de *José y Asenat* no se conformó con hablar de una conversión, sino que dedicó los capítulos, 11, 12 y 13 a confeccionar sendas confesiones en forma de acróstico en donde deja claro la vanidad de la idolatría y reconoce la grandeza y la gloria de Dios. El redactor va más allá y nos relata un pasaje en los capítulos 14 al 17 donde un hombre desciende del cielo y se presenta como el jefe de los ángeles, anunciando a Asenat su aceptación por parte de Dios y dando su aprobación para su matrimonio con José, dejando de esta manera zanjada la laguna de Génesis 41:45. En el capítulo 18 se efectúa el matrimonio entre Asenat y José y dedica los capítulos siguientes a relatar la fiesta de bodas y la aceptación del faraón egipcio, llegando al extremo de incluir un salmo de Asenat al estilo de los salmos de David en el capítulo 21. El relato termina con un complot en el cual el hijo despechado del faraón urde una trama para secuestrar a Asenat, que fracasa gracias a la oportuna intervención de los hermanos de José. El faraón muere y José reina sobre Egipto por 48 años.

No ha habido un acuerdo entre los académicos en relación con la fecha en que este libro fue escrito; hay personas que lo datan entre 100 a.C. al 132 d.C., otros en el s. III y hay personas que lo hacen en el s. V. Lo cierto es que la tendencia es a datarlo después de Cristo. Tal conclusión deja claro que no pudo ser una fuente para las personas que redactaron los escritos del NT, sin embargo, podemos ver la influencia de la teología de la conversión en este pseudoepígrafe. Como lo hemos dicho ya, el redactor se esfuerza en convencer a los lectores de la genuina conversión de Asenat para despejar una duda histórica en relación con el matrimonio de un hombre de Dios con una mujer de origen netamente pagano. A parte de esto no encontramos ningún otro tipo de relación con el NT.

C. Resumen

Los libros pseudoepígrafes son un conjunto de libros de la literatura judía de trascendental importancia para el cristianismo.

1. Los libros pseudoepígrafes son relatos atribuidos falsamente a personas que no los escribieron. Era una costumbre judía ponerle el nombre de un personaje importante en la vida de Israel a X o Y documentos.

2. Esta literatura creó el género apocalíptico, el cual surge a raíz de la inmisericorde persecución que el pueblo de Israel sufrió a manos del rey impío Antíoco Epífanes IV.

3. El objetivo del género apocalíptico fue crear esperanza en el pueblo de Israel que estaba siendo perseguido y dominado por los gentiles.

4. En el género apocalíptico se desarrollan una serie de conceptos que son fundamentales para la teología cristiana. Entre esos conceptos está Hijo del hombre y Mesías, conceptos que allanan el camino para la aparición de Jesús en la escena humana.

5. La literatura pseudoepígrafe es realmente prolija, razón por la cual seleccionamos cinco libros conectados con el.

Fuentes literarias del Nuevo Testamento

La literatura canónica comenzó a producirse sin que los escritores se dieran cuenta que lo que estaban escribiendo era una literatura que iba a ser considerada posteriormente por la Iglesia como sagrada y de la que también se iba afirmar que era inspirada por Dios. Es importante señalar que la literatura canónica surgió por la imperiosa necesidad que había en la comunidad cristiana de un fundamento, de una instrucción, de un punto de referencia teológico.[134] Se cree que la primera persona en escribir literatura canónica fue el apóstol Pablo, no fuera de un contexto, sino porque al darse cuenta de los problemas que comunidades cristianas que él había fundado estaban viviendo, tuvo la necesidad de escribir los fundamentos teológicos y prácticos que guiaran el pensamiento y la vida de sus hijos espirituales así como de sus discípulos.

En este capítulo trataremos todo lo relacionado a las fuentes que se usaron tanto en los evangelios como en los escritos de Pablo.

A. Fuentes de los sinópticos

Sí había un prejuicio de redacción[135] en los redactores de los evangelios, de manera que el uso de fuentes para la construcción de sus escritos era simplemente indispensable. En ese sentido, cada redactor estudió, seleccionó y utilizó diferentes fuentes para la redacción de su relato. En esta sección intentaremos identificar esas fuentes en los Evangelios para entender con más precisión el trabajo de los redactores.

---

134. Para tener un idea clara de cómo surge el Texto Sagrado se recomienda ver Schniedewind, William M. *How the Bible Became a Book. Op. cit.* Aunque el objeto de nuestra investigación es la formación del canon del NT, es útil ver este libro que se centra en el origen del *Tanaj* judío. También F.F. Bruce, *El canon de la Escritura.* Edit. Clie. Viladecavalls. España. 2003; A. Paul, *La inspiración y el canon de las Escrituras.* Ed. Verbo Divino 1985; J. Trebolle Barrera, *La Biblia judía y la Biblia cristiana. Introducción a la historia de la Biblia.* Trotta, Madrid 1993: F.B. Westcott, *El canon de la Sagrada Escritura.* Edit. Clie. Viladecavalls. España. 1987.

135. Aquí debemos entender la palabra "prejuicio" de manera no peyorativa, sino como aquél propósito mental concreto que tuvo el autor para llevarle a redactar su texto.

1. Principios de redacción de los autógrafos del NT

Uno de los problemas más serios al que tuvo que enfrentarse el cristianismo del primer siglo fue la existencia de innumerables relatos acerca de los dichos y los hechos de Jesús. Había que analizar esos relatos, sopesarlos, para luego efectuar una síntesis que orientara a la Iglesia, no solamente de aquella época, sino también de la del futuro. Esto fue precisamente lo que hizo Lucas, quien testifica de la existencia de muchos relatos y del trabajo de redacción que él hizo, asegurando que su trabajo es confiable porque lo realizó después de un estudio diligente de relatos escritos por personas que fueron testigos de los dichos y hechos de Jesús.[136] En este mismo sentido se expresa Juan en su evangelio, asegurando que Jesús efectuó muchos milagros que no fueron mencionados por él y luego asevera que lo que escribió es suficiente para demostrar su punto de vista, que es clarificar la deidad de Jesús.[137]

De estos dos versículos se infieren dos principios fundamentales a la hora de redactar un escrito: en primer lugar, *la credibilidad histórica* y, en segundo lugar, la *importancia teológica*.

En lo relacionado al primer principio, vamos a centrarnos en los siguientes pasajes. El primero que ya hemos mencionado es aquel en el que Lucas asegura que lo que escribe son cosas ciertísimas porque además de haber hecho un trabajo de investigación serio, las recibió de personas que habían sido testigos oculares de los dichos y hechos de Jesús.

El siguiente es la afirmación de Pablo en I de Corintios 15:14-15, donde escribe: *si Cristo no resucitó vana es nuestra predicación y vana es nuestra fe y nosotros nos volvemos en falsos testigos*. Este pasaje nos demuestra que, para Pablo, la veracidad de sus escritos, de su ministerio, dependió de la realidad de este hecho histórico que es la resurrección. Para Pablo la resurrección no era un mito o una simple tradición de un grupo de fanáticos. Él aseguraba a pie juntillas que Jesús se le había aparecido a él, como a un abortivo, y que en virtud de esa experiencia él se convirtió de ser un perseguidor a ser un apóstol de la Iglesia: *todo lo que era ganancia para él lo tenía como perdida y como estiércol para ganar a Cristo* y por lo tanto *ya no vivo yo sino que Cristo vive en mí*. La convicción de Pablo era tan firme que antes morir podía decir con toda tranquilidad *he peleado la buena batalla…*

---

136. Sobre las fuentes utilizadas por Lucas en su relato se recomienda la siguiente bibliografía: Mosbo, Thomas J. *Luke the Composer: Exploring the Evangelist's Use of Matthew*. Minneapolis: Augsburg Fortress, Publishers, 2017. Du Plessis, I. I. "Once More: The Purpose of Luke's Prologue (Lk I 1-4)." *Novum Testamentum* 16, no. 4 (1974) P. 259-71. Dillon, Richard J. "Previewing Luke's Project from His Prologue (Luke 1:1-4)." *The Catholic Biblical Quarterly* 43, no. 2 (1981): 205-27.

137. Juan 20:30 – 31.

ahora, para rematar con su convicción, recurre a un argumento *ad verecundiam* para probar la veracidad de la resurrección, más de *500 personas lo vieron...*[138]

Otro de los pasajes es aquel en el cual escribe *lo que era en el principio, lo que hemos oído, lo que hemos visto con nuestros propios ojos, lo que nuestras manos tocaron... esto es lo que testificamos...*[139] esta declaración de Juan da testimonio que, para los escritores de aquella ápoca, la fe y los hechos iban de la mano.

El siguiente principio es la importancia teológica. Los primeros escritores no escribieron para exhibir su talento como escritores, lo hicieron para dejar bien establecido que *Jesús es el Cristo...* que Jesús no era un simple hombre, sino que era el *verbo de Dios*, el salvador del mundo.

En el caso específico de Pablo vamos a observar un paradigma bien establecido en sus cartas y es que siempre comenzaba sus escritos poniendo el fundamento doctrinal de lo que quería decirles a las iglesias, *v.g.* en la carta a los Romanos dedicó los primeros 11 capítulos a tratar cuatro temas doctrinales torales de la fe cristiana, en la carta a los Efesios, Pabló dedicó los primeros tres capítulos a tratar temas relacionados con la doctrina. En resumen: si había un tema de importancia teológica que abordar, alguno de los apóstoles iba a escribir algo, llámese Pablo, Juan, Pedro o Judas.

Y ya para cerrar con esta sección huelga señalar que lo que le da valor a la teología que encontramos en los libros canónicos del NT es la historicidad de los hechos que allí se aseguran, donde la resurrección de Jesucristo, según la teología paulina, es el epicentro de nuestra fe cristiana.

Una vez abordado lo relacionado a los principios de redacción de los libros del canon del NT, vamos a tratar el tema de las fuentes que dieron origen a los evangelios sinópticos.

2. El problema sinóptico y el documento Q

A mediados del siglo XIX y hasta mediados del siglo XX, los estudiosos comenzaron a estudiar el complejo tema del problema sinóptico.[140] Los

138. I de Corintios 15:6.

139. I de Juan 1:1-4.

140. White, N. J. D. "The Synoptic Problem." *The Irish Church Quarterly* 1, no. 3 (1908): 212-22. X. Alegre, *Los sinópticos hoy.* Chaminade, Madrid 1989; A. George y P. Grelot, dirs., *Introducción crítica al Nuevo Testamento*, vol. I. Herder, Barcelona 1983; Alfonso Ropero, "Evangelios sinópticos", *GDEB*, P. 846-848; G. Sánchez Mielgo, *Claves para leer los Evangelios Sinópticos.* Ed. San Esteban, Salamanca 1998; Fee, Gordon D. "A Text-Critical Look at the Synoptic Problem." *Novum Testamentum* 22, no. 1 (1980)P. 12-28. Meynell, Hugo. "The Synoptic Problem: Some Unorthodox Solutions." *Life of the Spirit*

eruditos trataban de dar respuesta a las numerosas preguntas que suscitaban las semejanzas entre los tres primeros evangelios escritos por personas diferentes, en tiempos y lugares distintos. Fue en ese ínterin que llegaron a la conclusión que Marcos era el primer relato escrito, y que este había servido como fuente tanto a Mateo como a Lucas puesto que de los 665 versículos de Marcos, 360 se encuentran en ambos evangelios, es decir un 54%; a esto se le llama triple tradición porque es un material que aparece en los tres relatos y como muy bien señala Santiago Guijarro Oporto:

Este descubrimiento solucionó un problema, pero planteó otro, pues los evangelios de Mateo y de Lucas, que son más extensos que el de Marcos, tienen en común más de doscientos versículos que no se encuentran en Marcos. Si Marcos era el evangelio más antiguo, ¿de dónde habían tomado Mateo y Lucas estos versículos? [141]

De la respuesta a esa pregunta sale la teoría del documento Q,[142] es decir, una fuente que usa tanto Mateo como Lucas, que hace que 220 versículos sean comunes y que definitivamente no aparecen en Marcos. De

(1946-1964) 17, no. 201 (1963) P. 451-59. Abakuks, Andris. "A Statistical Study of the Triple-Link Model in the Synoptic Problem." *Journal of the Royal Statistical Society. Series A (Statistics in Society)* 169, no. 1 (2006) P. 49-60. Smith, Morton. "The Synoptic Problem in Rabbinic Literature, a Correction." *Journal of Biblical Literature* 107, no. 1 (1988) P. 111-12. Butler, B. C. "Notes On The Synoptic Problem." *The Journal of Theological Studies*, New Series, 4, no. 1 (1953) P. 24-27. Bultmann, Rudolf. "The New Approach to the Synoptic Problem." *The Journal of Religion* 6, no. 4 (1926) P. 337-62. Abakuks, Andris. "The Synoptic Problem: On Matthew's and Luke's Use of Mark." *Journal of the Royal Statistical Society. Series A (Statistics in Society)* 175, no. 4 (2012) P. 959-75.

141. Para un estudio completo sobre este tema se recomienda altamente, Guijarro, Santiago. *Los dichos de Jesús Introducción al Documento Q*. Ediciones Sígueme. Salamanca, España 2014. P. 12.

142. Sobre el tema del documento Q se recomienda altamente la siguiente bibliografía. J.S. Kloppenborg, *Q. El evangelio desconocido*. Sígueme, Salamanca 2005; J.M. Martín-Moreno, "Q. Documento", *GDEB*, pp. 2052-2058; S. Guijarro Oporto, *Dichos primitivos de Jesús. Introducción al protoevangelio de dichos Q*. Sígueme, Salamanca 2004; J.M. Robinson, P. Hoffman y J.S. Kloppenborg, eds., *El documento Q en griego y en español con paralelos del Evangelio de Marcos y del Evangelio de Tomás*. Sígueme, Salamanca 2002. Vassiliadis, Petros. "The Nature and Extent of the Q-Document." *Novum Testamentum* 20, no. 1 (1978) P. 49-73. Rosché, Theodore R. "The Words of Jesus and the Future of the "Q" Hypothesis." *Journal of Biblical Literature* 79, no. 3 (1960) P. 210-20. Cameron, Ron. "The Sayings Gospel Q and the Quest of the Historical Jesus: A Response to John S. Kloppenborg." *The Harvard Theological Review* 89, no. 4 (1996) P. 351-54. Sellen, Arthur G. "The Interpretative Value of the Synoptic Source Analysis." *Journal of Biblical Literature* 44, no. 1/2 (1925) P. 34-38. Throckmorton, Burton H. "Did Mark Know Q?" *Journal of Biblical Literature* 67, no. 4 (1948) P. 319-29.

esta manera surge la teoría de las dos fuentes, Marcos y el Documento Q.[143] Sobre el origen del Documento Q, Guijarro Oporto asegura:

> ... *Este antiguo escrito cristiano no estaba enterrado en las secas arenas de Egipto ni oculto en una cueva, [refiriéndose a los descubrimientos de Nag Hammadi y Qumrán] sino escondido en el texto de los evangelios de Mateo y Lucas. No fue descubierto por campesinos ni pastores, sino por quienes estudiaban pacientemente las relaciones de dependencia literaria entre los evangelios. Su hallazgo no fue repentino, sino lento y progresivo, ya que el contenido y la forma de Q han ido descubriéndose a medida que avanzaba la investigación moderna sobre la tradición evangélica...*[144]

Para terminar, es importante señalar que entre Marcos y Lucas solo hay 50 versículos comunes, es decir un 8% y que entre Marcos y Mateo hay 210 versículos comunes, es decir, 32%. Lucas posee 520 versículos de material exclusivo, es decir, un 45%. Esto nos lleva a pensar que Lucas utilizó fuentes que ni Marcos ni Mateo utilizaron. De la misma manera, Mateo posee 1.068 versículos de los cuales 275 son exclusivos, lo que nos lleva a concluir que estos provienen de una fuente que no utilizó nadie más que él.

Una vez visto de una forma sucinta el problema sinóptico y el documento Q, vamos a enfocarnos en las fuentes que utilizaron los evangelistas para confeccionar sus respectivos relatos.

3. Fuentes escriturales de los evangelios

Después de la crucifixión de Jesús, los testigos comenzaron a repetir los dichos y las historias de las cosas que Jesús había hecho entre ellos mismos. Llegó el momento en que se hizo necesario escribir esos dichos y hechos con el objetivo de preservar la veracidad de los acontecimientos acaecidos que para ellos eran ciertísimos y de los que había que dejar constancia para las generaciones futuras.[145] Estos dichos fueron la fuente

---

143. Sobre el tema de las dos fuentes es útil ver: J.J. Bartolomé, *El evangelio y Jesús de Nazaret*, CCS, Madrid 1995, 184-186; véase también el excelente capítulo dedicado a «Q y el problema sinóptico» en J. S. Kloppenborg, Excavating Q. *The History and Setting of the Sayings Gospel*, Fortress Press, Minneapolis 2000, P.11-54.

144. Guijarro, Santiago. *Los dichos de Jesús Introducción al Documento Q. Op Cit.* 11.

145. Los descubrimientos arqueológicos han permitido descubrir documentos en los cuales aparecen *dichos de Jesús*. Un ejemplo de ello son los fragmentos del papiro Oxyrhynchus encontrados en 1897 en Egipto por Grenfell y Hunt. Sobre este tema se recomienda: Votaw, Clyde Weber. "The Newly Discovered "Sayings of Jesus."" *The Biblical World* 24, no. 4 (1904): 261-77.

primigenia que los evangelistas redactores de los sinópticos usaron para la confección de sus relatos.

A continuación, vamos a trazar la línea lógica del proceso, desde la escritura del dicho o hecho, su clasificación hasta convertirse en fuente del Evangelio.

El estado temprano del Kerygma

El Kerygma es la esencia misma del mensaje cristiano, es la infraestructura que sostiene la superestructura o el andamiaje de lo que es la fe cristiana, y está basado en las siguientes premisas: (1) El mensaje mesiánico anunciado por los profetas ha llegado (Hechos 2:16-21; 3:18, 24); (2) El cumplimiento de la era mesiánica vindicada por la resurrección del Mesías (Hechos 2:24, Romanos 1:3-4, etc.); (3) En virtud de la resurrección, Jesús es exaltado como Señor (Hechos 2:33 -36, Romanos 8:34. Etc.); (4) La presencia del Espíritu Santo en la Iglesia es una señal de Dios y de su presencia en la gente (Hechos 2:37-47, Romanos 8:26-27, etc.); (5) Que Cristo regresará como juez y salvador del mundo (Hechos 3:20-26, Romanos 2:16); (6) Que el llamado al arrepentimiento incluye la oferta de la salvación. (Hechos 2:38, Romanos 10:9).[146]

Después del discurso de Pedro en Pentecostés esto es lo que tiene la Iglesia: una serie de premisas ideológicas sobre la cuales necesita construir todo un andamiaje literario que sirva a la Iglesia en su predicación, magisterio, liturgia y misión. El desarrollo del Kerygma iba a tener que pasar por una serie de etapas antes de convertirse en un cuerpo literario que sirviera a la misión de la Iglesia.

La tradición oral: las perícopas

La generación que conoció a Jesús, que interactuó con él o que fue su seguidora, empezó a escribir los dichos y los hechos que comenzaron a circular por las iglesias sin seguir un orden cronológico.

Con el tiempo, estos dichos de Jesús se hicieron más estereotipados y fueron organizados en unidades.[147] Una de las primeras unidades en ser

---

146. Cf. Patzia, Arthur G. *The Making of the New Testament.* Intervarsity Press. USA. 1995. P. 41-42.

147. Que es precisamente lo que estudia la Crítica de Formas, que es el método que siguen los eruditos para determinar la prehistoria oral de documentos escritos o fuentes para luego clasificarlas en categorías o formas. En resumen: la Crítica de Formas trata de identificar la *forma*, la estructura literaria o género de cada perícopa. Para más información sobre este tema se recomienda: Zaldívar, Raúl. *Técnicas de Análisis e Investigación de la Biblia.* Edit. Clie. Viladecavalls. España. 2016. P. 101 - 120.

escritas pudo haber sido la narración de la pasión de Cristo. Esta era una parte muy importante para la iglesia primitiva.[148]

En relación con el tema de los dichos y hechos de Jesús, lo primero que hay que tomar en cuenta es el contexto de Jesús mismo. (*Sitz im Leben Jesu*) y las historias particulares que él compartió a grupos específicos de personas en ciertos momentos. Con los años, la Iglesia tomó esa misma historia, inconsciente de su contexto original, lo aplicó a un diferente contexto que algunas veces se le llama *Sitz im Leben Kirche* (Contexto de la Iglesia).[149] Lo interesante de todo esto es que los redactores de los sinópticos usaron todas estas perícopas y dichos de Jesús en su contexto personal al momento de redactar su evangelio. Así que, cuando se leen los sinópticos, rápidamente nos damos cuenta que muchos de los dichos de Jesús están editados y arreglados por los redactores de los evangelios para sustentar su prejuicio de redacción.[150]

Para entenderlo mejor, veremos cómo la perícopa de la *señal de Jonás* es usada por cada redactor, que hace un *midrash* personal, puesto que cada uno de ellos escribió con un prejuicio de redacción en mente. En Mateo 16 se lee:

> *Esta generación malvada y adúltera busca una señal milagrosa, pero no se le dará más señal que la de Jonás».* Entonces Jesús los dejó y se fue.

En Marcos 8:11-13 el redactor escribió:

> *Llegaron los fariseos y comenzaron a discutir con Jesús. Para ponerlo a prueba, le pidieron una señal del cielo. Él lanzó un profundo suspiro y dijo:[a] «¿Por qué pide esta generación una señal milagrosa? Les aseguro que no se le dará ninguna señal».* Entonces los dejó, volvió a embarcarse y cruzó al otro lado.

Finalmente, Lucas 8:11-13 el redactor escribió:

> *Como crecía la multitud, Jesús se puso a decirles: «Esta es una generación malvada. Pide una señal milagrosa, pero no se le dará más señal que la de Jonás. Así como Jonás fue una señal para los habitantes de Nínive, también lo*

---

148. La Iglesia retuvo y transmitió solamente aquellas perícopas que cumplían los propósitos misioneros de predicación y enseñanza de la Iglesia. Ibíd. 43 - 44.

149. Ídem.

150. La crítica de redacción es la ciencia que estudia todo lo relacionado a la redacción de los textos y los prejuicios de redacción de los escritores. Para más información ver: Zaldívar, Raúl. *Técnicas de Análisis e Investigación de la Biblia. Op. cit.* P. 121-152.

será el Hijo del Hombre para esta generación. La reina del Sur se levantará en el día del juicio y condenará a esta gente; porque ella vino desde los confines de la tierra para escuchar la sabiduría de Salomón, y aquí tienen ustedes a uno más grande que Salomón. Los ninivitas se levantarán en el día del juicio y condenarán a esta generación; porque ellos se arrepintieron al escuchar la predicación de Jonás, y aquí tienen ustedes a uno más grande que Jonás.

Como puede observarse, es la misma perícopa en los tres relatos. Cada evangelista la cita y cada uno le dio el enfoque que estaba acorde con su prejuicio de redacción. La perícopa se dio en el *Sitz im Leben Jesu* y el redactor del evangelio le dio un *Sitz im Leben Kirche* que equivale a decir que cada redactor hizo su *midrash* particular para probar su punto de vista. Ahora bien, esto no solo ocurrió con los sinópticos, sino que fue la misma metodología que utilizó Pablo, Pedro, Judas o cualquier otro escritor de los libros del NT.

En relación con el tema de los dichos de Jesús, que es la unidad básica para la construcción del Texto, es importante referirnos al descubrimiento del evangelio gnóstico de Tomás,[151] que es una colección exclusiva de dichos de Jesús, de los cuales algunos coinciden plenamente con los de los evangelios canónicos y otros que son propios de este.[152] Esto último nos demuestra dos cosas: (1) que el evangelio gnóstico de Tomás representa una tradición de los dichos de Jesús que es independiente de los evangelios del Nuevo Testamento y (2) que este evangelio tiene dichos que son más antiguos que sus paralelos en los evangelios sinópticos.[153]

Para finalizar este tema, diremos que existe un caso en el NT donde hay un dicho de Jesús registrado en el libro de los Hechos que no aparece en los evangelios: ... *como dice el Señor es más bienaventurado dar que*

---

151. El evangelio de Tomás es una antología de 112 dichos de Jesús preservados que nos arrojan una luz importante sobre una de las fuentes literarias más importantes en la confección de los sinópticos. Sobre este tema ver Cameron, Ron. "Ancient myths and modern theories of the gospel of Thomas and Christian origins." *Method & Theory in the Study of Religion* 11, no. 3 (1999) P. 236-57. Quispel, G. "The Gospel of Thomas and the New Testament." *Vigiliae Christianae* 11, no. 4 (1957) P. 189-207. Grant, Robert M. "Notes on the Gospel of Thomas." *Vigiliae Christianae* 13, no. 3 (1959) P. 170-80. Kee, Howard C. ""Becoming a Child" in the Gospel of Thomas." *Journal of Biblical Literature* 82, no. 3 (1963) P. 307-14. MacRae, George w. "The Gospel of Thomas—Logia Iesou?" *The Catholic Biblical Quarterly* 22, no. 1 (1960) P. 56-71.

152. Para una mayor comprensión de la relación entre los sinópticos y el evangelio de Tomás se recomienda: Tuckett, Christopher. "Thomas and the Synoptics." *Novum Testamentum* 30, no. 2 (1988) P. 132-57.

153. Ver *Cartlidge, David, Dungan, David. Documents and Images for the Study of the Gospels. Op. cit.* USA. 2015. P. 14.

recibir... (Hechos 20:35) al que se le llama *agrapha*.[154] Como este, deben existir cualquier cantidad de dichos de Jesús que son auténticos empero que no aparecen registrados en los sinópticos y que pueden ser encontrados en cualquiera de los escritos de la época.

De la tradición oral a la escrita

La expansión del cristianismo por el mundo grecorromano obligó a los líderes de la Iglesia a efectuar un *midrash* de la literatura judía con el ministerio y obra de Jesús usando las perícopas sobre los hechos de Jesús que circulaban por la Iglesia de aquella época. Después del primer viaje misionero de Pablo, muchas iglesias habían sido fundadas en el Asia Menor, en especial en la región de Galacia, donde las iglesias experimentaron una serie de problemas de orden doctrinal y práctico que obligó a Pablo a escribir un documento que el mundo conoce el día de hoy como la epístola a los Gálatas. En su segundo viaje misionero, fundó las Iglesias de Tesalónica, Corinto y Éfeso por mencionar algunas. A cada una de ellas Pablo tuvo que escribir sendos documentos para fundamentar la fe de los nuevos creyentes. De esa manera, se iba formando un nutrido cuerpo literario que circulaba por el mundo cristiano de aquella época. Con el tiempo, la Iglesia hizo un trabajo de selección minuciosa para identificar qué documentos reunían los requisitos para ser considerados sagrados.

Después de las cartas de Pablo vienen los evangelios. Era necesario para la Iglesia tener un relato fidedigno de la vida y ministerio de Jesús. Es en este momento que el redactor de Marcos decide escribir; había pasado casi 40 años de la muerte de Jesús, así que para escribir su evangelio tuvo que hacer uso de los diferentes documentos que circulaban por las iglesias de aquella época, llámense estos, dichos de Jesús, documento Q, evangelios apócrifos, o si el redactor había sido testigo ocular del ministerio de Jesús, lo que estaba en su memoria.[155]

De esta manera, se hizo el salto de la tradición oral a la tradición escrita, y el resultado de esta proliferación de documentos fue la base para la conformación del canon del NT.

---

154. Palabra griega que significa *sin escribir*. Cf. Gundry, Robert. *A Survey of the New Testament. Op. cit.* P. 95.

155. Patzia sostiene que hubo cuatro situaciones que hizo que se diera el salto de la tradición oral a la tradición escrita: (1) La expansión de la Iglesia, (2) La pronta desaparición de los testigos oculares, (3) Los problemas que las iglesias estaban experimentando que exigía una respuesta y (4) La necesidad de instruir a la Iglesia para fortalecer a los creyentes especialmente a los nuevos. Ver. Patzia, Arthur G. *The Making of the New Testament. Op. cit.* P. 46-48.

B. El prejuicio de redacción como elemento de selección de fuentes

Como vimos en la sección anterior, una vez que Jesús desaparece de la escena humana, la comunidad de feligreses quedo acéfala de la palabra viva de Dios y fue necesario que el espíritu de esa palabra quedara escrito. Este fue un proceso que duró muchos años, es decir, entre la época que se escribieron los primeros documentos sobre Jesús hasta la redacción del primer evangelio se estima transcurrieron unos 40 años.

Lo primero que huelga señalar es que los redactores de los evangelios no se sentaron a escribir con su mente *tabula rasa*, por el contrario, había en ellos un prejuicio de redacción que guió todo su trabajo en aras de alcanzar el objetivo que se habían propuesto antes de comenzar el trabajo de redactar. A continuación, será objeto de estudio cómo el prejuicio de redacción llevó a los redactores a seleccionar cuidadosamente sus fuentes.

Hasta este momento histórico no existe el género *evangelio*[156] el cual es inventado por el escritor del relato que lleva el nombre de Marcos, al cual se le considera el prototipo de este género. Es importante destacar que *evangelio* no es solamente una biografía de la vida de Jesús; existe una implicación mucho más profunda: cuando el escritor de Marcos escribe Ἀρχὴ τοῦ εὐαγγελίου Ἰησοῦ Χριστοῦ (*en el principio del evangelio de Jesucristo*) en realidad nos está hablando de un mensaje que tiene de forma intrínseca la potestad de cambiar la vida de cualquier ser humano y es eso precisamente lo que significa εὐαγγελίου (evangelio): mensaje que puede cambiar la vida de un hombre. En ese sentido, el εὐαγγελίου es único, no existe otro evangelio más que el de Jesucristo y, de esta manera, surge un género literario *sui generis*: el género εὐαγγελίου.[157]

En el siguiente apartado será objeto de estudio aquellos escritos conocidos como evangelios sinopticos, dejando para más adelante el evangelio de Juan, que será objeto de estudio en conexión con sus cartas.

1. Evangelio de Marcos

Se considera al Evangelio de Marcos[158] como el primer relato canónico del género evangelio. En realidad dicho relato no nos dice quién fue su au-

---

156. Cf. Petersen, Norman R. "Can One Speak Of A Gospel Genre?" *Neotestamentica* 28, no. 3 (1994) P. 137-58.

157. Sobre este tema se recomienda la siguiente bibliografía: O'Keefe, Vincent T. "Towards Understanding The Gospels." *The Catholic Biblical Quarterly* 21, no. 2 (1959): 171-89. Cadbury, Henry J. "Between Jesus and the Gospels." *The Harvard Theological Review* 16, no. 1 (1923) P. 81-92 .

158. Sobre el Evangelio de Marcos existe una rica producción literaria; a continuación se presenta un bibliografía sumaria incluyendo artículos clásicos de principios del

tor, y se cree que fue Papías, obispo de Hierápolis en Frigia, a mediados del S. II quien puso en el encabezado del escrito Κατα Μαρκον (Según Marcos). La verdad es que poco importa quién haya escrito este εὐαγγελίου, lo que importa es que la Iglesia lo canonizó y lo ubicó como el segundo relato (a pesar de que se cree que es anterior a Mateo, a quien pusieron como primer relato del NT).

En el momento histórico previo a la redacción de este evangelio los pilares de la Iglesia como Santiago, Pedro o Pablo fueron cruzando el lindero a la eternidad y la Iglesia todo lo que tenía -además de los escritos de Pablo-, era un puñado de documentos entre los que se puede citar, los dichos de Jesus, el documento Q, o los evangelios apócrifos, entre otros, que circulaban por las diversas iglesias y que tenían usos didácticos y litúrgicos. Este era el *milieu* que dio origen a la primera obra biográfica de la vida de Jesús. El trabajo de redacción de este evangelio no fue fácil, Jesús había sido crucificado hacía 40 años en el momento de hacer la redacción, de manera que el escritor tuvo que valerse de todas las fuentes disponibles para redactar un trabajo que tenía un propósito bien claro y unos destinatarios bien específicos.

El redactor de Marcos hizo algo que parecía sencillo, sin embargo, a nadie se le había ocurrido antes y, de esta manera, no solamente preservó la memoria de Cristo, sino que escribío un documento que iba a servir de fuente a otros escritores[159] y que al mismo tiempo iba a ser canonizado como un libro sagrado y que es utilizado por el cristiano en todo el planeta.

La heurística del evangelio de Marcos es simplemente el resultado de un hombre inteligente que pensó muy bien que iba escribir, a quien iba a escribir y, sobre todo, cómo iba a escribir. El redactor estructuró el libro en dos partes principales: (1) El ministerio de Jesús en Galilea que abarca del capítulo 1:13 hasta el 11:1. (2) La última semana de Jesús en Jerusalén. Del capítulo 11:2 hasta terminar. Ahora bien, sobre el contenido del libro hay

---

siglo XX. England, Frank. "A Shoe, a Garment, and the Frangible Self in the Gospel of Mark: Christian Discipleship in a Postmodern World." *Neotestamentica* 47, no. 2 (2013): 263-302. Vorster, W. S. "Characterization of Peter in the Gospel of Mark." *Neotestamenti-ca* 21, no. 1 (1987): 57-76. Vorster, W S. "Bilingualism And The Greek Of The New Testament: Semitic Interference In The Gospel Of Mark." *Neotestamentica* 24, no. 2 (1990): 215-28. Ernest De Witt Burton. "The Purpose and Plan of the Gospel of Mark." *The Biblical World* 15, no. 4 (1900): 250-55. Patton, Carl S. "Two Studies of the Gospel of Mark." *The Harvard Theological Review* 6, no. 2 (1913): 229-39. Bacon, B. W. "Notes on the Gospel of Mark." *Journal of Biblical Literature* 42, no. 3/4 (1923): 137-49.

159. Se estima que el 90% de Marcos se encuentra reproducido en Mateo y el 57% en Lucas. Ver: Patzia, Arthur G. *The Making of the New Testament*. Op. cit. P. 51.

pluralidad de opiniones,[160] sin embargo, la opinión de Ryrie nos parece es la que más se acerca al relato del libro:

> (1) Marcos escribe a los lectores gentiles en general y lectores romanos en particular. Por esta razón, la genealogía de Jesús no está incluida (porque no tiene significado para los gentiles). El Sermón del Monte está ausente y la condenación a las sectas judías recibe poca atención. Como una indicación clara que se está dirigiendo a lectores gentiles, Marcos sintió la necesidad de interpretar expresiones del idioma arameo y utilizó expresiones latinas que no encontramos en otros evangelios. (2) Hay solamente 63 citas o alusiones del AT comparando las 128 que hay en Mateo y las entre 90 y 100 que hay en Lucas. (3) Este evangelio enfatiza lo que Jesús hizo, no lo que Jesús dijo. Es un libro de acción por eso utiliza la palabra en seguida más de 40 veces.[161]

El propósito del libro es el prejuicio del escritor, es lo que condiciona la selección de materiales, cómo los va a utilizar y cuál va a ser el *midrash* que va a hacer para escribir lo que él se propuso escribir. Este prejuicio de redacción es lo que se estudia en la crítica de redacción como se mencionó anteriomente, pero en el caso que nos ocupa especificamente, que es el de Marcos, se entiende a la perfección que si Marcos le está escribiendo a gentiles de Roma no es necesario incluir la genealogía de Jesús o la condenación de las sectas judías como señala Ryrie, puesto que eso no iba a ser entendido en toda su dimensión por la audiencia gentil de Roma a quien iba dirigido el relato. Es más, el prejuicio de redacción del redactor también condiciona la forma en que organiza los materiales, que en el caso de Marcos algunas veces es por temas y no cronológicamente, *v.g.* en Marcos 2:1-3:6 narra cinco sucesos relativos a discusiones entre Jesús y los líderes religiosos usando el criterio temático no el cronológico.[162]

En conclusión, el redactor de un evangelio o de una carta va a seleccionar las fuentes en base al prejuicio de redacción que este tenga.

---

160. Tenney simplemente señala que el evangelio de Marcos es de carácter evangelístico haciendo un esfuerzo por presentar la persona y la obra de Cristo delante del público, como un nuevo mensaje... Ver Tenney, Merrill C. *Nuestro Nuevo Testamento. Un Estudio Panorámico del Nuevo Testamento. Op. cit.* P. 208. Por su parte Gundry se centra en dar cuatro posturas u opiniones de eruditos sobre la razón de ser del evangelio... Ver Gundry, Robert. *A Survey of the New Testament. Op. cit.* P. 126 – 127.

161. Ver Caldwell Ryrie, Charles. *The Ryrie Study Bible New Testament.* The Moody Bible Institute. USA. 1976. P. 65.

162. Cf. Zaldívar, Raúl. *Técnicas de Análisis e Investigación de la Biblia. Op. cit.* P. 106-107.

2. Evangelio de Mateo

Como hemos señalado anteriormente, ningún redactor de un documento sagrado escribió con su mente *tabula rasa*, cada uno tuvo en su momento un prejuicio de redacción que le dio dirección con el tema de selección e interpretación de fuentes. En el caso de Mateo, Ryrie señala que el propósito que condicionó al redactor del relato fue el siguiente:

> *Mateo fue escrito a los judíos para contestar a sus preguntas acerca de Jesús, quien dijo era su Mesías. ¿Era él el Mesías prometido en el AT? y si él era, ¿Por qué no pudo establecer su reino? ¿Será alguna vez establecido? ¿Cuál es el propósito de Dios en el tiempo presente? Así, en este Evangelio, se menciona a Jesús como el hijo de David y como aquel que cumple las profecías del Mesías y el reino de Dios es el objeto de muchas de sus enseñanzas...*[163]

Con este comentario Ryrie nos deja claro que, a diferencia de Marcos, Mateo está escribiendo a Judíos que están familiarizados con todo el contexto de su cultura sin importar si estos viven en el territorio de Israel o no, de manera que el Evangelio de Mateo es el fruto de un trabajo de redacción de un hombre de extraordinaria inteligencia que redactó en el idioma hebreo[164] su relato efectuando una perfecta analogía con la Torah hebrea. Para demostrar esto de la perfecta analogía vamos a mencionar dos paradigmas concretos.

En el primer paradigma, el redactor de Mateo dividió su relato en cinco discursos, el mismo número de libros que tiene el Pentateuco. El primer discurso está en los capítulos del 5-7 y es conocido como el Sermón del Monte. El segundo discurso se encuentra en 10:5-42 en el cual Jesús habla a sus discípulos y los instruye para realizar la misión de evangelizar. El tercer discurso se encuentra en el capítulo 13:1-53, en el que coloca una serie de parábolas del reino. El cuarto discurso está en el 18:1-19:1 y el último discurso que es conocido como el discurso escatológico de Jesús en los capítulos 23-25.[165]

Primeramente, Mateo estaba vinculando a Jesús con la *Torah*, los cinco libros, con cinco discursos, haciendo de esta manera una genial conexión teológica que respondía a su prejuicio de redacción de demostrar a los judíos que Jesús era el cumplimiento de lo expresado por Moisés, no un

---

163. Ver Caldwell Ryrie, Charles. *The Ryrie Study Bible New Testament. Op. ci*t. P. 5.

164. Pérez Millos, Samuel. *Mateo.* Comentario Exegético al Texto Griego del Nuevo Testamento. Edit. Clie. Viladecavalls. 2009.

165. Todo lo relacionado a Mateo y los cinco discursos de su relato, ver Zaldívar, Raúl. *Técnicas de Análisis e Investigación de la Biblia. Op. cit.* P. 137-139.

personaje circunstancial que había surgido por las coyunturas de la vida. Por lo tanto, ese prejuicio le orientó en la selección de las fuentes que iba a utilizar para la redacción de su relato y, no solamente eso, sino que le orientó también en la forma en que iba a agrupar las diferentes perícopas que le sirvieron de base para la construcción de su relato.

El segundo paradigma es la analogía que hace entre acontecimientos del AT y la vida de Cristo y es muy interesante. La analogía que presenta es la siguiente: 1) Jesús en un exilio en Egipto por la persecución de Herodes (2:13); 2) Jesús siendo Bautizado en el Jordán por Juan Bautista (3:13); 3) Jesús es llevado por el espíritu al desierto para ser tentado durante 40 días (4:1); 4) Jesús pronuncia un discurso en el cual reinterpreta la Ley de Moisés. (5:1-7:28). La analogía con el Pentateuco es perfecta: 1) El pueblo de Israel se encuentra en cautiverio en Egipto (Génesis 46:3); 2) El pueblo de Israel cruza el mar para iniciar una nueva vida (Éxodo 14:1-30); 3) Israel permanece en el desierto 40 años, donde es probado y tentado (Deuteronomio 2:1 y ss.), (Deuteronomio 5:1 y ss.); 4) Israel recibe la ley de parte de Dios a través de Moisés.

Este segundo paradigma nos muestra la genialidad del redactor, tanto en la selección de sus materiales como en la agrupación de los mismos. Con esto nos queda suficientemente claro a qué personas iba dirigido este relato: a los judíos, tanto de Israel como de la diáspora. Esto explica que haya incluido la genealogía de Jesús para probar su ascendencia mesiánica (1:1-17), luego las abundantes citas del AT para probar que Jesús es el cumplimiento de la Ley y los Profetas (1:22, 2:5, 3:2, etc.), la condenación de las sectas judías (23:1 y ss.), entre muchos otros ejemplos.

Para concluir, afirmar que el Evangelio de Mateo es un extraordinario *midrash* que el redactor hace de muchos acontecimientos, profecías y palabras del AT con acontecimientos, profecías y palabra de Jesús. Tanta era la fijación del redactor, que algunos eruditos creen que llegó al extremo de manipular el texto del AT para probar hechos del NT.[166] Lo que sí queda claro es que su fuente principal es el *Tanaj*, los dichos de Jesús, el documento Q, los evangelios apócrifos y, en caso de que el redactor haya sido Mateo, el discípulo, su memoria debió haber sido una fuente muy importante.

3. Evangelio de Lucas

El Evangelio de Lucas es el relato más extenso del canon del NT con 1.149 versículos. También es el evangelio que tiene una extensa información única que evidencia el uso de fuentes desconocidas o que no respondían a

---

166. Sobre este tema se recomienda altamente ver *Técnicas de Análisis e Investigación de la Biblia. Op. cit.* P. 139 - 145.

los intereses de redacción de los otros evangelistas. Según Ryrie, el propósito de Lucas al escribir su evangelio se puede ver en varias direcciones:

(1) El evangelio va dirigido a los gentiles ... (2) Da mucha atención a los eventos relacionados con el nacimiento de Jesús. Solo Lucas registra la anunciación a Zacarías y a María, el canto de Elizabeth y de María, el nacimiento y niñez de Juan el Bautista, el nacimiento de Jesús, la visita de los pastores, la circuncisión, la presentación en el templo, detalles de la niñez de Jesús, etc. (3) Lucas muestra un inusual interés por individuos como Zaqueo, el ladrón penitente, el hijo pródigo, el publicano, etc. (4) Especial énfasis en la oración (5) Da un lugar prominente a las mujeres. (6) Muestra un interés por la pobreza y riqueza, etc. ... [167]

Todo el propósito de Lucas se resume en la declaración del *19:10 ... Porque el Hijo del Hombre vino a buscar y a salvar lo que se había perdido...* esto es lo que quiere transmitirle a Teófilo, el personaje a quien escribe el relato. Al mencionar *Hijo del hombre* está usando el título mesiánico de Jesús, el cual está en perfecta conexión con *salvar*, que es precisamente la misión del Mesías; ahora bien, la expresión *lo que se había perdido...* es lo que redimensiona la persona del Mesías. Lo que se ha perdido no es el poder político de Israel, la gloria socioeconómica del otrora rey David, lo que se ha perdido no es el esplendor del reino de la época de Salomon, lo que se ha perdido es el hombre mismo, sea judío o gentil y Jesús ha venido para *salvarlo*. Este *midrash* de Lucas nos redimensiona a un Mesías que viene a quitar el poder espiritual de Satanás de todos aquellos individuos que creen en Él, que son los salvados. Un Mesías que viene a fundar el Reino de Dios en la tierra. Un concepto completamente diferente a lo que se creyó en el PI.

Hablando específicamente de las fuentes literarias que uso Lucas en su relato, podemos señalar que, a diferencia de los otros evangelios, Lucas sí nos dice cuáles fueron los dos tipos de fuentes que utilizó. En primer lugar, usó fuentes escriturales: *Muchos han intentado escribir la historia de las hechos sucedidos entre nosotros... (1:1)* Ya hemos mencionado hasta la saciedad cuáles son esos documentos que circulaban por las iglesias de la época de Lucas que sirvieron de fuentes literarias.

En segundo lugar, usó fuentes testimoniales ... *tal y como nos las transmitieron los que desde el principio fueron testigos presenciales y servidores de la palabra ... (1:2)* no necesariamente se refiere a los apóstoles, sino a personas que él mismo entrevistó y que presenciaron acontecimientos que refirieron a Lucas. Si utilizáramos la nomenclatura actual, Lucas hizo un verdadero trabajo periodístico.

167. Ver Caldwell Ryrie, Charles. *The Ryrie Study Bible New Testament. Op. cit.* P. 102.

Una vez que nos indica los dos tipos de fuentes que utilizó para escribir su relato, nos deja claro que la decisión de escribirlo se origina en su voluntad ... *yo también, excelentísimo Teófilo ... he decidido escribírtelo ordenadamente.* Es interesante que no mencione al Espíritu Santo, ni ninguna acción que revele un elemento sobrenatural, simplemente su voluntad de ... *escribírtelo ordenadamente ...* también nos revela cuál fue el trabajo que realizó ... *habiendo investigado todo esto con esmero desde su origen ...* Todo esto nos clarifica que un individuo *moto propio* decide escribir un relato a un tal Teófilo para lo cual hace un trabajo de investigación, no sin antes haber seleccionado sus fuentes escriturales y haber hecho una serie de entrevistas. Lucas hizo un trabajo heurístico en el cual organiza todo el material que ha recopilado y presenta un documento que contiene un prejuicio de redacción como cualquier otro documento que se traduce en lo que el mundo conoce hoy en día como el Evangelio de Lucas. Esta aseveración anula cualquier elemento místico que la gente gratuitamente quiera ponerle. La Iglesia valoró este relato, reconoció en él un elemento sobrenatural y que era acorde a los principios y parámetros del *kerygma* de la fe cristiana; por lo tanto, lo canonizó por la *enveterata consuetudo* hasta que apareció en las listas donde se citaba los libros que debían ser reconocidos por la Iglesia como sagrados.

4. Los escritos de Juan

Juan, el discípulo de Jesús, es la persona identificada como el autor tanto del evangelio que lleva su nombre como de las tres cartas que aparecen al final de la Biblia. Entre los aspectos a resaltar -antes de entrar en materia- es el hecho de que Juan escribe al final del s. I d.C.; en segundo lugar, que los escritos de Juan siguen una misma línea de pensamiento en el sentido de demostrar la deidad de Jesús, a raíz del gnosticismo que sostenía la herejía docética que argumentaba que el cuerpo de Jesús era apariencia.

Ryrie nos señala cuál es el acercamiento distintivo del escritor:

Es el más teológico de los evangelios. Trata con la naturaleza y persona de Cristo y el significado de la fe en Él. La presentación de Cristo que hace Juan es como el divino hijo de Dios y esto queda evidenciado a lo largo de todo el relato: el verbo era Dios (1:1), Cordero de Dios (1:29), el Mesías 1:4, hijo de Dios y Rey de Israel (1:49) Salvador del mundo 4:42, Señor ... Dios (20:28) ... [168]

---

168. Cf. Ver Caldwell Ryrie, Charles. *The Ryrie Study Bible New Testament. Op. cit.* P. 160.

El prejuicio de redacción de Juan es demostrar la deidad de Jesús para contrarrestar el docetismo gnóstico. En ese sentido, Juan selecciona las fuentes y las agrupa a su conveniencia para alcanzar el propósito que él tiene al momento de escribir su relato. Al ser Juan un discípulo de Jesús y testigo ocular de su vida y obra -así como de acontecimientos privados como la transfiguración- a diferencia de Lucas, quien asegura haber usando fuentes externas, Juan nos dice algo que solo muy pocas personas podían expresar: *lo que hemos oído, lo que hemos visto con nuestros propios ojos, lo que hemos contemplado, lo que hemos tocado con las manos, esto les anunciamos respecto al Verbo que es vida... nosotros lo hemos visto y damos testimonio de ella, y les anunciamos a ustedes la vida eterna que estaba con el Padre y que se nos ha manifestado. Les anunciamos lo que hemos visto y oído, para que también ustedes tengan comunión con nosotros. (I de Juan 1:1-4).* Juan, al haber sido testigo ocular de los dichos y hechos de Jesús, podía escribir diferente a Lucas o Marcos y usar su memoria como fuente en la redacción de su escrito. Si bien es cierto que esta declaración la hace en su primera carta, es válido para su evangelio, hay muchas cosas en él que salieron de su memoria; este es uno de los elementos que lo hace diferente a los sinópticos.

Hablando específicamente de su primera carta, esta es un tratado filosófico en contra del docetismo gnóstico en el cual usa fuentes del *Tanaj* para hacer un *midrash* y combatir la herejía y sobresaltar la deidad de Jesús.

Para terminar, afirmar que Juan, al igual que los otros evangelistas, usó las fuentes escriturales que circulaban en la Iglesia de aquella época. Es por eso que vamos a encontrar varias perícopas que aparecen en los sinópticos.

Una vez estudiado todo lo relacionado a las fuentes que dieron origen a los evangelios, es menester hablar de las epístolas, que es el otro género que encontramos en el NT.

C. Fuentes de las epístolas

Se cree que el primer evangelio escrito fue el de Marcos,[169] sin embargo, lo cierto es que antes que este y los otros evangelios fueran redactados,

---

169. Xabier Pikaza, escribe en su comentario del Evangelio de Marcos que este relato fue escrito hacia el año 70, es decir, 40 años después de la muerte de Jesús. *Ver* Pikasa, Xabier. *Comentario al Evangelio de Marcos.* Edit. Clie. Viladecavalls. España. 2013. El autor J.M. Martín Moreno señala que según Papías, Marcos fue escrito después de la muerte de Pedro en el año 64-65. Así que entre los años 66 y 70 sería la fecha más aceptada. *Ver.* Martín Moreno, J.M. *Gran Diccionario Enciclopédico de la Biblia.* Edit. Clie. Viladecavalls. 2013. España. P.1604.

Pablo ya había comenzado una prolífica actividad literaria.[170] El hecho de no haber sido uno de los doce discípulos de Jesús, de no existir un evangelio redactado y aun así escribir algunos de sus tratados teológicos y éticos, hacen de Pablo, además de un hombre fuera de serie, un estudioso asiduo de los escritos religiosos de los diferentes grupos existente de su época, que le dieron un bagaje único para escribir los sendos tratados que escribió.

Pablo, cuyo relato de conversión aparece registrado en tres ocasiones en el libro de los Hechos, así como alusiones que él mismo hace en la carta a los Gálatas, fue un hombre educado bajo la mentoría de un tal Gamaliel, que potenció en él todo un talento innato que tenía y que desarrolló a la perfección en el ejercicio de su ministerio cristiano. Fue un misionero, es decir, un hombre que abrazó la misión de predicar el Evangelio con el objetivo de establecer comunidades de fe que sometieran sus vidas a los principios del cristianismo para que fueran transformadas en todos los sentidos. En ese ínterin se desenvolvía cuando tuvo que enfrentar una serie de vicisitudes en relación directa con las comunidades que él mismo había fundado y que le obligaron a escribir tratados teológicos y hortatorios para fundamentar la fe y la vida de estas comunidades. Es así como surge una pléyade de escritos salidos de la pluma de este extraordinario hombre que pusieron el fundamento teológico a la fe cristiana. La Iglesia, posteriormente, canonizó 13 de las muchas cartas escritas, siendo la mayoría de estas anteriores a los evangelios canónicos mismos, constituyéndose *ipso facto* en el primer hagiógrafo del NT.

1. La epístola a los corintios

La primera epístola de Pablo a los Corintios se cree fue escrita antes del año 56 desde la ciudad de Éfeso, donde el apóstol estacionaba durante su tercer viaje misionero. El estudio cuidadoso de esta carta nos revelará una serie de fuentes que Pablo usó en la redacción final de su escrito. En el pasaje que se encuentra en I Cor. 10:1-5 se lee:

> *No quiero que desconozcan, hermanos, que nuestros antepasados estuvieron todos bajo la nube y que todos atravesaron el mar. Todos ellos fueron bautizados en la nube y en el mar para unirse a Moisés. Todos también comieron el mismo alimento espiritual y tomaron la misma bebida espiritual, pues bebían de la roca espiritual que los acompañaba, y la roca era Cristo. Sin embargo, la mayoría de ellos no agradaron a Dios, y sus cuerpos quedaron tendidos en el desierto.*

170. Pikaza señala que antes de Marcos había otros escritos como los de Pablo, que comenzó a escribir tan temprano como el año 49 y que no paró de hacerlo hasta el final de su carrera. *Idem.*

Este es un pasaje que Pablo toma de un *midrash*[171] *rabínico* del agua que salió de la roca durante la estancia de Israel en el desierto[172] y hace su propio *midrash* cuando agrega la expresión *y la roca era Cristo.* Esto no estaba en el escrito judío por supuesto, Pablo hace una relectura del pasaje y hace su propio *midrash.*

Otro pasaje que encontramos en esta carta es aquel que se encuentra en I Cor. 11:23-26 y que reza de la siguiente manera:

Que el Señor Jesús, la noche en que fue traicionado, tomó pan, y, después de dar gracias, lo partió y dijo: «Este pan es mi cuerpo, que por ustedes entrego; hagan esto en memoria de mí». De la misma manera, después de cenar, tomó la copa y dijo: «Esta copa es el nuevo pacto en mi sangre; hagan esto, cada vez que beban de ella, en memoria de mí». Porque cada vez que comen este pan y beben de esta copa, proclaman la muerte del Señor hasta que él venga.

Como es obvio, en este momento histórico en el cual Pablo escribió este pasaje ninguno de los evangelios había sido escrito aún, ni tampoco él había sido un testigo presencial —como lo habían sido los 12 discípulos— para hablar con tanta propiedad. En tal sentido surge la pregunta: ¿Cómo pues es que dice: *"¿Yo recibí del Señor lo mismo que les transmití a ustedes?".* La respuesta se encuentra en las fuentes que circulaban en la Iglesia y la perícopa de la cena del Señor era un documento fundamental que utilizó Pablo, pero que también utilizaron los evangelistas a la hora de redactar sus evangelios. De ahí que lo que sigue: *Por lo tanto, cualquiera que coma el pan o beba de la copa del Señor de manera indigna será culpable de pecar contra el cuerpo...* es el *midrash* que Pablo efectúa a la perícopa.

Uno de los pasajes teológicos más espectaculares de Pablo en primera de Corintios es el tratado que escribe sobre la resurrección en el capítulo 15. Estamos hablando de 58 versículos sobre un tema que no estaba expuesto en un libro canónico, sin embargo, él habla con tanta propiedad

171. Midrash en hebreo מ דרש que significa *investigar, examinar, estudiar,* y se utiliza para referirse a las interpretaciones exegéticas que diversos rabinos hicieron a las leyes y costumbres estipuladas en el AT en el idioma hebreo o arameo. Ver: Ropero, Alfonso. *GDEB. Op. cit.* P.1682 y 1683. Para Michaud el Midrash es una manera de pensar, de experimentar, de formular y de comunicar la realidad. Es una hermenéutica de la existencia judía que se expresa en diversas formas literarias, sin ligarse estrechamente a una... Más que de un género literario bien definido, se trata aquí de una actitud compleja, una manera de releer la Escritura que pone de manifiesto la armonía que existe entre las realidades presentes (tal es el punto de partida) y las palabras de la Escritura... Michaud, Jean-Paul. *María de los Evangelios.* Cuaderno Bíblico No. 77. Estella (Navarra) Verbo Divino, 1992. P.16. Al final como señala Ropero, la predicación de Pedro, Pablo y Esteban y toda la epístola a los Hebreos son un claro ejemplo de *midrash* cristiano.

172. Gundry, Robert. *A Survey of the New Testament. Op. cit.* P. 447.

que demuestra que había hecho sus deberes estudiando la literatura del PI, que sin duda sirvió de infraestructura para la síntesis de este capítulo.[173]

2. Epístola a Timoteo

En la segunda Carta a Timoteo Pablo hace una cita directa a una fuente no canónica cuando escribe: ... *y de la manera que Janes y Jambres resistieron a Moisés...* Esta es una alusión directa a Éxodo 7 que hace mención a los dos hechiceros que hizo llamar el faraón egipcio para contrarrestar el milagro que Moisés había hecho cuando su vara se convirtió en serpiente. La pregunta a considerar es: ¿de dónde sacó Pablo estos nombres si estos no aparecen en el texto canónico del AT? La respuesta sigue siendo la misma, Pablo está usando seguramente el Tárgum Pseudo-Jonathan,[174] donde aparecen los nombres de Janes y Jambres ... *y Moisés y Aarón fueron al Faraón e hicieron como el Señor les había mandado. Y Aarón lanzó la vara ante los ojos de Faraón y ante los ojos de sus siervos y se convirtió en basilisk [que es un legendario reptil considerado como una serpiente que puede matar con una simple mirada]. Pero el Faraón llamó a los magos; y ellos también, Janes y Jambres, magos de Mizraim, hicieron lo mismo por el fuego de su adivinación. Ellos tiraron cado uno sus varas, y se convirtieron en basilisks ...*; además de los nombres, existen algunas diferencias con el texto canónico. Para efectos de esta investigación baste con decir que esta es la fuente más plausible que Pablo usó para la redacción de esta carta. También existe un pseudoepígrafe cuyo nombre precisamente es *Janes y Jambres*. No se ha determinado la fecha con certeza, de manera que si este documento fuera anterior a Pablo pudo haber sido fuente para la cita en Timoteo.[175]

Para finalizar, solo señalar que Pablo usó una fuente pseudoepígrafe al momento de hacer la cita; de donde tomó estos nombres el redactor del Tárgum, esto no lo sabemos.

3. Citas en II de Pedro y Judas

Tanto II de Pedro como Judas tienen una sección en contra de los falsos maestros y las herejías que estos habían introducido en la Iglesia de aquella época. Que ambos relatos sean casi idénticos y la confusión que provoca en la actualidad el no saber a ciencia cierta quién fue fuente de quién, ha

---

173. Ver el Anexo 1. La Resurrección de los Muertos.

174. En este mismo sentido se pronunció Gundry, Robert. *A Survey of the New Testament. Op. cit.* P. 417. El Diccionario Enciclopédico de Ropero señala que estos nombres se encuentran en el Talmud, en los escritos rabínicos y en los tárgums. P. 1297.

175. Pietersma, A and Lutz, R.T. Jannes and Jambres. Written in *The Old Testament Pseudepigrapha. Apocalyptic Literature and Testaments. Op. cit.* Vol. 2, P. 432-433.

provocado que, al menos II de Pedro, fuera una carta ampliamente cuestionada por un sector del cristianismo y se dudara de considerarla como parte del canon.

Lo que nos interesa recalcar aquí son las citas del pseudoepígrafe de Enoc y la Asunción de Moisés que tiene este discurso y que será ampliamente abordado en el anexo 2 de este trabajo de investigación.

Existen otras citas de pseudoepígrafes y deuterocanónicos en los libros del NT, pero las que hemos estudiado en este apartado son suficientes para demostrar que los redactores de los libros del canon del NT usaron la literatura del PI como fuentes para sus escritos.

Ahora es el turno de estudiar las citas o alusiones de los pseudoepígrafes en la literatura apocalíptica del NT.

D. Patrón apocalíptico de la escatología

Se considera a Daniel como el prototipo del género apocalíptico que tuvo una producción muy importante durante todo el PI hasta culminar con el Apocalipsis de Juan hacia finales del s. I.[176] Es importante señalar que los rabinos judíos nunca consideraron el libro de Daniel como profético, por esa razón lo clasificaron como *ketuvim*, es decir, en la categoría de los *escritos* y nunca dentro de los libros del יאִים *Nəḇî'îm* o categoría de los profetas.[177]

La voz de Daniel está en todo este relato sin lugar a dudas, de ahí el nombre del libro, sin embargo, lo más seguro es que hubiera un redactor final que tuvo que trabajar con una serie de fuentes escritas en arameo y hebreo, pero eso sí, manteniendo la unidad del relato de una forma brillante. La discusión sobre la fecha de composición ha sido álgida y solo podemos especular sobre ella; lo que sí está suficientemente claro es que el relato de Daniel concluye en el 165 o 164 a.C. con el tirano sirio Antíoco Epífanes IV, de ahí que exista una gran posibilidad de que este libro haya sido escrito alrededor de esta fecha.

---

176. No obstante, después de San Juan hubo otros libros de carácter apocalíptico que rondaron los círculos religiosos de aquella época. El más famoso de esos libros es IV de Esdras que según los eruditos data del 100 d.C., es decir, casi en la misma fecha del Apocalipsis de San Juan. Es un libro que consta de 15 capítulos y 7 visiones. Ver Metzger, B.M. *The Fourth Book of Ezra*. Written in *The Old Testament Pseudepigrapha. Apocalyptic Literature and Testaments. Op. cit.* Vol. 2, P. 517 y ss.

177. La tradición talmúdica rechaza expresamente la designación de Daniel como profeta y lo considera más bien histórico. Ver Talmud Babilónico. Sanedrín 93b – 94ª. Lo cierto es que la clasificación de Daniel como un libro profético es una obra del canon griego o de Alejandría.

Lo que a continuación vamos a tratar nos permitirá ver que el libro de Daniel creó un paradigma, un formato que todas aquellas personas que escriben dentro del género apocalíptico deben seguir. De manera que este formato es el mismo que siguen los redactores de los libros del NT, convirtiéndose de esta manera en una fuente para ellos.

1. El patrón apocalíptico establecido en el libro de Daniel

El redactor del libro de Daniel hizo un trabajo fino, no solamente nos efectuó un relato histórico de Daniel sino que, en la segunda parte del mismo, desarrolló un formato al que podemos llamar *patrón apocalíptico,* en el cual nos habla de todo lo que estaba ocurriendo en Israel en aquel momento y, sobretodo, de la esperanza que el pueblo debía tener de cara al futuro. Para iniciar lo relacionado al patrón apocalíptico, es importante señalar que el libro de Daniel nos muestra *quinta essentia* el género apocalíptico y nos presenta por primera vez un patrón: 1) La simbología en el lenguaje, fundamental para interpretar el mensaje del relato. Aquí por ejemplo nos presenta el poder representado por fieras y el poder *per se* por cuernos.[178] 2) Los ángeles, aquí vemos, entre otros hechos,la acción del Arcángel Miguel y el ángel Gabriel que son muy importantes. 3) La persecución del pueblo, que se mira cuando señala que el malvado hablará palabras contra el altísimo y a los santos del altísimo quebrantará. 4) La sesión de la corte celestial, muy importante porque muestra una realidad de gobierno espiritual que dejaba claro que el poder político representando por los animales no son los que deciden las cosas. 5) El Anciano de Días de pelo blanco, nos muestra de una forma palmaria que sobre el poder temporal del hombre está Dios y lo simboliza en esta figura. 6) El rollo que se abre, representa el plan trazado por Dios que ha de cumplirse. 7) La destrucción de las fieras y los cuernos. Este mensaje es fundamental, porque está diciendo al pueblo que todos aquellos poderes terrenales que han hostigado a Israel serán destruidos por Dios. 8) La salvación de los santos del altísimo. Esta es la esperanza que debe alimentar el espíritu de los hijos de Dios y este es el momento que debemos ver cuando seamos perseguidos. 9) La aparición del Hijo del hombre. Esta es la figura del Mesías que libera a su pueblo del poder de los opresores.

El patrón establecido en el libro de Daniel fue seguido por los escritores del PI que escribieron temas escatológicos,[179] pero sobre todas las cosas, es

---

178. El capítulo 7 nos habla de cuatro bestias: el león, el oso, un leopardo y la bestia terrible con 10 cuernos.

179. Los pseudoepígrafes como Enoc, o textos esenios como la Guerra entre los hijos de la Luz y los Hijos de las Tinieblas.

un formato que siguieron los escritores del NT cuando hablaron del tema escatológico, y es lo que veremos a continuación.

2. El patrón apocalíptico en Mateo

El estudio cuidadoso de Mateo nos va a mostrar cómo el redactor de este evangelio sigue los lineamientos de la literatura apocalíptica en el capítulo 24, al cual llamamos el *Discurso Escatológico de Jesús*. Lo primero que subraya el redactor de Mateo es que habrá engaño, es decir, el maligno utilizará la mentira como una herramienta para conseguir su propósito, de la misma manera que lo hace el redactor de Daniel en el 8:25. [180] Luego Jesús nos habla de persecución de la misma manera que se menciona en Daniel.[181] Ahora bien, es digno de mencionar que Jesucristo introduce un elemento nuevo en la literatura apocalíptica y es la predicación del Evangelio ...*será predicado este evangelio del reino en todo el mundo...*[182] Después de esto Jesús efectúa una alusión directa al libro de Daniel: *cuando veáis en el lugar santo la abominación desoladora de que habló el profeta Daniel...*[183] en el género apocalíptico siempre va a existir un perverso que se opone a Dios. Daniel está hablando de Antíoco Epífanes, Jesús está hablando de la profanación del templo y pudo haberse referido a la acción de Calígula que intentó hacer lo mismo que Antíoco o al Anticristo según enseña la teología premilenialista. En el verso 27 entra en escena el mesías ...*porque como el relámpago que sale del oriente y se muestra hasta el occidente, así será también la venida del Hijo del Hombre...* en el género apocalíptico siempre habrá un redentor de los santos del altísimo, siempre habrá un mesías. En el libro de Daniel es el Anciano de Días que aparece y les da el reino a los santos del altísimo.[184] El otro elemento del género apocalíptico es la presencia de ángeles, así que en el relato de Mateo leemos ...*enviará sus ángeles con gran voz de trompeta, y juntarán a sus escogidos, de los cuatro vientos...* otro de los elementos claves es el juicio en contra de los malvados y la perdición eterna de estos *los castigará duramente, y pondrá su parte con los hipócritas; allí será el lloro y el crujir de dientes...* aunque hay algunos otros elementos que podemos incluir del género apocalíptico, los que aquí se han mencionado son más que suficientes para demostrar que el libro de Daniel estableció un patrón, un formato al que las personas que escriben dentro de este género

---

180. Mateo escribe *Porque vendrán muchos en mi nombre, diciendo: Yo soy el Cristo; y a muchos engañarán*. Mt. 24:5. En este mismo sentido Daniel 8:25 ... *con sagacidad hará prosperar el engaño en su mano...*

181. Dn. 7:21 *inter alia.*

182. Mt.24:14.

183. Mt 24:15.

184. Dn. 7:22 -23.

se deben ceñir, *mutatis mutandis,* si una persona va a escribir poesía dentro del género modernista que creó Rubén Darío, su poesía estará llena de imágenes de la mitología griega, de un lenguaje extravagante y exquisito, solo por mencionar algunos rasgos. Si la poesía no reúne estos requisitos, será cualquier cosa menos poesía modernista.

En el siguiente apartado veremos el desarrollo del patrón apocalíptico en la teología de Pablo.

3. El patrón apocalíptico en Pablo

Dentro de la producción literaria de Pablo las epístolas de primera y segunda de Tesalonicenses son consideradas escatológicas, no porque todo el contenido pertenezca a este género, sino porque en ambas existen pasajes sumamente importantes que siguen el formato del género apocalíptico. Al examinar estos escritos seguiremos principalmente un orden temático.

El capítulo 2 de II de Tesalonicenses comienza afirmando:...*pero con respecto a la venida de nuestro Señor Jesucristo...* En este pasaje Pablo entra directamente con la *parusía* del Mesías. En Mateo y Daniel se presenta todo un contexto de engaño y persecución, pero aquí Pablo invierte el orden y comienza afirmando que un personaje que tiene todo poder y dominio entrará en la escena humana para recompensar a los buenos, retribuir a los malos y gobernar a sus santos. El siguiente elemento al que hace referencia Pablo es el engaño... *nadie os engañe de ninguna manera...* el centro del discurso es la *parusía* del Mesías, pues alrededor de este evento habrá eso precisamente, engaño, y él advierte sobre el mismo. El tercer elemento es la mención del *hombre de pecado* que en Daniel es Antíoco Epífanes, en Mateo pudo haber sido el emperador Calígula y aquí, según sea la teología que tengamos, podrá referirse a un gobernante futuro denominado anticristo o simplemente un sistema que se opone a Dios, entre otras posibles interpretaciones de este pasaje. Para efectos de este trabajo, lo que sí interesa es que en el género apocalíptico siempre vamos a encontrar a un personaje importante que va a oponerse a Dios y a perseguir a los *santos del altísimo.* Después, Pablo avanza en su discurso y menciona otro de los elementos *sine quo non* de la literatura apocalíptica: el juicio de Dios. Pablo asevera que *el Señor matará con el espíritu de su boca, y destruirá con el resplandor de su venida...* en este formato siempre interviene el ser supremo que destruye al malvado. En I de Tesalonicenses 5:11 Pablo clarifica acerca del propósito de la literatura apocalíptica... *por lo cual, animaos unos a otros, y edificaos unos a otros.* Esta declaración es la *raison d'être* de la literatura apocalíptica, que a pesar del poder de los malos, de la persecución inmisericorde a la que someterán a los *santos del altísimo,* en el *kairos* divino, el Mesías, hará acto de presencia en la escena humana, redimirá a su pueblo y destruirá a sus enemigos. Los judíos usaron este género para traer esperanza a un pueblo que había sido humillado hasta el polvo, Pablo toma el formato y desarrolla una escatología *sui generis* donde el Mesías es Jesucristo, quien regresará por segunda vez a la tierra para realizar un juicio contra los impíos y para recompensar a todos aquellos que le recibieron. Para finalizar esta sección, es menester señalar que la comunidad judía se opuso terminantemente a esta interpretación paulina condenándola a nivel institucional.

4. El patrón apocalíptico en el Apocalipsis de Juan

Siguiendo la misma línea de razonamiento anterior, Juan continúa con el mismo formato del género apocalíptico y comienza su relato hablándonos de la visión que él tuvo con el Mesías y dejar claro a las siete iglesias, a quienes va dirigido este relato, quién está en control del destino del hombre. Juan describe el entorno del Mesías y les habla de la corte donde Este gobierna; acto seguido se refiere a los rollos que representan el plan que el Mesías tiene para con los impíos, que en este caso se refiere a una serie de juicios representados por una simbología propia del género, donde el poder político, militar y económico de los gentiles es derribado y reducido a cenizas. También hace alusión a la destrucción total del poder religioso, que no es más que un instrumento del mundo pagano para manipular a la gente. El relato termina con el establecimiento de un nuevo orden de las cosas y el triunfo final del bien sobre el mal. En este relato, encontramos todos los elementos del género apocalíptico, el engaño, la persecución, los ángeles, la corte celestial, el inicuo que se opone a Dios, el poder político y religioso como instrumento de dominación en manos de Satanás, pero sobre todo, el triunfo final de Dios y la redención final de los *santos del altísimo.*

Con el estudio efectuado en este apartado ha quedado suficientemente demostrado que no es fruto de la casualidad que Mateo, Pablo o Juan siguieran el mismo orden conceptual en el desarrollo de sus discursos escatológicos. Están siguiendo un patrón establecido en el primer libro escatológico, que es parte del canon del AT, como lo es el libro de Daniel. La realidad sociopolítica de Israel fue el caldo de cultivo que dio origen a este libro, y ese caldo de cultivo sigue siendo el mismo, por lo tanto, el formato no varía ni en los escritores canónicos ni en los no canónicos.

E. Fuentes del Apocalipsis de San Juan

La literatura apocalíptica de los judíos, así como el Apocalipsis de San Juan, como es conocido, no surgen *ex nihilo* sino como producto de la situación sociopolítica que el pueblo de Dios está viviendo en ese momento específico.[185] Hablando de los relatos canónicos, por ejemplo, el libro de Daniel surge como resultado de la brutal persecución de Antíoco Epífanes en el siglo II a.C., y el Apocalipsis de San Juan surge bajo la inmisericorde persecución del emperador romano Domiciano, de manera que para autores como D. Casado Cámara:

> *Todo libro tiene un porqué, un contexto vital y una finalidad que lo explican. Apocalipsis no es la excepción. Ese contexto queda reflejado sumariamente en el quinto sello, que describe cómo los mártires, los muertos por la Palabra de Dios y el testimonio de Jesucristo, claman a su Dios por la terrible injusticia sufrida y le preguntan hasta cuándo durará el suplicio. (Apocalipsis. 6:9-10).*[186]

Esto nos deja claro que la primera fuente de un escrito es la realidad sociopolítica que el pueblo de Dios está viviendo y que hace imperativo escribir de tal manera que se genere una esperanza en medio del pueblo, que urgentemente necesita de esa Palabra.

El tema de las fuentes del Apocalipsis será estudiado de la siguiente manera: (1) El libro de Enoc como fuente del Apocalipsis y (2) Los libros canónicos como fuentes del Apocalipsis.

1. El libro de Enoc como fuente del Apocalipsis de San Juan

Si bien es cierto, en el principio del Apocalipsis de San Juan leemos: *La revelación de Jesucristo, que Dios le dio, para manifestar a sus siervos las cosas que deben suceder pronto; y la declaró enviándola por medio de su ángel a su siervo Juan...* no afecta en un ápice que el *Sitz im Leben* que da origen al relato sea una situación meramente sociopolítica y menos que el redactor haya sido influenciado por relatos como el de Enoc. Como muy bien señala E. Isaac:

> *Los escritores del Nuevo Testamento estaban familiarizados con I de Enoc, no hay duda que el mundo del Nuevo Testamento fue influenciado por su lenguaje y pensamiento. Influenció Mateo... y Apocalipsis (con numerosos puntos de contacto)...*[187]

---

185. Uno de los libros más sensatos sobre el tema del Apocalipsis que explica muy bien la situación sociopolítica que da origen a la revelación es Pagán, Samuel. *Apocalipsis. Interpretación Eficaz Hoy. Op. cit.*

186. Casado Cámara, D. Apocalipsis. *GDEB. Edit. Clie. Viladecavalls.* P. 157.

187. Ver Isaac, E. "Ethiopic Apocalypse of Enoch. A New Translation and Introduction." *The Old Testament Pseudepigrapha. Apocalyptic Literature and Testaments. Op Cit.* P. 10.

La aseveración anterior es válida, pues cuando se lee Enoc no se puede evitar dejar de hacer los paralelismos entre ambos relatos, *v.g.* el mismo comienzo del libro de Enoc nos muestra la impresionante similitud, comienza hablando de los buenos y de los malos y luego se nos menciona acerca del juicio de estos. Después, el escritor del libro Enoc nos asegura que sus ojos fueron abiertos y que vio una visión en el cielo en la cual los ángeles, además de mostrarle cosas, le dieron un mensaje. Habla también de juicio y, sorprendentemente, usa la misma terminología en el capítulo 9:4 que la que se usa en Apocalipsis 17:14 y 19:16: ... *porque él es el Señor de señores, Dios de dioses, y Rey de reyes...* es sorprendente porque Enoc es anterior a Apocalipsis y en ambos relatos los autores están teniendo una visión en el cielo y están usando la misma terminología.

En el 10:2 de Enoc se lee: ...*escóndete y revélale el fin de lo que va a venir; porque la tierra y todo será destruido...* que conecta a la perfección con Apocalipsis 21:1 que nos dice *vi un cielo nuevo... porque el primer cielo y la primera tierra pasaron...* Aquí podemos ver claramente la doctrina cristiana del fin del mundo mediante la destrucción del planeta en el cual vivimos. Otro de los conceptos teológicos que encontramos es el del juicio sobre los impíos, en Enoc 38:3-4 leemos: ...*cuando los secretos del Justo sean revelados, él juzgará a los pecadores; y los pecadores serán quitados de la presencia de los justos y de los elegidos. A partir de ese momento, aquellos que posean la tierra ya no serán ni gobernadores ni príncipes. Ellos no serán capaces de ver el rostro del Santo porque la luz del Señor de los espíritus ha resplandecido...* aquí vemos juicio, un concepto bien establecido en el NT y especialmente en Apocalipsis, por ejemplo: cuando relata el juicio del Trono Blanco en Apocalipsis 20:11 y ss. todo lo dicho en el libro Enoc está implícito: (1) El justo juzgará a los pecadores; Apocalipsis habla de ...*vi un gran trono blanco y al que estaba sentado en él...* que sin duda es el justo. (2) Los pecadores serán quitados: está en consonancia con ... *y el que no se halló en el libro de la vida fue lanzado al lago de fuego.* (3) La supresión del poder a los gobernadores y príncipes: está en conexión directa con Apocalipsis 18 que nos habla de la caída de Babilonia, que relata la caída de las naciones que *han bebido el vino del furor de su fornicación...*

Finalmente, citar Enoc 91:15 el cual reza de la siguiente manera: ... *"Después de esto, en la décima semana, en su séptima parte, tendrá lugar el Juicio Eterno. Será el tiempo del Gran Juicio y Él ejecutará la venganza en medio de los santos. "Entonces el primer cielo pasará y aparecerá un nuevo cielo y todos los poderes de los cielos se levantarán brillando eternamente siete veces más. "Y luego de esta, habrá muchas semanas, cuyo número nunca tendrá fin, en las cuales se obrarán el bien y la justicia. El pecado ya no será mencionado jamás."* Como puede observarse, la primera parte del versículo 15 de Enoc es una alusión al juicio final que da como resultado el castigo contra aquellos que persiguieron a los santos; tema al que ya nos hemos referido. Luego vemos la alusión a los *cielos nuevos* que está conectada con Apocalipsis 21:1: ... *Después vi un cielo nuevo y una tierra nueva, porque el primer cielo y la primera tierra habían dejado de existir* ... para terminar hablando de la eternidad, lo cual encaja a la perfección con el mensaje de Apocalipsis.

Existen muchos otros paralelismos entre este pseudoepígrafe y Apocalipsis, pero lo que aquí se ha señalado es más que suficiente para demostrar la relación que hay tanto en terminología como en conceptos teológicos entre ambos relatos, lo que demuestra que el libro canónico no es un relato que surge *ex nihilo* sino que el redactor final estuvo influenciado por la literatura apocalíptica del PI y en especial por el libro de Enoc. Ahora, huelga señalar que lo que diferencia sustancialmente a ambos relatos —y que es la razón por la que se asume que la Iglesia canonizó Apocalipsis— es porque este relato está salpicado, de principio a fin, con alusiones directas a Jesucristo, quien es en definitiva el centro sobre quien gira todo. Es mencionado con diferentes nombres como *Cordero, Alfa y Omega, Fiel y Verdadero... inter alia.*

Ahora bien, esto último no quita que haya preguntas como: ¿cómo es posible que Juan haya visto cosas que ya otra persona había visto y escrito?, si Juan usó como fuente el libro de Enoc, ¿cómo dice que tuvo una visión en la cual Dios le reveló lo que escribió?, ¿cómo se explica que la esencia de la revelación de Enoc sea la misma que la del Apocalipsis de Juan si hay una diferencia de más de 100 años entre ambas revelaciones? Dar una respuesta contundente como cuando se resuelve un problema de matemáticas es simplemente imposible, sin embargo, hay parámetros que se han establecido en el tema de la literatura apocalíptica que será necesario tener en cuenta para desmitificar el relato. Los parámetros son los siguientes: (1) La literatura apocalíptica surge como una necesidad de esperanza para el pueblo de Dios que está siendo perseguido. (2) La literatura apocalíptica está escrita en código, es decir, en un lenguaje simbólico que hay que aprender a interpretar.[188] (3) La literatura apocalíptica tiene

188. A manera de ejemplo, hemos seleccionado el número siete que aparece en toda la literatura apocalíptica. Comenzando con el *Apocalipsis de San Juan*, este habla de las siete iglesias, siete espíritus, siete candelabros, siete estrellas, siete trompetas, siete sellos, siete copas de ira, *inter alia*. En el *libro de Enoc* encontramos el nombre de los siete arcángeles, siete montañas, siete estrellas, siete ríos, siete grandes islas, siete santos, siete chorros, siete hombres blancos, *inter alia*. En *el libro de Judit* se habla de los siete maridos que murieron. En *el libro de la Guerra de los Hijos de la Luz contra los Hijos de las Tinieblas* se habla del ataque contra los hijos de las tinieblas; confrontación dualista en siete etapas contra el ejercito de Belial. En *el libro de IV de Macabeos* encontramos a los siete hijos que se negaron a incumplir con la leyes judías. En *la Ascensión de Isaías* se habla de los siete cielos. En fin, el número siete aparece repetido en toda la literatura de género apocalíptico. Sobre el significado del simbolismo del número siete, Luciano Jaramillo asevera que

un formato establecido en el prototipo de los relatos; el libro de Daniel. (4) La literatura apocalíptica está compuesta por libros redactados por seres humanos. Todos ellos nos hablan de visiones que tuvieron sus autores y no podemos decir que todas son falsas y que la revelación de Juan es la única verdadera, puesto que la mayoría de todos los libros tienen el mismo mensaje, pues siguen un mismo formato y tienen el mismo propósito. (5) El afirmar que el redactor de Juan hizo un trabajo de redacción en el cual usó como fuentes pseudoepígrafes del PI no demerita un ápice la esencia de la revelación ni su mensaje. El problema no es ese, sino el manto mitológico que se le ha puesto al relato, haciendo creer irracionalmente que Juan recibió toda esta información en un éxtasis que tuvo en la isla de Patmos y cuando este despertó escribió letra por letra lo que había visto. Nada más alejado de la verdad que esto. El Apocalipsis de San Juan es un trabajo de redacción bien hecho con un mensaje de esperanza extraordinario para la Iglesia en el cual Jesucristo es el centro del Universo y donde el Espíritu Santo está de principio a fin.

A continuación veremos cómo el redactor del Apocalipsis de Juan utiliza los libros canónicos del AT como fuentes de su relato.

2. Los libros canónicos como fuentes del Apocalipsis de San Juan

El libro de Apocalipsis tiene 404 versículos, de los cuales más de la mitad son alusiones directas al AT. vía modo de ejemplo podemos mencionar Apocalipsis 4:8 y ss. donde se nos habla de cuatro seres vivientes, que es una figura sacada de Ezequiel 1:5 y ss. Por otro lado, las alusiones al libro de Daniel son totalmente obvias, existe una afinidad de lenguaje que evidencia un entendimiento, *v.g.* el uso de palabras como *cuerno*, que en ambos escritos representa el poder político. En Apocalipsis 17 se nos habla de los *10 cuernos ... Los diez cuernos que has visto son diez reyes que todavía no han comenzado a reinar...* en Daniel 7 se dice: *y era muy diferente de todas las bestias que vi antes de ella, y tenía diez cuernos... mientras yo contemplaba los cuernos, he aquí que otro cuerno pequeño salía entre ellos... y los diez cuernos significan que de aquel reino se levantarán diez reyes; y tras ellos se levantará otro, el cual será diferente de los primeros, y a tres reyes derribará...* el lenguaje simbólico es el mismo y el significado también. Escribe así porque la gente de aquella época podía entender de lo que estaba hablando y porqué. El problema es para nosotros, pues no es propio de nuestra cultura este tipo de literatura y menos el mencionar símbolos que no significan nada

---

es un símbolo de la totalidad, pero de una totalidad dinámica, en movimiento. También señala que es el número de la perfección, *inter alia*. Para un estudio más exhaustivo sobre el número siete se recomienda ver Jaramillo Cárdenas, Luciano. *El Mensaje de los Números*. Edit. Vida. USA. 2004. P. 121 y ss.

para nosotros. Además de *cuernos* hay otra terminología que es idéntica en ambos relatos y es el concepto *bestia*. En ambos escritos, la *bestia* es un personaje tétrico que representa la maldad y que actúa en contra del pueblo de Dios, pero que está bajo sentencia de muerte y que es vencida bajo la fantástica intervención del Dios todopoderoso. En Apocalipsis 13 leemos: *Entonces vi que del mar subía una bestia... A la bestia se le permitió hablar con arrogancia y proferir blasfemias contra Dios... se le permitió hacer la guerra a los santos y vencerlos.* En Daniel 7 leemos ... *y cuatro bestias enormes, diferentes unas de otras, subían del mar..."Estas bestias enormes, que son cuatro, son cuatro reyes que se levantarán de la tierra* ... en la nomenclatura apocalíptica, la *bestia* es un individuo que representa el poder temporal y representa al reino de las tinieblas, que oprime al pueblo de Dios y que por lo tanto lo hace reo de culpa y del juicio divino.

Existen muchos otros conceptos y términos que se interrelacionan entre ambos relatos, pero los dos aquí analizados demuestran el *Sitz im Leben* literario de la época, en el caso de Daniel una alusión directa contra la persecución de Antíoco Epífanes y, en el caso de Juan, una alusión contra la persecución de Domiciano. El primero representando el reino de Siria y el segundo representado al Imperio romano. Ambos oprimiendo y flagelando al pueblo de Dios, que padece una angustia y dolor que ameritaba la intervención de los profetas del altísimo para que les transmitieran esperanza y valor. En ese *milieu* surge una abundante literatura apocalíptica de la cual los judíos canonizan Daniel y la Iglesia canoniza Apocalipsis. El mensaje central de estos relatos es mostrar quién tiene la sartén por el mango, quién es el que toma las decisiones. En el libro de Daniel se habla del *Anciano de Días,* (7:9.13 y 22) que tiene vestiduras blancas, y en Apocalipsis se habla del Alfa y la Omega, (1:8) entre muchos otros nombres más. Esto, evidentemente, trae esperanza al pueblo oprimido, especialmente porque se les asegura que habrá una intervención divina que pondrá punto final a la opresión y al gobierno de los perversos.

De la misma manera que el redactor del Apocalipsis usó lenguaje y figuras de los pseudoepígrafes, también lo hizo de los libros del AT, especialmente del libro de Daniel. Con esto queda claro que el Apocalipsis es un trabajo de redacción bien hecho, en el cual se usaron una serie de fuentes que dieron como resultado el relato que actualmente tenemos.

Con este punto concluimos este capítulo, en el cual ha quedado suficientemente demostrado cómo la literatura del PI así como los documentos sobre los dichos y hechos de Jesús que circulaban por las iglesias se convirtieron en fuentes fundamentales de los libros del canon del NT. Ahora es menester enfocarnos en otro tema interesante como es la literatura apócrifa cristiana, que utilizó las mismas fuentes pero que dio resultados diferentes, razón por la cual la Iglesia nunca los incluyó dentro del canon del NT.

F. Resumen

1. Los evangelistas no fueron meros compiladores de tradiciones orales, sino verdaderos autores que seleccionaron, retocaron y ordenaron las tradiciones recibidas con el fin de responder a la situación que estaban viviendo sus respectivas comunidades.

2. Existen dos principios de redacción en los libros del canon del NT: la credibilidad histórica y la importancia teológica.

3. El Evangelio de Marcos es el primer evangelio escrito que sirve de fuente tanto a Lucas como a Mateo. Existe otra fuente que se llama documento Q, que utilizan tanto Lucas como Mateo, de donde extraen información que no existe en Marcos. Finalmente, tanto Mateo como Lucas utilizan fuentes exclusivas.

4. Los sinópticos se forman siguiendo un proceso en tres etapas: (1) La declaración de un *kerygma* en el cual se fundamenta la fe cristiana. (2) El inicio de una tradición oral alrededor de ese *kerygma*, del cual surge dichos de Jesús, evangelios apócrifos, etc. (3) La conversión de esa tradición oral a una tradición escrita, que da como resultado el canon del NT.

5. Cada escritor de los evangelios tuvo un prejuicio de redacción antes de escribir; prejuicio que lo orientó para la selección de fuentes, arreglo de materiales y el *midrash* que iba hacer de los mismos.

6. Los escritores de las epístolas utilizaron usaron el AT como una fuente fundamental de su *midrash* pero también usaron libros deuterocanónicos y pseudiepígrafes de los cuales hicieron citas en sus escritos.

7. El libro de Daniel estableció un paradigma de cómo escribir literatura apocalíptica y es seguido por los escritores del NT como los redactores de los evangelios, Pablo y el Apocalipsis.

8. El Apocalipsis utiliza fuentes tanto del AT como de los libros pseudoepígrafes del PI.

Literatura apócrifa cristiana

Sin lugar a dudas, la vida y ministerio de Jesucristo produjo una efervescencia religiosa en los primeros siglos de nuestra era, trayendo como consecuencia una proliferación de literatura que puede ser catalogada o como histórica -útil para el entendimiento de la vida y ministerio de Jesucristo- o bien como herética por contradecir de una forma clara los dogmas pétreos de la fe cristiana. Por la primera nos referimos a la literatura llamada apócrifa que relata la vida y ministerio de Jesús y, por la segunda, a aquella teología que surgió en el seno de la agrupación llamada gnóstica que trastocó la esencia misma de la fe cristiana.

En este capítulo serán objeto de estudio ambas, la literatura apócrifa y luego la literatura herética, ambas girando alrededor de las enseñanzas del cristianismo.

A. Literatura apócrifa del NT

Se denomina literatura apócrifa[189] a todo aquel cuerpo literario que no fue canonizado por la Iglesia, aunque no necesariamente significa que todo sea falso. El prólogo del escrito canónico de Lucas nos deja ver que hubo un producción literaria muy importante después de la muerte de Jesús,[190] por cristianos movidos por la necesidad de tener algo escrito que fuera una guía para la enseñanza y práctica litúrgica de sus reuniones.

La literatura apócrifa del NT es muy abundante y puede ser clasificada de la misma manera que se clasifica a los libros canónicos: (1) Los evangelios apócrifos, entre los que podemos mencionar el evangelio de los Nazarenos, el de los Ebionitas, el de Santiago, los Hebreos, Historia de la Infancia del Señor, Evangelio de Nicodemo, Evangelio de Pedro y Evan-

---

189. Para este tema será útil revisar *The Other Gospels: Non-Canonical Gospel Texts*. Edited by Ron Cameron. Westminster John Knox Press; 1st edition (January 1, 1982). Esta es una antología que contiene literatura religiosa no canónica, pero que es de suprema importancia para el estudio de los orígenes del cristianismo. También contiene literatura de Nag Hammadi, es decir, literatura religiosa gnóstica.

190. Muchos han tratado de escribir la historia de los hechos sucedidos entre nosotros... Lc. 1:1.

gelio de los Egipcios. (2) En relación con el libro de los Hechos, tenemos Hechos de Pedro, de Pablo, de Juan, de Andrés, de Tomás, entre otros. (3) Las cartas, Correspondencia entre Abgar de Edesa y Jesús, Tercera Carta de Pablo a los Corintios, Epístola a los de Laodicea, Correspondencia entre Pablo y Séneca, Carta de Bernabé, etc. (4) Apocalipsis, Apocalipsis de Pedro, de Pablo, Pastor de Hermas, V de Esdras, entre otros.[191]

Para efectos de este apartado hemos seleccionado dos escritos no gnósticos para dar una idea a los lectores de este tipo de documentos que circulaba por las iglesias: (1) El Evangelio de los ebionistas que fue un evangelio apócrifo de una secta del mismo nombre y que fue ampliamente rechazado por la Iglesia y (2) El Pastor de Hermas, que fue un documento de carácter apocalíptico que, a diferencia del anterior, fue altamente apreciado por la Iglesia y apareció en algunos documentos como libro sagrado.

1. Evangelio de los ebionitas

Este fue un escrito usado por la secta de los herejes judeocristianos del mismo nombre.[192] Estos eran un grupo religioso que creía en seguir las leyes del AT. Negaban la deidad de Jesús y enseñaban que Él fue creado y que Dios lo adoptó en algún momento de su bautismo. Eran vegetarianos, rechazaban las enseñanzas del Apóstol Pablo y solo aceptaban el evangelio de Mateo. Al negar la deidad de Jesús negaban también su nacimiento virginal, pero sí afirmaban la crucifixión y resurrección de Cristo. In *The Other Gospels*, Cameron hace las siguientes observaciones:

"El Evangelio de los ebionitas está preservado de forma armoniosa en unas pocas citas en los escritos de Epifanio (un escritor cristiano que vivió a finales del s. IV). El título original de este evangelio es desconocido. Este evangelio se cree fue usado por los ebionitas, un grupo de judíos cristianos que hablaban griego y que eran prominentes en el II y III siglo. Epifanio, de una forma incorrecta, llama a este evangelio el Evangelio Hebreo, y alega que es una forma reducida de una versión truncada de Mateo. Por lo tanto, el evangelio de los ebionitas está realmente relacionado con Mateo, un análisis de los fragmentos revelan la armonía con el texto griego del evangelio de Mateo y Lucas. Aunque Irineo autentica la existencia de este Evangelio, dependemos exclusivamente de las citas efectuadas por Epifanio en relación con el contenido de este evangelio...[193]

---

191. Ropero, Alfonso. Apócrifos del NT. *GDEB*, P. 180-184.

192. Ebionitas es un término que significa *"el pobre/los pobres"*.

193. Cameron, Run. *The Other Gospels: Non-Canonical Gospel Texts. Op. cit.*

El Evangelio de los ebionistas omite las narrativas sobre la infancia de Jesús. Presenta tanto a Jesús como a Juan el Bautista como vegetarianos y a Jesús diciendo que vino a abolir los sacrificios. Cameron sostiene: "Junto con los dichos sobre la Pascua, intima la polémica contra el templo judío." Esto indica que el evangelio de los ebionitas, como el de Mateo, aborda el asunto de la identidad judía después de la destrucción del templo. La solución ofrecida a este problema es creer en Jesús, el verdadero intérprete de la ley. Cameron sugiere que este evangelio fue escrito a la mitad del segundo siglo en Siria o Israel.

2. El *Pastor de Hermas*

El Pastor de Hermas[194] es una de las obra literaria cristiana que fue muy popular en el s. II y III d.C. que no fue canonizada. Padres de la Iglesia como Tertuliano e Irineo de Lyon lo consideraron como Escritura y en el Códice Sinaítico de Tischendorf aparece como parte del canon.[195]

El Pastor de Hermas es un libro con un carácter variado: en primer lugar, tiene cinco visiones de carácter apocalíptico con el típico lenguaje simbólico, luego doce mandatos y finalmente diez parábolas. Es importante señalar que la obra se caracteriza por el uso de la primera persona *v.g.* en el inicio de la primera visión se lee ... *el amo que me crió me vendió a una tal Roda en Roma. Al cabo de muchos años la encontré de nuevo y empecé a amarla como a una hermana ...*[196]

La *primera visión* es una amonestación al mismo Hermas por su amor a Roda y a su condescendencia con sus hijos. En la *segunda visión*, Hermas es invitado a dar a conocer el contenido de un libro que es una exhortación al arrepentimiento. Aquí desarrolla el tema de la penitencia diciendo entre otras cosas: ... *la penitencia de los justos tiene su fin: los días de penitencia terminan para todos los santos: pero para los pecadores, existe penitencia hasta el último día (II Visión 15) .... puede que se arrepientan, contestó ella, pero no pueden entrar a esta torre; sin embargo encontrarán un lugar en un nivel mucho más bajo, eso, después de cumplir su penitencia, y completar los días de sus pecados... y entonces serán trasladados de su penitencia, y tienen verdaderamente presente en sus corazones todo lo que han hecho mal ... (Visión II 79-80).* Al leer el tema de las penitencias, se observa que el redactor está introduciendo un

194. Gazcó F. *El Pastor de Hermas y su Familia.* Universidad de Sevilla. España.1979.

195. En el Código Muratori se dice que el Pastor de Hermas puede ser leído en todas partes pero no en el servicio divino.

196. "El pastor de Hermas", en *Los Padres Apostólicos.* Ed. A. Ropero, traducción de J.B. Lightfoot. . Edit. Clie. Viladecavalls. 2004. Hay una versión digital del *Pastor de Hermas* en: http://miapic.com/el-pastor-de- hermas Padres Apostólicos.

elemento a su *midrash* que no está acorde al *kerygma* cristiano que excluye todo tipo de penitencia para alcanzar el perdón, la salvación o la misericordia de Dios.

En la *segunda visión*, la anciana que le habló en la *primera visión* se muestra como la Iglesia, pero también le habla de un libro en el cual hay una revelación de Dios. Hermas dice que no puede retener todo lo que allí aparece y le pide a la Anciana que le de el libro. Cuando él se dispone a escribir, alguien se lo arrebata. Es importante señalar que en algunos lugares usa el mismo lenguaje que aparece en los libros canónicos, *v.g. ... y serán inscritos en el libro de la vida...(II Visión 24)* En la *tercera visión*, Hermas ve una torre que también simboliza a la Iglesia y que está sostenida por 6 mujeres que representan a la fe, la abstinencia, etc. (Visión III 84-86). La *cuarta visión* se le profetiza a Hermas una tribulación, la cual se simboliza en un gran monstruo. La *última visión* presenta al Pastor, quien le mostrará y enseñará las parábolas del resto de la obra.

Para finalizar, *El pastor de Hermas* es un libro de carácter apocalíptico que trata de las visiones y las revelaciones recibidas por el autor a través de dos figuras celestiales: la primera de una mujer con un atuendo blanco y la segunda de un ángel como un pastor.

Estos dos ejemplos nos muestran cómo hubo personajes que, por las razones que fuera, decidieron hacer su propio *midrash* tomando como base la fe cristiana. Aunque libros como *El Pastor de Hermas* fue considerado sagrado, la Iglesia finalmente interpretó que no lo era. Tomó la decisión correcta, y la razón es bien sencilla: no se ve la figura de Jesucristo como el centro del universo como se ve en los libros canónicos. También el tema de las penitencias que trata en la *segunda visión*, por ejemplo, contradice el espíritu de los libros canónicos, que enfatizan la salvación mediante la gracia, aparte de las obras, incluidas las penitencias.

B. Las fuentes de la literatura gnóstica

Con los descubrimientos de los evangelios gnósticos[197] a finales del s. XIX y mitad del s. XX en Egipto, y especialmente en Nag Hammadi, ha

197. Los gnósticos fueron uno de los grupos religiosos que, según se cree, surgió en Egipto en el primer siglo y que fue considerado como herético por la Iglesia. El apóstol San Juan los combatió, al extremo que se cree que tanto su evangelio como sus epístolas son una apología de la fe cristiana contra la herejía gnóstica. Existe una vasta bibliografía sobre el tema y comenzamos recomendando bibliografía siguiendo un orden cronológico: Matter, Jaques. *Histoire Critique du Gnosticisme*. París. 1828. En el mismo prefacio del libro Matter declara que Alejandría fue la ciudad de asilo para muchos griegos y que esto dio origen a una serie de especulaciones teosóficas, de manera que la sabiduría grecoegipcia pudo haber sido el origen del gnosticismo dentro de la academia de

habido una revolución copérnica en el mundo secular en relación con su visión del cristianismo. Para los agnósticos esta es una oportunidad para aseverar proposiciones como que al no ser los cuatro evangelios canónicos los únicos evangelios, estos que han sido descubiertos tienen igual o más valor que aquellos que la Iglesia canonizó, y que no existe ninguna razón para pensar que estos relatos no digan la verdad. Huelga señalar que los gnósticos juegan un papel sumamente importante en el cristianismo, porque desarrollaron toda una literatura que esta íntimamente relacionada con los libros canónicos del NT, y lo está porque utiliza la mismas fuentes, solo que efectúa una interpretación diferente, y esto trae como consecuencia un gran interés por conocer el desenvolvimiento de la vida religiosa del primero y segundo siglo.

Siendo que la literatura gnóstica es muy abundante, hemos seleccionado aquellos relatos que se consideran más importantes -y sobretodo útiles- para los propósitos de esta investigación.[198]

1. Papiros coptos de Berlín

El egiptólogo alemán Carl Reinhardt, especialista en documentos cristianos antiguos, compró en el año de 1896 en un mercado de antigüedades de El Cairo un libro en papiro que contenía cuatro obras hasta entonces desconocidas por la Iglesia, es a saber, *El evangelio apócrifo de Juan*, *Sabiduría de Jesucristo*, *Los Hechos de Pedro* y *El evangelio de María Magdalena*.

Este papiro escrito en copto del siglo II ha revolucionado las investigaciones sobre el cristianismo primitivo, especialmente en lo referente al protagonismo de las mujeres en las primeras comunidades; protagonismo que contrasta con la invisibilidad y la marginación de que son objeto hoy en las iglesias cristianas. Carl Reinhardt depositó el papiro en el Museo Egipcio de Berlín.[199] El egiptólogo Carl Schmidt llevó a cabo la edición crítica y

Alejandría. Alfonso Ropero, "Alejandría", *GDEB*, pp. 83-84; J.J. Fernández Sangrador, *Los orígenes de la comunidad cristiana de Alejandría*. Universidad Pontificia de Salamanca, Salamanca 1994; F. García Bazán, *La Gnosis eterna. Antología de textos gnósticos griegos, latinos y coptos*, 2 vols. Trotta, Madrid, 2003/2007); Id., "Gnosticismo", en *GDEB*, pp. 1023-1042.

198. Entre los relatos que hemos obviado está el Papiro de Oxyrhynchus, formado por dos fragmentos descubiertos en Egipto en el año 1897 y 1903 respectivamente. Es una colección de dichos de Jesús y algunas personas creen que son parte del evangelio de Tomás. El evangelio de los Egipcios que pertenece a la biblioteca de Nag Hammadi que nos habla de la esencia filosófica del gnosticismo.

199. El Museo Egipcio de Berlín salvaguarda una de las colecciones más significativas del mundo respecto a antigüedades de Egipto. La colección es parte del Neues Museum. El museo nació durante siglo XVII de la colección de arte real de los monarcas de Prusia. Alexander von Humboldt quiso recomendar hacer una nueva sección

la traducción alemana. Tras muchos avatares, entre ellos las dos guerras mundiales y los importantes descubrimientos de Nag Hammadi, aparecía en 1955 la primera edición en lengua alemana.[200]

Para efectos de este apartado, será objeto de estudio *El evangelio de María Magdalena* y *El evangelio apócrifo de Juan*.

El Evangelio de María Magdalena

El Evangelio de María Magdalena fue escrito originalmente en griego, como los otros evangelios gnósticos que nos han llegado a través de dos fragmentos en papiro del siglo III, encontrados en Oxyrhynchus (Egipto) (P.Ryl. III 463 y P.Oxy. L 3525), y una traducción al copto del siglo V (P.Berol. 8502). Todos estos textos fueron publicados entre el año 1938 y 1983. Es posible que la obra fuera compuesta en el siglo II. En ella se representa a María, probablemente la Magdalena (aunque solo se le llama María), como fuente de una revelación secreta al estar en estrecha relación con el Salvador.

El texto actual[201] de *El Evangelio de María* describe el diálogo de Jesús con los discípulos después de la resurrección en torno al fin del mundo, la naturaleza del pecado y la salvación. Entre ellos estaba María de Magdala quien, tras la desaparición de Jesús y ante la turbación de sus hermanos, les presenta las enseñanzas que ella misma había recibido del Señor en una visión. Ante el relato de María los discípulos reaccionan de distinta forma. Primero Andrés y luego Pedro niegan que haya sido interlocutora de Jesús y la acusan de mentir. Leví, en cambio, la defiende y reprocha a Pedro el trato tan displicente que ha dado a María: ... *Si el Salvador la hizo digna, ¿quién eres tú para rechazarla? Es un hecho que no puede dudarse que el Salvador la conocía profundamente. Por eso la amó más que a nosotros. Lo que debería darnos vergüenza"* (9:9 -10).[202]

---

egipcia. Una vez creada, los primeros objetos habían sido llevados a Berlín en el año 1828 gracias a Federico Guillermo III de Prusia después de la 2ª Guerra Mundial, donde el museo egipcio sufrió grandes y graves daños, y además quedó dividido entre el Berlín Oriental y el Berlín Occidental, uniéndose nuevamente posteriormente de la Reunificación de Alemania. Se recomienda ver el sitio oficial del museo en http://www.egyptian-museum-berlin.com.

200. Ver Tamayo, Juan José. "Mujeres en el cristianismo" Diario el País. España. Mayo, 13. 2006.

201. Las páginas del 1-6 del manuscrito que contiene los capítulos del 1-3 están perdidos. El relato que se posee comienza en la página 7 y con el capítulo 4. Ver Leloup, Jean Yves. *El evangelio de María. Myriam de Magdala*. Herder, Barcelona 1998.

202. Ver Tamayo, Juan José. "Mujeres en el cristianismo". *Op. cit.*

La imagen que el cristianismo ha presentado de María es la de prostituta, adúltera, pecadora, poseída por siete demonios y llorona, que contrasta con la que nos presenta el evangelio apócrifo de María, en el cual la vemos como maestra, discípula ejemplar y consoladora, como líder y primera apóstol en comunicación directa con el Salvador a través de una visión que ella tiene. *El Evangelio de María* pone en disputa el poder ilegítimo que se arrojan los discípulos varones y defiende con argumentos sólidos el liderazgo de María.

En la trama del evangelio de María, como en todos los relatos gnósticos, se observa el conocimiento o mensaje secreto, en este caso el que Jesús transmite a María. Por otro lado se observa que el escritor de este relato conoce perfectamente los escritos cristianos, pues hace referencia a conceptos como Hijo del hombre, predicación del evangelio, reino del Hijo del hombre. Para terminar, señalar que expresiones como *… hermana, sabemos que el salvador te amó más que al resto de mujeres (5:5) … es por eso que Él la amó más a ella que a nosotros… (9:9)…* sirven como insinuaciones para que mentes torcidas relacionen sentimentalmente a Jesús con María Magdalena como lo vemos a menudo en novelas como el *Código de Da Vinci* de Dan Brown, *La Última Tentación de Cristo* de Kazantzakis o *El Evangelio según Jesucristo* de José Saramago, entre muchos.

El Evangelio apócrifo de Juan

Como todo relato gnóstico, en este hay una revelación de un conocimiento secreto que Jesús le hace a su discípulo Juan después de haber ascendido. El relato está compuesto por 16 capítulos donde se nos cuenta una historia realmente fantástica. Juan sube al templo después de la muerte de Jesús y es increpado por un fariseo, quien asegura que Jesús les ha engañado. Juan se va a un lugar solitario donde Jesús se le aparece y le hace una revelación de lo que es, de lo que era y de lo que ha de venir. En el relato menciona a *Barbelo* como lo hace en el evangelio de Judas y este pide conocimiento al Espíritu virgen invisible. Señala que el Padre penetró con una mirada a Barbelo y este concibió y nació un vástago del Padre que era la luz pura. Luego habla de Sofía, que es *sabiduría* en griego, esta quiso dar a luz sin el permiso del Espíritu, lo cual al final hizo, dando luz a un vástago que se convirtió en la figura de una serpiente y tuvo que echarlo de su lado para que ninguno de los mortales lo viera. Ella le puso a este vástago el nombre de Jaldabaoz. En el capítulo 9 se nos dice que Jaldabaoz *creó al hombre a la imagen y semejanza de Dios.* En el capítulo 10 se nos dice que los ángeles y los demonios formaron toda la parte psíquica del hombre y que Jaldabaoz insufló de su espíritu a Adán y que del poder de Adán creó la figura femenina negando que haya sido creada de la costilla del hombre.

El verso 7 es una alusión directa a Mateo 19:5: *Por esta razón el hombre dejará a su padre y a su madre y se unirá a su esposa, y los dos se convertirán en una sola carne.* Esta cita demuestra que el autor de este relato tenía en su poder el libro de los dichos de Jesús. El capítulo 13 nos señala que cuando Jaldabaoz se dio cuenta que el hombre le había rechazado, maldijo su tierra y los echó del paraiso y los envolvió en espesas tinieblas. En el capítulo 14 llega al punto de preguntar qué pasará con las almas, y a partir de este momento comienza a desarrollar su teología gnóstica de la salvación a través del conocimiento y decreta una sentencia contra las almas que tuvieron el conocimiento pero se apartaron: «*Serán llevadas al lugar donde van los ángeles miserables, donde no hay arrepentimiento. Serán mantenidas allí hasta el día en que los que han blasfemado contra el Espíritu sean juzgados y castigados eternamente.* El relato termina de la siguiente manera en el capítulo 16: *El Salvador comunicó estas cosas a Juan para que él las anotara y salvaguardara. Él le dijo: «Maldito sea todo el que cambie estas cosas por un presente, por comida, bebida, ropa o cualquier otra cosa». Estas cosas le fueron comunicadas a Juan como un misterio, y después el Salvador desapareció en seguida. Entonces Juan fue a los otros discípulos y dio cuenta de lo que el Salvador le había dicho. Jesucristo Amén.*

Es sin lugar a dudas un relato fantástico que tiene una combinación de mitología griega con elementos del cristianismo, para luego desembocar en el secreto que Jesús transmite a Juan y que es un conocimiento que puede salvar a las almas. Tiene la misma trama que los libros de la biblioteca de Nag Hammadi.[203]

Una vez visto algunos de los evangelios contenidos en los códices que se encuentran en el museo egipcio de Berlín es menester enfocarnos en la colección de la Biblioteca de Nag Hammadi que es considerada, al igual que los rollos del mar Muerto, como altamente valiosa.

2. Colección gnóstica de la Biblioteca de Nag Hammadi

La biblioteca de Nag Hammadi es una colección de trece códices descubiertos[204] en una localidad cercana a la comunidad de Nag Hammadi

203. Piñero, Antonio. *Textos gnósticos. Biblioteca de Nag Hammadi.* 3 vols. Trotta, Madrid 2007/2013.

204. El códice I (también conocido como el códice de la Fundación Carl Gustav Jung): 1) La Oración de Pablo 2) El Libro Secreto de Santiago 3) El Evangelio de la Verdad 4) El Tratado de la Resurrección 5) El Tratado Tripartito · Códice II: 1) El Libro Secreto de Juan 2) El Evangelio de Tomás, un evangelio de dichos 3) El Evangelio de Felipe, evangelio de dichos 4) La Hipóstasis de los Arcontes 5) Sobre el origen del mundo 6) La Exégesis del Alma 7) El Libro de Tomás el Contendiente · Códice III: 1) El Libro Secreto de Juan 2) El Evangelio Copto de los Egipcios 3) Epístola de Eugnostos 4) La Sofía de Jesucristo 5) El Diálogo del Salvador · Códice IV: 1) El Libro Secreto de Juan 2) El Evangelio Copto de los Egipcios · Códice V: 1) Epístola de Eugnostos 2) El Apocalipsis de Pablo 3) El Primer Apocalipsis de Santiago 4) El Segundo Apocalipsis de Santiago

en el alto Egipto en el año de 1945. Junto a los rollos del mar Muerto es considerado un hallazgo arqueológico de gran relevancia en relación con la Biblia. Los códices fueron escritos originalmente en el idioma griego en alguna fecha del s. I o II d.C., el hallazgo de Nag Hammadi estaba en el idioma copto, es decir, eran una versión de los originales.

Para efectos de esta investigación hemos seleccionado tres evangelios que ilustran lo que se pretende demostrar es, a saber, *El evangelio de Tomás, El evangelio de Felipe* y finalmente *El evangelio de la Verdad.*

El Evangelio de Tomás

El evangelio de Tomás[205] es sumamente importante en el *spectrum* literario religioso. Pertenece a la colección de 13 papiros gnósticos descubiertos en la villa de Nag Hammadi en Egipto en el año de 1945. En el año de 1958 aparece la primera traducción completa de este evangelio. Se cree que el evangelio de Tomás se fundamenta en los evangelios canónicos así como en otros documentos gnósticos, de manera que nos provee de una luz muy importante que nos muestra cómo los gnósticos entendían las enseñanzas de Jesús. Finalmente, señalar que el evangelio de Tomás es el único evangelio apócrifo completo que tenemos hasta ahora.

El evangelio de Tomás es una colección de 112 dichos de Jesús que muchos de ellos pueden encontrarse en los evangelios canónicos de Mateo, Lucas y Juan. También en otros evangelios apócrifos.[206] Los dichos de Jesús se consideran como *palabras secretas* que Jesús habló. En estas palabras

---

5) El Apocalipsis de Adam · Códice VI: 1) Los Actos de Pedro y los doce Apóstoles 2) El Trueno, Mente Perfecta 3) Enseñanzas Autorizadas 4) El Concepto de nuestro Gran Poder 5) La República de Platón – 6) El Discurso sobre la Ogdóada y la Enéada - un tratado hermético o La oración de Acción de Gracias (con una nota manuscrita) - una oración hermética o Asclepius 21-29 - otro tratado hermético · Códice VII: 1) La Paráfrasis de Sem 2) El Segundo Tratado del Gran Seth 3) El Apocalipsis Gnóstico de Pedro 4) Las Enseñanzas de Silvanus 5) Las Tres Estelas de Seth · Códice VIII: 1) Zostrianos 2) La Carta de Pedro a Felipe · Códice IX: 1) Melquisédec 2) El Pensamiento de Norea 3) El Testimonio de la Verdad · Códice X: 1) Marsanes · Códice XI: 1) La Interpretación del Conocimiento 2) Una Exposición Valentina, Sobre el Ungimiento, Sobre el Bautismo (A y B) y Sobre la Eucaristía (A y B) 3) Alógenes o Hipsifrones · Códice XII 1) Las Sentencias de Sexto 2) El Evangelio de la Verdad o Fragmentos · Códice XIII: 1) Trimorfa Protennoia, 2) Sobre el origen del mundo.

205. Passim. Grant, Robert and Freedman, David. *The secret sayings of Jesus. A modern translation of the Gospel of Thomas with Commentary. Barnes & Nobles Books. New York. 1993.* R. Raymond Kuntzmann y J.D. Dubois, Nag Hammadi: Evangelio de Tomás. Textos gnósticos de los orígenes del cristianismo. Ed. Verbo Divino, Estella 1988; Ramón M. Trevijano, Estudios sobre el Evangelio de Tomás. Ciudad Nueva, Madrid 2006.

206. Se puede ver un cuadro correlativo de los dichos de Jesús entre el evangelio de Tomás y los evangelios canónicos en *The secret sayings of Jesus. A modern translation of the Gospel of Thomas with Commentary. Ibíd. P. 108 – 109.*

hay un mensaje escondido que las personas deben encontrar y al hacerlo alcanzarán un conocimiento que producirá inmortalidad. El centro de este evangelio es Jesús, quien no nace de una mujer sino que simplemente aparece para revelar secretos que van a liberar a las personas. Es importante destacar que guarda silencio en relación con los conceptos y doctrinas torales del mensaje cristiano como son el pecado y el perdón. Tampoco se mencionan los milagros de Jesús ni sus hechos, todo se centró en la personalidad del mismo Cristo de los evangelios canónicos, solo que, al enfocarse en sus dichos, transforman la figura de Jesús en un portavoz gnóstico que revela secretos con verdades salvadoras.

El Evangelio de Felipe

Este evangelio fue descubierto en el año de 1945 junto al evangelio de Tomás. Algunos cristianos gnósticos de Egipto creyeron que tanto el evangelio de Felipe como el de Tomás así como los dichos secretos de Jesús fueron escritos por un tal Matías.[207]

El evangelio de Felipe está compuesto de 143 sentencias o dichos que envuelven una teología gnóstica contraria a la teología cristiana tradicional. Tiene conceptos teológicos del cristianismo los cuales menciona y desarrolla, v.g. habla de temas como el Espíritu Santo, el bautismo, la resurrección, el bien y el mal, el Cristo y la concepción virginal, entre muchos otros. También menciona personajes bíblicos como María la madre de Jesús o María Magdalena.

El contenido de la gran mayoría de las sentencias es contrario tanto al espíritu como a la letra de la fe cristiana, v.g. asegura cosas como la inexistencia del nacimiento virginal de Jesús (Sentencia 18), que primero resucitó y luego murió (Sentencia 22), una supuesta relación amorosa con María Magdalena[208] (Sentencia 36, 59) inter alia.

No cabe duda que el escritor de este evangelio gnóstico conocía las fuentes que dieron origen a los evangelios canónicos, solo que él, al igual que los demás gnósticos, decidió darle una interpretación particular, fuera de la tradición de los apóstoles, es decir, de aquellas personas que fueron los testigos oculares de los hechos que ocurrieron. Aunque utilizan los

207. Ver *Cartlidge, David, Dungan, David. Documents and Images for the Study of the Gospels. Op. cit.* P. 44.

208. En los escritos gnósticos se nos habla de María Magdalena como la amante o pareja sentimental de Jesús. Es muy probable que esta haya sido la fuente de la insolencia del hombre al asegurar semejante cosa. El más reciente exabrupto humano en este sentido fue la novela del escritor norteamericano Dan Brown en el Código de Da Vinci, en el cual Jesús tiene un hijo con María Magdalena.

nombres de los apóstoles para titular a sus relatos, lo cierto es que al final es simplemente un pseudónimo que solo sirve para despistar a los indoctos.

El evangelio de Valentín o de la verdad

El evangelio de la Verdad es parte de los evangelios hallados en Nag Hammadi en 1945. Tiene 43 sentencias o declaraciones; algunas de ellas nos dicen: ... *Jesús, el Cristo, por cuyo medio iluminó a los que estaban en la oscuridad a causa del olvido. Los ha iluminado y <les> ha mostrado un camino; y el Camino es la Verdad que les ha enseñado... De esta manera el que posee la Gnosis (Conocimiento) es de lo Alto... Poseyendo el Conocimiento hace la voluntad de quien lo ha llamado... poseer el Conocimiento de este modo sabe de dónde viene y a dónde va ... (18 y ss. 22 y ss.)* lo anterior nos muestra la coherencia con los otros evangelios gnósticos donde el conocimiento o gnosis es la clave para alcanzar la inmortalidad o liberación o como quiera llamársele.

En realidad no es un evangelio *strictu sensu* es más bien una homilía, un discurso filosófico cargado con elementos propios de la doctrina cristiana, pero con una interpretación gnóstica. En la sentencia 19 encontramos: *Apareció en las escuelas, profirió la Palabra como un maestro. Se le aproximaron los sabios, según propia estimación, para probarle. Pero los confundió, porque eran vanos. Ellos lo odiaron, puesto que no eran sabios verdaderamente.* Esta sentencia encaja perfectamente con la relación que hubo entre Jesús y los líderes religiosos judíos, dejándonos claro que el escritor de este relato conocía bien el trasfondo sociorreligioso en el que se movía Jesús. Otra de las cosas que llama la atención en la cita que hace en la sentencia 32 de la parábola de la Oveja Perdida, en la cual el pastor deja a las 99 ovejas para buscar aquella que se había perdido. Esta cita nos deja claro que conocía las fuentes que los redactores de la evangelios canónicos utilizaron en la confección de sus relatos.

3. Otros evangelios

Para efectos de nuestro trabajo de investigación, hemos seleccionado otros evangelios: el evangelio de Pedro y el de Judas. Se estudian de manera separada por razones estrictamente académicas, al no encontrarse ni uno ni otro en la clasificación de los códices de Berlín o en la Biblioteca de Nag Hammadi.

El Evangelio de Pedro

El primer evangelio gnóstico que jamás haya sido descubierto fue el Evangelio de Pedro en el año 1886 en el sepulcro de un monje cristiano cuando unos arqueólogos efectuaban unas excavaciones. Lo que se pudo rescatar son fragmentos de la narración del juicio, crucifixión y resurrección de Jesús. Sin lugar a dudas, la semejanza con los relatos de los canónicos son realmente notorias, sin embargo, hay porciones que no aparecen en los evangelios canónicos o aquí aparecen escritas de otra manera, *v.g.* este evangelio incluye una perícopa en la cual se nos dice lo que ocurrió durante la resurrección:

> *Mas durante la noche que precedía al domingo, mientras estaban los soldados de dos en dos haciendo la guardia, se produjo una gran voz en el cielo. Y vieron los cielos abiertos y dos varones que bajaban de allí teniendo un gran resplandor y acercándose al sepulcro. Y la piedra aquella que habían echado sobre la puerta, rodando por su propio impulso, se retiró a un lado, con lo que el sepulcro quedó abierto y ambos jóvenes entraron. Al verlo, pues, aquellos soldados, despertaron al centurión y a los ancianos, pues también estos se encontraban allí haciendo la guardia. Y, estando ellos explicando lo que acababan de ver, advierten de nuevo tres hombres saliendo del sepulcro, dos de los cuales servían de apoyo a un tercero, y una cruz que iba en pos de ellos. Y la cabeza de los dos (primeros) llegaba hasta el cielo, mientras que la del que era conducido por ellos sobrepasaba los cielos. Y oyeron una voz proveniente de los cielos que decía: Has predicado a los que duermen? Y se dejó oír desde la cruz una respuesta: Sí.[209]*

La lectura de la cita anterior nos deja ver claramente dos cosas: 1) que el redactor de este evangelio tenía en su poder las mismas fuentes que usaron Mateo o Lucas. La semejanza entre los relatos es simplemente sorprendente. Los cambios que efectúa el redactor del evangelio de Pedro son realmente mínimos; y 2) por lo menos en los fragmentos encontrados no existe una clara alusión a doctrinas gnósticas como en los otros evangelios, aunque un sector muy importante de los académicos lo considera un evangelio gnóstico.

El Evangelio de Judas

El descubrimiento del Evangelio de Judas[210] es otro de los hallazgos espectaculares del s. XX. Este documento fue descubierto en Egipto el año 1970 en un papiro que es conocido en el mundo arqueológico como el Có-

---

209. De Santos Otero escribir una coma Aurelio. *Los Evangelios Apócrifos*. Biblioteca de Autores Cristianos, Madrid. 1985. P. 375- 393.

210. Kasser, Rodolphe, Meyer, Marvin and Wurst Gregor. *The Gospel of Judas*. National Geographic. 2006. Fernando Bermejo, "Judas. Evangelio de", GDEB, pp. 1439-1443; Id., El Evangelio de Judas. Texto bilingüe, introducción y notas. Sígueme, Salamanca 2012.

digo Tchacos; fue traducido del idioma copto, aunque se cree que el original fue escrito en el idioma griego probablemente en la mitad del s. II.

El solo nombre de *Evangelio de Judas Iscariote* es simplemente perturbador puesto que en los relatos canónicos se nos presenta a Judas como un traidor de quinta esencia, de manera que verlo en este relato gnóstico como un héroe resulta simplemente inverosímil. En este evangelio Judas traiciona a Jesús, solo que el escritor le da una interpretación completamente diferente a la de los evangelios canónicos: aquí, Judas al traicionar a Jesús lo estaba liberando de la absurda existencia física o del cuerpo que para los gnósticos es una prisión del espíritu y, de esta manera, Judas le hacía un favor a Jesús.

El evangelio comienza asegurando que es una revelación secreta que Jesús hace a Judas en una conversación que duró una semana. Judas sabe quién es Jesús y lo declara *...sé quien eres tú y de dónde vienes. Tú vienes del reino inmortal de Barbelo y no soy digno de pronunciar el nombre de aquél que te ha enviado.* Según esta interpretación, no es Jesús quien declara su mesianidad, sino el discípulo. Según este relato, Jesús simplemente *apareció* en la tierra, sugiere la idea que viene de otro reino y siendo que él pasa en todo este evangelio revelando *secretos misteriosos*, confirma la idea que viene de otro reino. Otras de las cosas que señala es que Jesús no se aparece a los discípulos como él mismo sino como niño, a este concepto de le conoce como docetismo. En este evangelio no existe la necesidad de reconciliarse con el creador, por el contrario, existe una necesidad de escapar de este mundo y de su creador de manera que la muerte de Cristo es un escape así como la nuestra. Con esta teología, la conclusión lógica es que no existe la resurrección del cuerpo y por lo tanto Jesús no resucitó.

Lo anterior es más que suficiente para comprender el propósito de redacción gnóstico del autor del relato. Los conceptos cristianos son mínimos si lo comparamos con el evangelio de Felipe, pero la filosofía gnóstica está muy bien establecida en este escrito, la cual contradice abiertamente la enseñanza de los apóstoles.

A diferencia de los capítulos anteriores en los que hemos venido identificando fuentes que han dado origen a conceptos teológicos y, por ende, a doctrinas que son consideradas fundamentales dentro del cristianismo, así como perícopas, parábolas, citas de los libros canónicos, apócrifos o pseudoepígrafes que han sido usados por los redactores de los libros del NT, en este capítulo el tema ha sido diferente. Aquí hemos hecho una exposición de la literatura cristiana-gnóstica que floreció en los primeros siglos de la era cristiana, especialmente en Egipto. Este capítulo sobre la literatura gnóstica nos ha permitido conocer otro punto de vista sobre las diferentes doctrinas del cristianismo, pero no solo eso, nos ha permitido ver que los gnósticos usaron las mismas fuentes que los redactores de los evangelios canónicos, solo que ellos le dieron un interpretación diferente, a la cual llamamos gnóstica.

El gnosticismo es una mezcla de filosofías griegas -especialmente la platónica- y el cristianismo; defiende que el espíritu es bueno y el cuerpo es malo y que solo a través del conocimiento o gnosis intuitivo o meditativo el ser humano puede alcanzar la salvación e inmortalidad, no mediante el sacrificio expiatorio de Cristo. En este sentido, niegan la deidad de Cristo y todo lo relacionado con la doctrina pétrea de la trinidad,[211] entre muchas otras doctrinas torales de la fe cristiana.

Una vez abordado todo lo relacionado con la literatura gnóstica, es menester centrarse en la formación del canon, porque en definitiva este es el que sanciona qué libro es y qué libro no es sagrado, y ese será nuestro punto de estudio en el siguiente capítulo.

C. Resumen

1. Existen dos tipos de literatura apócrifa del NT: la que es gnóstica y la que no es gnóstica.

2. Para efectos de esta investigación se seleccionaron dos libros no gnósticos como son el Evangelio de los ebionitas, que fue ampliamente rechazado por la Iglesia, y el Pastor de Hermas, que es un libro de carácter apocalíptico que sí fue aceptado por un sector importante de la Iglesia.

3. La literatura gnóstica la clasificamos en tres partes para su estudio: (1) Papiros coptos de Berlín, (2) La biblioteca de Nag Hammadi y (3) Otros evangelios.

4. La literatura gnóstica es un *midrash* particular que hizo un sector de la Iglesia que no siguió la enseñanza de los apóstoles y, como consecuencia, negaron los dogmas esenciales del *kerygma* cristiano.

5. Usaron nombre de los apóstoles o personas importantes para titular sus relatos fantásticos, pero son una verdadera mezcla de filosofía griega con teología cristiana.

211. Además del apóstol Juan, Irineo de Lyon en su célebre libro *Contra las Herejías* combatió al gnosticismo. Para mayor información ver, Ireneo de Lyon. *Contra los Herejes.* Libro III. Exposición de la Doctrina Cristiana. 2.2 Enseñanza sobre los cuatro evangelios. p.156. Citado en https://mercaba.files.wordpress.com/2007/10/contra- los-herejes.pdf. Visto el 4 de Mayo 2018. Ireneo nació en el Asia Menor en el año 130 d.C. Fue discípulo de Policarpo de Esmirna y fue Obispo de la Iglesia en la ciudad de Lyon en el sur de Francia. Para Mayor información ver Ireneo de Lyon, *Contra las herejías. Demostración de la enseñanza apostólica.* Edición y estudio de A. Ropero. Edit. Clie. Viladecavalls. 2008.

Formación del canon de la Biblia

Esta es la etapa más complicada y confusa de todo el proceso para llegar a tener un cuerpo literario al que podamos considerar como sagrado y, por ende, autoritativo que obligue nuestra conciencia y nuestra vida. Utilizamos los calificativos de complicada y confusa porque todo lo que se tiene en este momento es un maremágnum de manuscritos (en adelante MSS), que provienen de una serie de personas -mayormente judíos- que están utilizando una serie de fuentes para efectuar un *midrash* particular. Lo más complicado de todo esto es la proliferación de opiniones de autoridades reconocidas por la Iglesia que reconocen como sagrados ciertos MSS y otras autoridades no los reconocen. En otras palabras: existe desorden y confusión, y le toca a la Iglesia efectuar un trabajo minucioso que determine un *canon* al que todos puedan considerar como sagrado y, por ende, aceptable.

Este capítulo brega precisamente con este tema delicado: identificar aquellos MSS que deben ser incluidos o desechados en el *canon* que la Iglesia debe aceptar. Para desarrollar este capítulo, vamos a abordar los siguientes temas: la necesidad de un canon y la teología de la inspiración vs la canonización.

A. La necesidad de un canon

Por más de doscientos años la Iglesia tuvo que subsistir sin tener un cuerpo literario uniforme que fuera utilizado para su magisterio y ritual de culto. Se considera a Marción como el individuo que hizo el primer intento de crear una lista de libros autoritativos que rigieran la vida de la Iglesia. El intento resultó fallido y Marción fue declarado hereje.[212] Hubo otros in-

---

212. Marción, natural de Sinope (hoy Turquía) llegó a Roma en el 139 d.C., decidió fundar su propia iglesia al ser expulsado de la comunidad cristiana a la que concurría en al año 144 d.C. Marción sostenía una herejía de origen gnóstico en la cual diferenciaba el Dios revelado en el Nuevo Testamento del Dios del Antiguo Testamento, siendo el primero misericordioso y benévolo a diferencia del Dios de Israel al que entendía como el de justicia, señor del mundo en el que había impuesto la ley y el temor. Consideraba al cristianismo como la sustitución del judaísmo y no como su cumplimento. Para más información ver González, Justo. *Historia del Cristianismo*. Edit. Unilit. USA. 1994. P. 79–80.

tentos en diversas áreas del imperio, pero nunca hubo consenso general de la Iglesia sobre un tema tan importante como lo es el canon de la Biblia.

En este apartado será objeto de estudio la necesidad de la Iglesia de tener un cuerpo literario autoritativo. Para lograr el objetivo, estudiaremos la proliferación de la literatura cristiana y los criterios de discernimiento para hacer el canon del NT.

1. La proliferación de literatura cristiana

Ya el prólogo del libro de Lucas claramente señala que ...*muchos han intentado hacer un relato de las cosas*... lo que indica que había una nutrida cantidad de escritos, y esto era lógico, pues la Iglesia los necesitaba para desarrollar su culto y ejercer sus funciones magisteriales y ministeriales. Entre esos escritos estaban los relatos de la vida de Jesús que circulaban entre las diversas iglesias de aquella época y que hoy se conocen como evangelios apócrifos. Ya en el siglo segundo Ireneo de Lyon abogaba por los cuatro evangelios[213] que tenemos el día de hoy, a los cuales consideraba como los pilares de la Iglesia, sin embargo, condenaba el evangelio gnóstico de Judas por considerarlo espurio.

El primero en escribir documentos que después la Iglesia iba a canonizar fue el apóstol Pablo,[214] quien a raíz de su agitado ministerio misionero por el Imperio romano, se vio en la necesidad de escribir una serie de documentos, muchos de los cuales se perdieron, ya sea porque la Iglesia nunca los consideró como autoritativos o porque simplemente estuvieron en el tapete de la discusión.[215]

213. Ver Ireneo de Lyon. *Contra los Herejes*. Libro III. Exposición de la Doctrina Cristiana. 2.2 Enseñanza sobre los cuatro evangelios. P.156. Citado en https://mercaba.files. wordpress.com/2007/10/contra-los-herejes.pdf. Visto el 4 de Mayo 2018. Para mayor información ver González, Justo. *Historia del Cristianismo. Op. cit.* P. 88 y ss.

214. Algunos eruditos sitúan a Gálatas en el año 48 o 49, previo al Concilio de Jerusalén, es decir, unos 30 años antes que se escribiera el primer evangelio o cualquier otro documento que haya sido canonizado. Esto significa que la carta a los Gálatas pudo haber sido el primer documento del canon escrito. Entre los eruditos que sostienen esta fecha está Tenney, Merrill C. *Nuestro Nuevo Testamento. Un Estudio Panorámico del Nuevo Testamento. Op. cit.* P. 320-321. Gundry, Robert. *A Survey of the New Testament. Op. cit.* P. 346. Cuando expone la teoría de que los destinatarios eran las iglesias de Galacia del sur, se decanta por una fecha temprana, previa al Concilio de Jerusalén, aunque reconoce también una fecha tardía si los destinatarios eran iglesias de Galacia del norte.

215. Por ejemplo, las cartas perdidas a los Corintios. En I de Corintios 5:9 se lee: ... *os he escrito por carta que no os juntéis con los fornicarios*... la pregunta obvia es ¿dónde esta esa carta a la que se refiere Pablo? Por otro lado, cuando leemos la trama de II de Corintios nos vamos a encontrar con dos hechos no registrados en los libros canónicos, primero un viaje doloroso de Pablo a Corinto y luego una carta dolorosa perdida a la que hace referencia en II de Corintios 2:4 ... *Les escribí con gran tristeza y angustia de*

A todo esto hay que sumarle la proliferación de literatura gnóstica, organización religiosa que produjo toda clase de documentos con su interpretación particular del cristianismo y que, sin lugar a dudas, causó mucha confusión entre las iglesias de aquella época.[216]

En fin, la producción literaria fue abundante, de manera que toda esta malgama de libros y cartas provocó confusión en la Iglesia, por lo que canonizar un cuerpo literario se volvió un imperativo insoslayable.

2. Criterios de discernimiento para hacer el canon del NT

La canonización de un cuerpo literario no era un trabajo fácil, requería del discernimiento de los líderes religiosos de aquella época, los cuales tenían la sagrada responsabilidad de seleccionar los libros y las cartas que iban a formar el canon del NT, que a su vez iba a tener repercusiones para la eternidad.

Los libros de textos tanto del AT[217] como del NT[218] en el capítulo que corresponde al canon señalan los criterios para determinar la autoridad de un escrito. Entre los típicos criterios que encontramos en estos manuales están los siguientes: 1) el idioma, 2) que haya sido escrito por una persona reconocida, 3) que no contenga errores teológicos, 4) que sea aceptado por el liderazgo de la Iglesia, entre otros.

Si analizamos cuidadosamente estos criterios nos vamos a dar cuenta que no se pueden aplicar en su totalidad a todos los libros que conforman el NT. Para entenderlo de una mejor manera veamos lo siguiente: 1) El idioma del manuscrito. Se ha dicho hasta la saciedad que el NT se ha escrito en griego, lo cual no es cierto. Los judíos hablaban arameo, por lo tanto, algunos de los evangelios y otros escritos fueron escritos en el idioma hebreo que era el idioma religioso, o en arameo, que era el idioma que hablaban en casa, lo que significa que sus escritos tuvieron que haber sido traducidos posteriormente a la *lingua franca* de aquella época, que era el griego. En resumen: no importa el idioma en el que se haya escrito el texto original. 2) El segundo criterio señala que haya sido escrito por una perso-

---

corazón, y con muchas lágrimas, no para entristecerlos, sino para darles a conocer la profundidad del amor que les tengo. El contexto de esta carta no encaja con I de Corintios, pero sí encaja a la perfección con la carta perdida llamada por los eruditos, la Carta Dolorosa. Cfr. Gundry, Robert. *A Survey of the New Testament. Op. cit.* P. 370.

216. Ver *Supra* Capítulo V, letra B.

217. Archer, Gleason. *Reseña Crítica de una Introducción al Antiguo Testamento.* Moody Bible Institute. USA, 1987. P. 71 y ss.

218. Tenney, Merrill C. *Nuestro Nuevo Testamento. Un Estudio Panorámico del Nuevo Testamento. Op. cit.* P. 471 y ss.

na reconocida, pero en el caso de algunos Evangelios no sabemos quiénes fueron sus escritores. En el caso específico de Marcos, se cree que fue Papías quien señaló a Marcos como el autor de este Evangelio,[219] esto ya en el segundo siglo. Existen escritos que son anónimos, como la carta a los hebreos y no por eso deja de ser autoritativo. 3) El otro criterio nos señala que no contenga errores teológicos, que al final de cuentas es el criterio clave para determinar la autoridad de un libro. Llegar a esta conclusión requiere todo un exhaustivo trabajo de análisis a la luz de todas las Escrituras, pues de lo contrario sería caótico para la Iglesia. 4) El último requisito es también de capital importancia, la aceptación por parte de la Iglesia. La *vox populi* es sumamente importante en todo este proceso. En este punto hay que tomar en cuenta que hubo una serie de escritos, como *El Pastor de Hermas*, que tenían la simpatía del pueblo, sin embargo, no fueron canonizados por haber evidencias internas de falta de autoridad.

Una vez demostrada la necesidad de tener un canon, el siguiente tema a discutir es lo relacionado a una teología de la inspiración, la cual hay que entender en el contexto de la canonización, de ahí la yuxtaposición: inspiración vs canonización.

B. La teología de la *Inspiración vs la Canonización*

En el desarrollo de todo este tratado hemos llegado a uno de los puntos teológicos más importantes, como es la teología de la inspiración y la canonización. Siguiendo II de Timoteo 3:16 la Iglesia tradicionalmente ha afirmado que toda Escritura es inspirada o soplada por el Espíritu Santo y que luego la Iglesia, siguiendo unos criterios y un proceso, ha canonizado esos escritos que han sido inspirados.

Ahora bien, lo anterior nos suscita una serie de interrogantes como: ¿qué es lo que le da el carácter de sagrado a un escrito, la inspiración o la canonicidad?, ¿se quedaron libros inspirados fuera del canon?, ¿se podría incluir algo nuevo en el canon?

219. No sabemos quién escribió este libro, pues no puso su nombre al principio ni al final, pero sabemos que quiso titularlo «Evangelio de Jesucristo» (Marcos 1:1). Alguien, a mediados del siglo II d.C. (es decir, unos ochenta años después, aproximadamente, de su publicación) insertó al inicio dos simples palabras: *kata Markon*, es decir, «según Marcos». Posiblemente, quien puso ese título sabía que el autor se llamaba Marcos, pero eso no nos ayuda mucho, pues Marcos era un nombre latino bastante común de aquel tiempo (como hoy sería Juan o Francisco). Más tarde, a partir del testimonio enigmático de un autor llamado Papías, se ha pensado que ese Marcos era un compañero de Pedro o de Pablo (o de los dos: cf. Hch 12:25; 15:37; Flm 24; Col 4:10; 2 Tim 4:11; 1 Ped 5:13). Pero no es fácil probarlo, de manera que la mayor parte de los investigadores renuncian a fijar mejor la identidad de «Marcos», autor del evangelio que hoy lleva su nombre. Ver Pikasa, Xabier. *Comentario al Evangelio de Marcos*. Edit. Clie. Viladecavalls. España. 2013. P. 20.

Para el desarrollo de este interesante tema es de fundamental importancia que definamos qué es inspiración y cuáles deben ser los criterios para determinar la inspiración de un escrito y a su vez diferenciar el concepto inspiración del concepto canonización.

1. Inspiración vs Canonización

Inspiración es una doctrina cardinal no discutible del cristianismo. Para los cristianos la doctrina de la inspiración no es una hipótesis, una teoría o un pensamiento exótico, sino un hecho innegociable. Viene de la palabra gr. *Pneistos* que significa viento o soplo, de ahí que la traducción literal de II Timoteo 3:16 sea *soplada por Dios,* dando a entender que la Palabra Escrita tiene un origen divino, no humano, pero como Dios respeta el contexto sociocultural del hagiógrafo, su personalidad, sus virtudes y sus defectos, la definición esencial más plausible de inspiración es: *la capacidad que Dios dio al hagiógrafo para escribir sin error.* [220]

La definición es importante, pero no resuelve el problema porque necesitamos saber si un escrito es inspirado o no. Tenney da tres criterios para hacerlo: (1) que la inspiración pueda comprobarse por su contenido intrínseco, (2) que la inspiración pueda comprobarse por sus efectos morales y (3) que la inspiración se demuestre por el valor que la Iglesia le conceda a los escritos.[221] El primero tiene que ver con la unidad y coherencia que debe haber en todo el mensaje, que en este caso gira alrededor de la personalidad de Jesucristo y de la doctrina de la fe cristiana.[222] El estudio de los libros canónicos del NT desmuestra la existencia de este criterio. El segundo criterio es lógico, el cristianismo más que palabras es ética, la forma en que un indviduo debe conducirse. Este es uno de los puntos revolucionarios, primero de la religión judía y luego del cristianismo: la simbiosis entre religión y ética; fue un concepto revolucionario porque en la

---

220. Zaldívar, Raúl. *Teología Sistemática desde una Perspectiva Latinoamericana. Op. cit.* P. 133.

221. Tenney, Merrill C. *Nuestro Nuevo Testamento. Un Estudio Panorámico del Nuevo Testamento. Op. cit.* P. 473.

222. Una de las razones por las cuales hubo problemas para que la Iglesia reconociera la Epístola de Santiago como una carta inspirada era por la declaración que esta hace en el 2:17 … *así también la fe, si no tiene obras, es muerta en sí misma* que aparentemente contradice a la teología paulina que es enfática y contundente en afirmar que … *porque por gracia sois salvos por medio de la fe; y esto no de vosotros, pues es don de Dios; no por obras, para que nadie se gloríe… (Efesios 2:8-9).* Esta aparente contradicción rompe con el primer criterio para sancionar la inspiración de un escrito, que es la coherencia y la unidad teológica. El estudio crítico del pasaje nos lleva a una hermenéutica conciliadora, pues nos revela que los autores están hablando de temas diferentes, por lo tanto pueden llegar a conclusiones distintas sin que afecten el criterio de la coherencia y unidad que debe haber en la totalidad del texto.

religión pagana del mundo grecorromano estos eran conceptos divorciados. Así que un elemento clave para reconocer la inspiración de un escrito es que este tenga el poder intrínseco de producir cambios conductuales en el individuo. El tercer criterio tiene que ver con el reconocimiento tanto expreso como tácito de la Iglesia, ya sea usando en su liturgia y magisterio el escrito o una simple declaración de un obispo.[223] Esta práctica es la que crea conciencia que es sumamente útil e importante al momento en que un concilio de obispos se reúne para reconocer los escritos inspirados.

Una vez definido qué es inspiración y cuáles son los criterios de formación, es momento de discurrir sobre una serie de aspectos que son torales en este tema. Lo primero que cabe señalar es que no existiría el canon si no hubiese libros inspirados[224] y viceversa, no habría libros inspirados sin canon *i.e.* que siempre existiría la necesidad que un cuerpo de la Iglesia, como un concilio, los sancione como inspirados. Hasta aquí el asunto está confuso y crea *ipso facto* una incógnita que intentaremos despejar con la siguiente argumentación:

1. Cuando el redactor final de Mateo o Marcos, por mencionar algunos, terminaron sus escritos, no tenían la conciencia de que su relato iba a ser considerado como sagrado y canonizado por la Iglesia para ser utilizado en el magisterio cristiano hasta el final de los tiempos.

2. Lucas, por ejemplo, nos dice que su relato fue escrito a un tal Teófilo. Su objetivo no era escribir un relato que fuera parte de un canon sagrado, sino para ilustrar a Teófilo acerca *de la verdad de las cosas en las cuales has sido instruido.*

3. El Apóstol Pablo escribe I de Corintios para enfrentar toda una problemática eclesial que necesitaba ser tratada. Escribe a los tesalonicenses para contrarrestar una herejía relacionada con la *parusía del Señor.* Escribe a los filipenses para agradecer a sus discípulos por una ofrenda que estos habían enviado hasta la carcel de Roma don-

---

223. Aunque este criterio es importante no es determinante. Por ejemplo, hubo escritos que tuvieron el reconocimiento de la Iglesia e incluso aparecen en algunos códices como parte del canon, pero que al final no fueron canonizados. Un ejemplo de eso es *El Pastor de Hermas,* que padres de la Iglesia como Tertuliano e Ireneo de Lyon lo consideraron como Escritura y en el Códice Sinaítico de Tischendorf aparece como parte del canon. El Código Muratori decía que podía leerse.

224. Esta declaración hay que entenderla en su contexto, pues hay cánones dentro del cristianismo que contienen libros que no se consideran inspirados *v.g.* tanto el canon alejandrino de la Iglesia Católica como de la Iglesia Ortodoxa se reconoce los libros que la Iglesia Protestante cataloga como apócrifos y que ellos llaman deuterocanónicos como Tobías, Judit, Baruc, *inter alia.* La Iglesia Ortodoxa acepta como inspirados libros que nadie más acepta, como: La Oración de Manasés, Salmo 151, I Esdras, III y IV de Macabeos.

de él se encontraba, y así, en ese orden. Pero nunca Pablo escribió con la conciencia de que estuviera escribiendo la literatura que iba a formar el canon de la Iglesia.

4. Lo anteriormente dicho nos lleva a una conclusión: es la sanción de la Iglesia, primero a través de un proceso de creación de conciencia de cuáles son los libros inspirados y luego el reconocimiento por un concilio de la inspiración de dichos escritos. En palabras sencillas: si los obispos de la Iglesia no reconocen un escrito como sagrado, este no lo es y no lo será aunque lo sea.[225]

5. Sin duda, existieron o existen[226] documentos con contenido verdadero sobre dichos o hechos de Jesús que perfectamente pudieron haber servido de fuente para escribir un documento o relatos que pudieron haber sido sancionados como sagrados. El dicho de Jesús ...*más bienaventurado es dar que recibir...* que no aparece en ningún relato inspirado, es una prueba de la circulación de fuentes que pudieron dar lugar a otros relatos o ampliar los que ya tenemos. Con esta aseveración lo que queremos indicar es que, en efecto, se quedaron muchas cosas fuera que eran fuentes que pudieron haber servido para redactar documentos que pudieron haber sido considerados como sagrados, empero ... *estas se han escrito para que creáis que Jesús es el Cristo...* y lo que se ha escrito es suficiente y más que suficiente.

6. Lo que sí es cierto es que, aunque tengamos hoy en día fuentes verdaderas sobre dichos y hechos de Jesús -que lo más seguro es que las tenemos- las condiciones no existen y nunca existirán para escribir un relato o un documento que la Iglesia llegue a considerar como inspirado. Recordemos que cuando los primeros relatos y documentos empezaron a circular en la Iglesia cristiana, muchos testigos oculares estaban aún vivos y podían dar testimonio de lo ocurrido. La segunda generación de aquella época recibió directamente de sus padres aquella tradición y fueron testigos del desarrollo de ese fenómeno literario hasta ver formado un consenso general de los escritos que la Iglesia reconocía como Palabra auténtica de Dios.

225. El concilio de Jerusalén del año 50 es el prototipo de todos los concilios y es el patrón que Dios mostró a la Iglesia de cómo esta debía fijar su doctrina y su ética. La Iglesia ha sido fiel a esto, primero para fijar el tema de la cononicidad de los escritos que circulaban en aquellos días y después para fijar las doctrinas pétreas sobre las cuales iba a cimentarse la Iglesia cristiana, estamos hablando de los concilios ecuménicos del S IV.

226. Al decir existen, nos referimos a los innumerables documentos descubiertos que contienen información fidedigna de dichos y hechos de Jesús, así como de doctrinas que pudieron haber sido mejor desarrolladas en el canon que actualmente tenemos.

En resumen: sería imposible hoy en día la redacción de un documento que fuera considerado por la Iglesia como inspirado simplemente porque las condiciones que se dieron en el primer siglo -y a las cuales ya nos hemos referido en el párrafo anterior- son sencillamente irrepetibles.

En el siguiente apartado veremos el tema de la autoridad o el papel de un concilio al momento de considerar la calidad de sagrado de un escrito.

2. La autoridad del concilio de la Iglesia

Por otro lado, al conjunto de esos libros aceptados como inspirados se le llama *Canon*, de ahí que una definición sería: *"Conjunto de libros que han sido considerados por la Iglesia como divinamente inspirados y que deben ser tomados como norma de fe y conducta"*.[227] El establecimiento del canon del NT es el resultado de un proceso de varios siglos y, para su mejor compresión, debemos ver dos realidades: la listas formales y los concilios.

Listas formales

La primera lista formal de los libros canónicos la hizo un tal Marción[228] en el año 140 d.C. Seleccionó a Lucas con su evangelio solo eliminando los primeros dos capítulos y utilizó 10 epístolas de Pablo, excluyendo las pastorales y Hebreos. Su lista comenzaba con Gálatas y seguía con I y II de Corintios, Romanos, I y II de Tesalonicenses , Efesios (a la cual llamaba Laodicenses), Colosenses, Filipenses y Filemón. La lista de Marción provocó una reacción de la Iglesia en su contra porque él dejó una serie de libros que eran considerados canónicos por fuera.

La segunda lista en importancia en aparecer fue el canon Muratori[229] que, si bien es cierto es un documento que se encontró en el s. VII, es una redacción que data del año 170 d.C. Comienza con el libro de Lucas, que en el fragmento se le llama "el tercer evangelio", luego sigue Mateo y Marcos. Juan sigue con una referencia a la primera epístola de Juan. Los Hechos, I y II de Corintios, Efesios, Filipenses, Colosenses, Filemón, I y II de Timoteo, Judas, II y III de Juan y el Apocalipsis. Rechazó las epístolas de Pablo a los

227. Zaldívar, Raúl. *Teología Sistemática desde una Perspectiva Latinoamericana. Op. cit.* P.139.

228. Era un hombre muy rico pero que sucumbió ante el dualismo gnóstico y tuvo que ser excomulgado de la Iglesia. Para más información ver González, Justo. *Historia del Cristianismo. Op. cit.* P. 79. Ver supra, nota 212.

229. Geoffrey M. Hahneman, "The Muratorian Fragment and the Development of the Canon." *Oxford Theological Monographs*; Oxford: Oxford University Press, 1992. P 17 y ss.; Schnabelthe, Eckhard j. "Muratorian fragment: the state of research" *Journal of the Evangelical Theological Society.* 57/2 (2014) 231-64.

Laodicenses y Alejandrinos. Pone el Apocalipsis de Pedro en el mismo nivel que el de San Juan, aunque reconoce que no todos en la Iglesia aceptan el Apocalipsis de Pedro. No menciona a Santiago, Hebreos y las epístolas de Pedro.[230]

Hubo otras listas, pero para efectos de esta investigación mencionaremos la lista de Atanasio[231] para terminar. Esta lista comprende los 4 evangelios, el libro de los Hechos, Santiago, I y II de Pedro, I, II y III de Juan, Judas, Romanos, I y II de Corintios, Gálatas, Efesios, Filipenses, Colosenses, I y II de Tesalonicenses, Hebreos, I y II de Timoteo, Tito, Filemón y Apocalipsis.

Como se puede observar, es la lista de Atanasio del año 367 d.C, es decir, del cuarto siglo, la que contiene los 27 libros que hasta el día de hoy la Iglesia reconoce como el canon del NT.

Concilios

El libro de los Hechos nos relata el primer concilio celebrado por la Iglesia, y en ese concilio queda establecido que es en este tipo de cónclaves donde se dilucidan los problemas de carácter doctrinal de la Iglesia, es decir, una persona no tiene la autoridad para decidir sobre asuntos de fe, normas o prácticas de la Iglesia, se requiere la reunión de sus líderes, llámese ancianos, obispos, doctores de la Iglesia… no importa. Como consecuencia de la declaración anterior, solo un concilio podía determinar el canon del NT, es decir, un cuerpo de la Iglesia autorizado para ello.

Las listas de libros que algunos obispos formularon son muy importantes,[232] sin embargo no es suficiente, es necesario la sanción de la Iglesia, es decir, el reconocimiento de la inspiración de x o y documento o relato. En este sentido, hubo tres concilios muy importantes que a continuación se mencionan: (1) El Concilio de Laodicea que se llevó a cabo en el

---

230. Tenney, Merrill C. *Nuestro Nuevo Testamento. Un Estudio Panorámico del Nuevo Testamento. Op. cit.* P. 481.

231. Atanasio era un Obispo de Alejandría considerado padre de la Iglesia. Se opuso a la herejía de Arrio que negaba la deidad de Jesucristo. Acudió a Nicea al primer gran concilio ecuménico de la Iglesia como compañero y diácono del entonces patriarca de Alejandría y contribuyó a definir la consubstancialidad del Padre y del Hijo. Para más información ver González, Justo. *Historia del Cristianismo. Op. cit.* P. 185.

232. En el año 367 el Obispo de Alejandría, Atanasio se refirió a un conjunto de escritos cristianos como autoritativo. Él se refirió a esa lista como canonizada en el sentido que dichos escritos eran aceptados por la Iglesia de aquella época. En esa lista había 27 libros que corresponde a los 27 que tenemos en el canon actual. Se cree que esta es la más antigua referencia que tenemos de la lista de libros que forman el NT. Ver Freeman, Charles. "Creating a New Testament." In *A New History of Early Christianity*, 97-110. Yale University Press, 2009. P. 97-110.

año 363 d.C. en la ciudad del mismo nombre. En realidad fue un concilio de la región de Frigia, Asia Menor, donde se determinó que solo los libros canónicos debían leerse en la Iglesia. (2) El Concilio de Cartago del 397 d.C. en la ciudad africana de Cartago. Aquí se reconocieron 27 libros del canon del NT y se decretó que solo estos libros debían leerse en la Iglesia. (3) El Concilio de Hipona en el año 419, donde se decretó lo mismo y se reconoció la misma de lista de 27 libros.[233]

Lo curioso es que en un tema tan trascendental para la Iglesia como es el canon del cuerpo literario judeocristiano no hubo un concilio ecuménico *ad hoc* como los concilios ecuménicos de que nos habla la historia en los cuales la Iglesia se reunió para fijar los dogmas pétreos de su cuerpo doctrinal. En el caso específico del canon judeocristiano, lo que hubo fue concilios regionales como los que tuvieron lugar en África[234] y en otros lugares del imperio.[235] La Iglesia Ortodoxa[236] en el Concilio de Trulo[237] celebrado en el año 692 d.C. simplemente endosó la lista de libros que por la *enveterata consuetudo* la Iglesia venía utilizando. La Iglesia Católica romana reconoció oficialmente la lista de 27 libros hasta en el Concilio de Trento.[238]

233. Cfr. Tenney, Merrill C. *Nuestro Nuevo Testamento. Un Estudio Panorámico del Nuevo Testamento. Op. cit. P.* 483.

234. Como los que se mencionaron de Cartago e Hipona

235. Uno de esos concilios fue el de Laodicea (Hacia el año 360) y el decreto Gelasino (del 495), hoy no se consideran autoritativos, por lo tanto no representan decisiones oficiales de la Iglesia. Se trata de simples catálogos privados que reflejan la opinión de sus autores. El primero, consigna un canon incompleto de los libros del AT y del NT (faltaba Apocalipsis) el Segundo tiene que ver con un catálogo de libros que se consideraban auténticos, así como obras apócrifas o interpoladas y libros proscritos de los herejes, publicado por el Papa Gelasio en un sínodo romano. Ver Tábet, Miguel Ángel. *Introducción a la Biblia Hebrea.* Edit. Palabra. España. 2003. P. 208. El autor ostenta dos doctorados, uno en teología y el otro en filología bíblica. Es profesor de la Universidad de la Santa Cruz en Roma.

236. Jugie, Martin. "Le canon de l'Ancien Testament dans l'église byzantine" *Echos d'Orient* n° 64 Mai 1907. En este artículo el señor JUGIE nos dice: *la doctrine des théologiens russes sur le canon de l'Ancien Testament, et montra que ces derniers refusaient la canonicité et l'inspiration aux Deutérocanoniques.* Que los teólogos ortodoxos rusos no aceptan ni la inspiración ni la canonicidad de los libros deuterocanónicos.

237. Este concilio fue convocado por el emperador Justiniano II en el año 692 d.C.

238. El Concilio de Trento fue celebrado en la ciudad de Trento en el s. XVI como una reacción a la Reforma Protestante de Martín Lutero. Además de fijar la dogmática de la iglesia se sancionó el tema del canon de libros que la Iglesia Católica iba a reconocer. En ese sentido se recomienda: Vosté, James M. "The Vulgate at the Council of Trent." *The Catholic Biblical Quarterly* 9, no. 1 (1947)P. 9-25. Pascoe, Louis B. "The Council of Trent and Bible Study: Humanism and Scripture." *The Catholic Historical Review* 52, no. 1 (1966) P. 18-38.

A pesar que ya en el siglo V d.C. la Iglesia tenía claro cuál era el canon del NT, la Iglesia Católica tuvo que esperar hasta el Concilio de Trento en el s. XVI para reconocer los libros, tanto del canon del AT como del NT. Esto fue así por la escalada protestante en Europa que no reconocía algunos libros del canon de la iglesia romana, por lo cual esta se vio obligada a oficializar el canon de ambos testamentos que hasta ese momento solo había un reconocimiento *de facto* y no *de jure*. Sobre este tema el erudito profesor Tábet indica:

> *En la sesión del 8 de abril de 1546, en el decreto "De libris sacris et de traditionibus recipiendis", el concilio definió semel pro sempre el canon de los libros sagrados. La lista se introduce con las siguientes palabras: El Concilio estima deber suyo añadir junto a este decreto el índice de los libros sagrados, para que a nadie pueda caber duda de cuáles son los libros que el Concilio recibe...*[239]

En esta declaración, el Concilio de Trento determinó que el canon judeocristiano estaba compuesto por aquellos libros que aparecen en la Vulgata Latina de Jerónimo,[240] haciendo de esta manera un reconocimiento tácito que fue este insigne hombre el que fijó el canon, no solo del NT sino del AT, lo que tiene sentido puesto que Jerónimo se trasladó a Israel donde pasó largos años efectuando la traducción de la Biblia de sus idiomas orignales al latín. Jerónimo no solamente tradujo, sino que hizo un trabajo de investigación en la escena de los acontecimientos para asegurarse que los libros que traducía eran aquellos que históricamente fueron considerados como sagrados. Lo que el Concilio de Trento hace es simplemente ratificar o endosar el exhaustivo trabajo que Jerónimo había hecho años antes. El canon fue ratificado posteriormente en los Concilios Vaticano I y II respectivamente.

239. Tábet, Miguel Ángel. *Introducción a la Biblia Hebrea. Op. cit.* P. 209.

240. La labor erudita de San Jerónimo constituye, sin duda, el momento más importante en la historia de la Biblia Latina; es el tránsito de una versión, la *Vetus Latina* a lo que se conoce como la Vulgata Latina. Esta última sustituyó a la primera. La historia de la Vulgata desde sus comienzos, hasta aproximadamente la Edición Sixtina en el siglo XVI, constituye en sí misma un conjunto de correcciones, revisiones y esfuerzos de unificación del texto y sigue el siguiente proceso: 1) Nacimiento de la *Vulgata* a partir de la labor de San Jerónimo en su doble faceta: traductor y revisor. 2) La reforma carolingia, con los intentos de mejora del texto de Alcuino y Teodulfo de Orleans. 3) Los intentos de corrección del texto de los siglos XI y XII, tributarios en gran parte de los anteriores. 4) El proceso unificador de la Biblia de París en el siglo XIII. Finalmente, la labor unificadora del Concilio de Trento, que supone el espaldarazo final a la *Vulgata* y a su aceptación como texto íntegro de la Iglesia Católica. Para más información se recomienda leer al erudito profesor Cañas Reíllo, José Manuel. "La Transmisión del Texto Latino." *De Roma al Siglo XX.* Vol. 1, 1996. P. 205-212.

En lo que a la Iglesia Protestante se refiere, esta siguió el mismo canon griego de la Iglesia Católica, de manera que tanto Martín Lutero con su versión en el alemán popular como Casiodoro de Reina con su versión castellana llamada la Biblia del Oso, publicada en el año de 1569 en Ginebra, Suiza, incluyeron los libros deuterocanónicos.[241] La Biblia del Oso fue revisada por Cipriano de Valera. A esta revisión se la llamó la Biblia del Cántaro y fue publicada en Amsterdan en el año 1602 e incluyó también los libros deuterocanónicos, pero agrupados antes del NT, siguiendo la pauta establecida en la versión alemana de Martín Lutero. La revisión publicada por la imprenta de la Universidad de Oxford y llamada Antigua Versión de Cipriano de Valera hecha por Lorenzo Lucena Pedrosa en 1862[242] fue la primera versión que no incluyó los libros deuterocánicos. Como muy bien puede verse, fue la gente involucrada en esta revisión la que definió el canon protestante en el idioma castellano. A partir de ese momento, las siguientes versiones del 1909, 1960, 1995, *inter alia*, ya no tenían los libros deuterocanónicos.

El impacto del cambio de paradigma no tuvo mayor trascendencia por dos factores que son importantes mencionar: (1) porque en aquella época la presencia de la Iglesia Protestante era casi nula en el nuevo continente, así como en España, (2) el analfabetismo en Latinoamérica era simplemente abrumador y, como consecuencia, la gente no estaba en capacidad de entender la diferencia entre una Biblia con deuterocanónicos o sin deuterocanónicos.

Lo que esto quiere decir es que la Iglesia Protestante que surgió en América Latina del seno de la Iglesia Católica creció con la versión Reina Valera de 1909 producida por la Sociedad Bíblica Americana y la Sociedad Bíblica Británica pensando que la versión Reina-Valera era la versión

---

241. La versión del Oso seguía el mismo orden de la Vulgata de Jerónimo y contenía los siguientes libros deuterocanónicos: Oración de Manasés, III y IV de Esdras, Tobías, Judit, Sabiduría, Eclesiástico, Baruc con la Carta de Jeremías, I y II de Macabeos. Las adiciones a Ester se imprimieron al final del libro con una nota de no hallarse en el texto hebreo. En cuanto a las adiciones de Daniel, la oración de Azarías y el cántico de los tres jóvenes se inserta después del 3:23 con la advertencia de no hallarse en los originales hebreos, sino en los griegos. La historia de Susana y la Historia de Bel y el Dragón van, como en la Vulgata, al final del libro, formando respectivamente los capítulos 13 y 14, con una nota de advertencia al final del capítulo 12. Cfr. Báez Camargo, G. *Breve Historia del Canon Bíblico*. Ediciones Luminar. México, 1980. P. 66 -67.

242. En esta dirección se puede ver la versión digitalizada de 1862 hecha por Lorenzo Lucena Pedrosa.

https://books.google.cl/books?id=BkFbAAAAQAAJ&printsec=frontcover&source=gbs_ge_summary_r&cad=0#v=onepage&q&f=false. Visto el 5 de Mayo del 2018.

protestante sin los libros deuterocanónicos, cuando la verdad era otra.[243] En la época en la vivimos actualmente, un cambio de paradigma como este no se hubiera podido dar, tenemos una Iglesia bien establecida y beligerante que plantaría cara. Esto lo podemos ver, *mutatis mutandis* con la Nueva Versión Internacional, que aún existe un sector de la Iglesia que la sataniza y defiende a pies juntillas a la Reina-Valera en cualquiera de sus versiones, simplemente porque el paradigma está bien enquistado en la conciencia colectiva de la Iglesia, que es reacia a los cambios. En síntesis: la Iglesia actual nunca aceptaría ver los libros deuterocanónicos en la Reina-Valera aun cuando estos estuvieron allí por casi trescientos años.

3. La confiabilidad del canon

Esta es, en realidad, la pregunta que debemos contestar: ¿es realmente confiable el canon que tenemos?¿Incluyeron todos los libros que había que incluir? ¿Existe dentro de nuestro canon algún libro que no debe estar? El hecho que la lista de libros canónicos varíe entre los tres sectores cristianos existentes ¿hace que el canon no sea confiable? Todas estas preguntas son legítimas y la generación que se ha levantado va a hacérnoslas y nosotros tenemos la responsabilidad de darlas y saber de antemano que no aceptarán cualquier respuesta, tendrá que ser una coherente y científicamente argumentada. Así que es menester efectuar nuestro trabajo y dar una contestación válida que demuestre la confiabilidad del canon. Para discurrir sobre este tema vamos a contestar las preguntas que hemos formulado anteriormente siguiendo un orden lógico.

¿Se Incluyeron todos los libros que había que incluir?

La respuesta no puede ser un simple sí o un simple no, más bien, lo correcto sería las dos cosas, sí se incluyeron y no se incluyeron. Obviamente, tal afirmación viola uno de los principios de la lógica aristotélica: la no contradicción. Sin embargo, es la respuesta correcta. Sí se incluyeron todos

---

243. Uno de los mitos con los que hemos crecido en la Iglesia Protestante es que la Biblia protestante es la versión de Casiodoro de Reina de 1569 y revisada por Cipriano de Valera en 1602 que no tiene los libros deuterocanónicos que tiene la Biblia católica. En la nota de pie 25 de su libro *Breve Historia del Canon,* don Gonzalo Báez Camargo relata algo muy interesante: *Aprovecho la oportunidad para hacer una importante rectificación a lo asentado en mi libro .... en la nota 20 dije que versión Reina-Valera desde el principio no contenía los apócrifos del Antiguo Testamento. Fue una afirmación desafortunada. A la fecha de escribir ese libro no había tenido yo la ocasión de examinar ningún ejemplar de la Biblia del Oso...* Ver. Báez Camargo, G. *Breve Historia del Canon Bíblico. Op. cit.* P. 68.

los libros que había que incluir, porque lo que tenemos es un cuerpo literario sobre el que hemos construido una dogmática o doctrina suficiente para cumplir con nuestra función ministerial en este mundo, suficiente para ejercer el magisterio cristiano, suficiente para hacer la obra misionera, suficiente para sustentar nuestras vidas por los principios allí contenidos. En realidad no hay un vacío o un área donde nos sintamos desconcertados sin saber qué hacer, a dónde ir o qué pensar. Por otro lado, podemos decir que no se incluyeron todos los escritos, de hecho, los católicos romanos nos acusan a los protestantes de no haber incluido los libros del canon griego. Ahora bien, no nos referimos a esos libros cuando decimos que no se incluyeron todos, nos referimos a cualquier otro documento que circuló en el primer siglo, que la Iglesia usó para su ejercicio litúrgico o magisterial que contenía enseñanzas y principios loables, dignos de ser canonizados.

Para terminar, dejar claro que no era necesario canonizar toda la literatura que cumpliera con los requisitos que exigía la Iglesia, solo bastaba canonizar lo necesario y eso fue lo que ocurrió.

¿Existe en el canon algún libro que no deba estar?

Aquí la respuesta es un categórico no, al menos, en el canon de la Iglesia Protestante. Los libros que allí aparecen son los que deben estar y los que aparecen en el canon griego pueden aparecer siempre y cuando se clarifique, como lo hizo Jerónimo, que tales libros no fueron considerados como sagrados por los judíos de Israel y por lo tanto nunca formaron parte del canon judío, al que los católicos llaman canon abreviado. Lo libros deuterocanónicos del canon griego son muy útiles y beneficiosos para la Iglesia, sabiendo discernir aquello que podemos tomar y aquello que no podemos tomar, porque aun en las leyendas que allí aparecen, *v.g.* las del libro de Judit,[244] podemos extraer enseñanzas importantes para nuestra vida de la misma manera que lo podemos hacer de un libro secular.

¿La variedad en el canon cristiano lo vuelve no confiable?

En lo que al AT respecta, cada sector del cristianismo tiene 3 canónes diferentes. Los católicos y los ortodoxos aceptan una serie de libros que los protestantes no aceptan y libros que los ortodoxos no aceptan de los

---

244. Judit es un heroína judía por excelencia y su argumento nos sitúa en los tiempos de una gran crisis políticoreligiosa. (s. II a.C.) que aquí aparece como lucha universal de *Holofernes* (General de Nabucodonosor, el sirio) contra todos los pueblos de la tierra, entre los cuales se encuentran los judíos, quienes corren el riesgo de ser aniquilados como en la historia de Ester. Para más información sobre esta heroína ver Pikaza, Xabier. *Mujeres de la Biblia. Op. cit.* P. 400 y ss.

católicos. Estas diferencias suscitan un debate álgido alrededor de cuál canon es el verdadero. Pues bien, si vamos a ser honestos con la verdad, los tres cánones contienen perícopas o relatos que podrían ser catalogados como leyendas o mitológicos, *v.g.* en el libro de Judit o Tobías[245] vamos encontrar historias que no hacen clic al sentido común. Pero también vamos a encontrar esto en las perícopas del NT, *v.g.* ...*pero, para no escandalizar a esta gente, vete al lago y echa el anzuelo. Saca el primer pez que pique; ábrele la boca y encontrarás una moneda. Tómala y dásela a ellos por mi impuesto y por el tuyo.* (Mateo 17:27) Este versículo tampoco hace clic al sentido común y por eso ha sido sindicado como mitológico. Otro tipo de problemas que encontramos y podría poner en tela de duda la confiabilidad del libro son expresiones como las que se encuentran II de Macabeos ... *y yo termino aquí mi narración. Si está bien escrita y ordenada, esto fue lo que me propuse. Si es mediocre y sin valor solo eso fue lo que pude hacer...(II Macabeo 15:37-38)* una declaración de esta naturaleza le hace perder autoridad a un escrito que se considera sagrado. Ahora en los canónicos del NT encontramos este pasaje: ... *y a los demás yo digo, no el Señor: Si algún hermano tiene mujer que no sea creyente, y ella consiente en vivir con él, no la abandone.(I de Corintios 7:12)* al igual que la declaración de II de Macabeos, esta crea desconfianza pues ¿por qué hacer algo que expresamente se nos dice que no proviene de Dios sino del punto de vista de un mortal común y corriente? Estos son pequeños ejemplos para demostrar que si lo buscamos, lo vamos a encontrar, ya sea en el canon protestante, o católico romano u ortodoxo. En relación con los libros deuterocanónicos está suficientemente claro que personajes como Jerónimo escribió en su versión latina de la Vulgata que los libros deuterocanónicos no eran parte del canon hebreo de los judíos y personas como Cipriano de Valera llegaron a escribir declaraciones como la siguiente:

Acaben, pues, nuestros adversarios de entender la gran diferencia que hay entre los libros canónicos y los apócrifos, y conténtense de que los hallamos puesto aparte, y no entre los canónicos cuya autoridad es sacrosanta e inviolable.[246]

---

245. Este es un relato de la vida judía en el destierro. Habla de dos familias judías que viven en lugares diferentes. El jefe de una de ellas es Tobit, quien reside en Nínive y hace muchas obras de caridad. En algún momento pierde sus bienes y para colmo queda ciego. Por otro lado, en la ciudad Ecbatana, Sara, hija única, siete veces ve impedida su bodas por un demonio y pide ayuda a Dios igual que Tobit. El ángel Rafael viene en ayuda de ambos. Tobit aconseja a su hijo Tobías que emprenda un viaje a Media quien lo hace acompañado de Rafael sin que este se rebele como tal. En Media, Tobías libera a Sara y se casan. Luego Tobías regresa a Nínive con el ángel Rafael quien sana a Tobit y se rebela.

246. Báez Camargo, G. *Breve Historia del Canon Bíblico. Op. cit.* P. 69.

Es decir, siempre hubo ese tipo de aclaraciones por parte de los traductores en relación con los deuterocanónicos. En definitiva, mientras esté hecha la aclaración, ¿cuál es el problema? Es una literatura altamente provechosa desde los diferentes ángulos, el histórico, el filosófico cristiano, litúrgico y magisterial. En ningún momento esta diversidad pone en entredicho la confiabilidad que debemos tener en el canon bíblico, sea cual sea, siempre que se hagan las aclaraciones del caso.

Con este capítulo cerramos la investigación sobre las fuentes que dieron origen al canon del NT. Dejando claro que inspiración y canon, aunque son dos conceptos diferentes, el uno no puede existir sin el otro. Si hay libros sagrados, debe haber un canon y si hay un canon es porque hay libros inspirados. El *kid* del asunto es ¿cómo reconocer que un documento es inspirado y por lo tanto incluirlo en el canon? Esto es precisamente lo que hemos tratado en este capítulo, los criterios y los tecnicismos que hay que seguir hasta el momento de la sanción eclesial que determina cuáles sí y cuáles no son los libros que son parte del canon.

C. Resumen

1. La proliferación de documentos que circularon en la Iglesia creó la necesidad de sancionar cuáles eran y cuáles no eran sagrados.

2. Existen criterios para determinar si un escrito es sagrado o no es sagrado.

3. Las primeras señales de canonización fueron listas de libros que aparecieron, siendo el hereje Marción el primero en hacer una lista de los libros del NT. La primera persona en hacer una lista de los 27 libros actuales fue Atanasio, obispo de Alejandría.

4. La Iglesia nunca celebró un concilio *ad hoc* para sancionar los libros del canon. Solamente hubo concilios regionales donde solo se reunieron sectores de la Iglesia.

5. La Iglesia Católica definió su canon en el Concilio de Trento del s. XVI reconociendo la Vulgata Latina de Jerónimo.

6. La Biblia protestante siempre incluyó en su traducción de la Biblia los libros deuterocanónicos. Fue hasta la versión de 1862 que ya no lo hizo y desde entonces no aparecen los deuterocanónicos.

7. Aunque existe material fidedigno que es fuente de los libros del canon no se podría escribir un libro inspirado. Las condiciones que se dieron en el siglo uno son irrepetibles.

Conclusiones finales

Después de haber hecho este recorrido por el fascinante mundo de las fuentes que dieron origen a los libros que forman el canon del Nuevo Testamento, corresponde efectuar, capítulo por capítulo, nuestras respectivas conclusiones de cara a tener un conocimiento y poder argumentar de forma científica sobre el tema.

Capítulo I

El *halaká* judío está formado por dos elementos, son a saber, el elemento escrito y el elemento oral. Para los judíos ambos están en la misma categoría y deben considerarse como inspirados y, por lo tanto, vinculantes al ser humano. El elemento escrito se circunscribe a todos los libros del *Tanaj*, en cambio, el elemento oral es a lo que se refiere el NT como *la tradición de los ancianos*. En la controversia entre los judíos y Jesús, quedó suficientemente claro que la tradición oral no está al mismo nivel que la tradición escrita, la declaración de Jesús en Marcos 7:13 lo clarifica ... *Así, por la tradición que se transmite entre ustedes, anulan la palabra de Dios...*

La Iglesia Católica Romana -al igual que la Iglesia Ortodoxa- adoptó el paradigma judío al incorporar la tradición oral como parte de su *halaká*. A raíz de esto, los reformadores reaccionaron plasmando en una de sus cinco *solas* el principio de la *sola scriptura*, donde dejaran claro que solo los libros del canon pueden ser fuente para normar la vida de los creyentes y de la Iglesia.

La tradición oral es un muy importante dentro de un grupo religioso, esto lo entendemos, y es de utilidad que esta exista; el problema con la tradición oral es que esta no se puede elevar al mismo nivel que la tradición escrita. La tradición oral debe irse formando según los contextos donde las personas vivan y debe consensuarse culturalmente, pero no debe ser una ley de aplicación general, sino particular.

En el PI surgieron tres escuelas de pensamiento, como las llamaba Flavio Josefo, y son a saber, los fariseos, los saduceos y los esenios. Cada una de ellas tenía su *halaká* que sirvió de fuente para que los escritores del NT redactaran sus escritos, dando como resultado la teología cristiana que nosotros tenemos el día de hoy.

Los fariseos reconocieron un canon que dividieron en tres partes: la *Torah*, los libros del *Nəḇî'îm* y los libros del *Ketuvim*. A la par de los libros canónicos, desarrollaron toda una interpretación de la tradición escrita que con el tiempo codificaron en un libro que se llamó el *Mishná*, y que junto con la Gemara formó el Talmud. Esto ocurrió ya en el s II d.C.

Los judíos, muchos de ellos ligados con los fariseos, fueron los protagonistas de una impresionante producción literaria en la que no solamente están los libros canónicos del AT, sino los deuterocanónicos y pseudoepígrafes. Todo esto ocurrió en el período que la historia conoce como el PI; tiempo en el que también se desarrolló una teología que sentó las bases de la teología cristiana consagrada en los libros del canon del NT.

Hablando de los saduceos, estos no desarrollaron ningún cuerpo literario como las otras escuelas judías y se centraron en la *Torah* revelada por Dios a Moisés. A raíz de la limitación a la que ellos mismos se sometieron, sus concepciones teológicas eran estrechas y heréticas. En el NT tenemos un pasaje donde Jesús corrige su error y nos muestra cómo el no aceptar la revelación de Dios en su plenitud los condujo a errores teológicos que al final les pasó una factura muy importante.

Con la destrucción del segundo templo, los saduceos desaparecieron de la escena religiosa del pueblo de Israel y, sin lugar a dudas, su desaparición se debe al hecho de no tener raíces literarias sólidas y al cese de las actividades del templo, pues este había sido destruido y hasta el día de hoy no existe.

Otra de las escuelas judías importantes de la época fue la de los esenios, que se fraccionaron probablemente de los fariseos y tomaron la decisión de constituirse en una secta que vivió apartada del mundo en las hoy famosas cuevas de Qumrán. Allí ellos estuvieron envueltos en una prolífica actividad literaria que dio como resultado una teología que, sin duda, fue una fuente muy importante para los redactores del NT.

La literatura esenia no se dio en un *vacivus* literario; el hallazgo de los rollos del mar Muerto nos muestra que los esenios poseían en su biblioteca tanto la literatura canónica judía como la literatura deuterocanónica y pseudoepígrafe que fue la base de su *midrash* y, por ende, de su teología.

Al igual que los saduceos, los esenios desaparecieron del mapa por diversas razones, pero una de las causas torales fue el hecho de haberse enclaustrado en un paraje solitario y haberse apartado del mundo; esto los hizo vulnerables a los ataques de los invasores.

Los esenios desarrollaron una literatura propia en base a los libros canónicos, deuterocanónicos y pseudoepígrafes de los que hicieron su propio *midrash* que, sin duda, fue una fuente importante para los redactores de los libros del canon del NT. En esta literatura esenia se habla conceptos torales para el cristianismo como la predestinación, el hombre espiritual vs el hombre carnal, el Mesías, el juicio final, el infierno, el mundo de los ángeles y los llama por su nombre como a Miguel por ejemplo, la actividad del engendro de maldad al que llama Belial. En fin, la conexión que existe entre la teología esenia y la teología cristiana es realmente importante. Los redactores del NT recogieron toda esta teología que también estaba en consonancia con la pseudoepígrafe y pusieron a Jesús en el centro de la misma para crear una teología, que es la teología cristiana.

Al estudiar el *modus operandi* de la redacción de los libros que forman el canon se desvanece el manto de misticismo que a veces un sector de la Iglesia quiere poner sobre ellos, así como el elemento sobrenatural que queremos creer que el texto tiene. El ejemplo del libro de Lamentaciones que aparece en el anexo 3 de esta investigación nos deja claro su humanidad: un redactor inteligente que escribe acrósticos según la costumbre de la época, comenzando cada verso con una letra del alfabeto hebreo y siguiendo un orden desde la primera hasta la última letra. Lo anterior no significa que el resultado no sea Palabra de Dios, lo es, solo que sin los elementos místicos que a veces nosotros le queremos poner de forma gratuita.

Capítulo II

Los libros del NT no surgieron por generación espontanea ni se dieron en un vacío religioso y cultural, y menos en un vacío literario. La literatura deuterocanónica que surge en el PI es una fuente literaria fundamental en la redacción de los evangelios y las cartas contenidas en el NT.

La Iglesia Protestante históricamente les ha llamado libros apócrifos, en esta investigación les hemos llamado libros deuterocanónicos como les llama la Iglesia Católica. La razón es bien sencilla, *libros apócrifos* tiene una connotación peyorativa y expresamente se dice que tales libros no son inspirados y, por lo tanto, es un error que aparezcan en el canon del AT. Lo cierto es que el NT está salpicado de citas, alusiones a narraciones y contiene el fundamento de doctrinas torales del cristianismo como la resurrección de los muertos, por ejemplo. Así que no consideramos justo referimos a este cuerpo literario como apócrifos, lo que tampoco valida *de jure* la inspiración de estos libros.

II de Macabeos es el primer libro en el canon griego que nos habla de la resurrección de los muertos de una forma clara y definida. Las citas que encontramos al respecto nos muestran que estas declaraciones surgen en un contexto de persecución en el cual las personas que están a punto de ser sacrificadas expresan su esperanza de resucitar como un recurso para morir en paz y con esperanza en medio del dolor.

Otro de los temas teológicos expuestos es el de las recompensas, aseverando que los malos al final no se saldrán con la suya, sino que recibirán el justo pago por sus maldades, *a contrario sensu*, los buenos recibirán la recompensa por su fe. Al igual que la doctrina de la resurrección de los muertos, esta teología surge en el contexto de la persecución y sufrimiento del pueblo que necesita de una esperanza escatológica, la cual recibe a través de esta literatura. Las narraciones de los dos libros de los Macabeos, así como el de Judith y Tobías, son claros ejemplos de lo que estamos aseverando.

Existen alusiones así como citas de los deuterocanónicos en los evangelios, en los escritos de Pablo y Santiago, por ejemplo, que demuestran varias cosas: primero, que los redactores de estos libros usaban la versión de los LXX, segundo, que consideraban esta escritura como inspirada, *v.g.* *... todo Escritura es inspirada por Dios... (II de Timoteo 3:16)* ¿A qué Escritura se refiere Pablo? Al momento de escribir esta epístola desde la cárcel de Roma, aproximadamente en el año 66 d.C., no existe el canon del NT. Lo lógico es pensar que Pablo se está refiriendo a los libros canónicos del AT, lo que ocurre es que en el canon griego estos libros están incluidos y él los está usando, así que tiene mucho sentido pensar que si Pablo cita textos de los libros deuterocanónicos del *Tanaj* griego es porque él los consideraba como inspirados. Ahora bien, el hecho que Pablo los haya considerado así, no significa que lo sean, esta es una potestad de los obispos de la Iglesia reunidos como tal, no de un hombre, aunque este sea el apóstol Pablo. En la actualidad los criterios siguen divididos sobre este tema del canon de los libros del AT en los diferentes sectores del cristianismo.

Capítulo III

La escatología es un género literario que surge en el PI a raíz de la persecución brutal que sufrió el pueblo de Israel en manos de los sirios y de la dinastía de Antíoco, quien profanó el templo de Dios y protagonizó una encarnecida persecución contra el pueblo de Israel. Los profetas, los escribas y aquellas personas relacionadas con la academia religiosa de la época, comenzaron a producir un material que el día de hoy se conoce como literatura pseudoepígrafe que a su vez incluye un género literario al cual se le llama apocalíptico.

En este contexto de persecución y desesperanza surge el libro de Daniel, cuya segunda parte representa a cabalidad el género apocalíptico que deja claro varias cosas: (1) que la situación actual del pueblo de Dios es pasajera, (2) que la persecución y tormento causado por los impíos es circunstancial debido a los pecados del pueblo, (3) que en su debido momento surgirá la figura de un Mesías, una especie de personaje heroico que entrará en la escena humana y destruirá a los enemigos del pueblo de Dios.

Es importante señalar que el libro de Daniel es un libro pseudoepígrafe por antonomasia, puesto que no fue el profeta Daniel quien lo escribió, aunque su voz está a lo largo de todo el escrito. Los académicos han ubicado la composición de este libro en la época de Antíoco Epífanes en la mitad del PI. Lo anteriormente expresado no quiere decir que no sea un libro inspirado, los judíos lo canonizaron, solo que no lo ubicaron dentro de los libros proféticos sino dentro de los Escritos, y la razón es sencilla: Daniel no es un libro profético tal cual, pues aunque tiene conceptos proféticos como el de Mesías o juicio, simplemente nos relata con símbolos aspectos históricos de pueblos que están vinculados directamente con el pueblo de Dios. Sí es importante mencionar que mediante un *midrash* de los redactores de algunos libros del NT, el libro de Daniel se convierte en una fuente muy importante de la profecía bíblica.

Una de las características del género apocalíptico es el lenguaje simbólico, que si bien es cierto la generación de aquella época lo entendía, nosotros necesitamos aprenderlo para interpretar lo que allí se escribió. La escatología no es la ciencia de estudia las cosas del futuro como erróneamente se nos ha hecho creer, la escatología es la ciencia que estudia también las cosas del pasado que pueden aplicarse por analogía al futuro, como ocurre con el libro de Daniel.

Hubo una efervescencia literaria durante el PI como nunca antes en la historia del pueblo de Israel y todo giraba alrededor del género apocalíptico. Uno de esos libros, que jugó un papel fundamental en la formación teológica del NT, fue el libro de I de Enoc, que en esta investigación llamamos libro de Enoc. El estudio de este libro nos revela dos cosas bien importantes: (1) que es el pseudoepígrafe que más y mejor desarrolla los conceptos escatológicos de Mesías, juicio, recompensas, ángeles, satanás, entre otros, (2) que es uno de los libros en que más se apoyan los redactores del NT, al grado que la iglesia etíope lo incluyó como parte del canon. El libro es una magnifica exposición en la cual es fundamental discernir qué texto puede ser utilizado como fuente y cuál no, pues, a decir verdad, está lleno de relatos fantásticos que resultaría muy difícil canonizar, puesto que Jesús no es el centro del discurso, pero esto no quita que haya una serie de elementos que sirvan de fuentes para hacer un *midrash*, como efectivamente hicieron algunos escritores como Judas, Pablo o el redactor de II de Pedro.

El estudio de la literatura pseudoepígrafe nos muestra que esta dio como resultado una serie de conceptos teológicos completamente nuevos para el pueblo de Israel, pero que tuvieron una buena aceptación porque respondían a la realidad sociopolítica que el pueblo estaba viviendo bajo el reino opresor de la dinastía de Antíoco. Entre los conceptos que surgieron y después dieron lugar a sendas teologías están:

(1) El concepto de Mesías, un personaje poderoso que iba a redimir al pueblo de Dios del poder de los opresores; de ahí que muchos identificaron esta figura con un militar poderoso que iba a expulsar a los invasores romanos.

(2) Las persecuciones inmisericordes dieron como resultado grandes cantidades de muertos. Era completamente injusto e irracional que la vida acabara con la muerte, de ahí que los redactores de la literatura pseudoepígrafe comenzaran a escribir relatos donde hablaron de la resurrección de los muertos. El hombre no podía acabar en polvo otra vez, tenía que tener una esperanza, así que comenzó a mencionarse este tema y se construyó una teología sobre la resurrección. Pablo bebió hondamente en esa teología que después le iba a servir de base para escribir el discurso de la resurrección de los muertos que encontramos en todo el capítulo 15 de I de Corintios. Sin duda, Pablo efectuó una simbiosis de la teología del PI con la teología del cristianismo y dio lugar a una síntesis bien sólida sobre la cual fundamentamos el cristianismo.

(3) Otros de los conceptos que surgen en este período es el de infierno, relacionado íntimamente con el castigo a los malos. Este lo vemos reflejado en muchos de los libros pseudoepígrafes del PI donde se nos habla claramente de juicio, castigo, infierno y perdición eterna de los malos, que en este caso son todos aquellos enemigos del pueblo de Israel que los habían oprimido y perseguido sin ningún tipo de misericordia.

Cuando se hace el salto entre el libro de Malaquías en el AT y Mateo en el NT llegamos al escenario donde nos encontramos con una teología y una cultura que tiene poco que ver con los libros del canon del AT. Esta realidad nos obliga al estudio de la literatura pseudoepígrafe del PI y nos obliga a identificar conceptos teológicos, citas, alusiones que sirvieron de fuente literaria para que los redactores de los libros canónicos del NT hicieran el *midrash* correspondiente y crearan las bases de la teología de la fe cristiana, que posteriormente los obispos de la Iglesia iban a desarrollar, para luego fijar y darle al cristianismo una dogmática coherente y lógica.

Capítulo IV

La literatura cristiana surge como una necesidad imperiosa de la Iglesia para satisfacer sus necesidades litúrgicas, magisteriales, misionales y, simplemente, para tener un cuerpo en qué fundamentar la fe de los discípulos.

La literatura cristiana comienza al poco tiempo de la partida del Señor, cuando diferentes personas fueron recopilando perícopas, parábolas o redactando conversaciones y discursos que le habían oído a Jesús para que sirvieran en el ejercicio ministerial de la Iglesia.

Efectuados los análisis correspondientes, se cree que Pablo fue la primera persona, no que escribe material literario cristiano, sino que redacta documentos que posteriormente la Iglesia iba a canonizar. Estudios serios nos indican que Gálatas podría ser el primer escrito que se considera sagrado. La teología cristiana es desarrollada mayormente por el apóstol San Pablo, quien escribe mucho antes que se redactara el primer evangelio.

Los estudios serios de los académicos nos indican que el primer evangelio redactado fue el de Marcos y que este a su vez sirvió de fuente tanto a Mateo como a Lucas. Que los relatos comunes de Mateo y Lucas son producto de una fuente que es llamada por la academia el documento Q, en tanto que aquellos relatos que son únicos en ambos evangelios provienen de fuentes particulares que cada uno tuvo a su disposición. Este hecho demuestra de forma evidente que los evangelios son el resultado de una investigación seria y diligente para colmar una necesidad evidente dentro de la comunidad cristiana.

Otra de las fuentes intangibles que dio origen a los evangelios fue el prejuicio de redacción del escritor. Nadie se sentó a escribir con la mente *tabula rasa;* cada evangelista o escritor del NT tenía un prejuicio que le sirvió de marco de referencia y de fuente para escribir lo que escribió. En ese sentido, la persona que redactó el libro de Mateo lo dividió en cinco discursos y ordenó sus materiales siguiendo el mismo orden de la *Torah* porque su prejuicio era demostrar la mesianidad de Jesús a los judíos, en tanto que Marcos quería mostrar a un Jesús siervo a la población judía probablemente de Roma. Juan escribió con los gnósticos en mente, estos habían cobrado fama a raíz de una serie de doctrinas heréticas que negaban la deidad de Jesús; Juan escribe para combatir este herejía. Y en este mismo orden podemos enumerar cada libro del NT, cada redactor tenía un prejuicio de redacción que le sirvió de fuente intangible para redactar su escrito.

En relación con las epístolas, sus autores dejan ver tres tipos de fuentes: (1) los libros canónicos, (2) los libros deuterocanónicos y (3) los pseudoepígrafes. En algunos casos solo encontramos alusiones o paralelismos, en otros casos encontramos citas literales a las mencionadas fuentes. Igual que los evangelios, los que redactaron las epístolas no escribieron con la mente *tabula rasa,* ya sea la realidad de una iglesia en particular que los obligó a hacer un *midrash* de doctrinas surgidas en la literatura del PI como es el caso de las cartas a los corintios, gálatas o tesalonicenses o, por otro lado, hacer una petición a un discípulo como el caso de Filemón, o simplemente dar gracias por un gesto de una iglesia como es el caso de la de los filipenses. En cualquiera de esos casos, los escritores usaron fuentes que les sirvieron como marco de referencia.

El libro de Daniel creó un paradigma que llamamos en esta investigación "el patrón apocalíptico", que se sigue en los evangelios, en las epístolas y también en el Apocalipsis de San Juan. Este patrón tiene elementos como la existencia de la humillación y persecución del pueblo de Dios, la intervención del Mesías en la escena, el juicio de condenación contra los impíos, la recompensa de los justos, o el gobierno del Mesías, entre otros elementos. Lo que esto significa es que este patrón apocalíptico estaba en la conciencia colectiva de la gente que escribía y, por lo tanto, lo usaban como fuente a la hora de efectuar la redacción del relato.

El libro de Apocalipsis usa como fuente el mismo patrón apocalíptico consagrado en el libro de Daniel y desarrolla la misma temática apocalíptica que cualquier libro pseudoepígrafe. Lo que diferencia a este de cualquier otro relato pseudoepígrafe es que la figura central del Apocalipsis es Jesús, quien es presentado como el cordero, como león, como el juez, en fin, el Mesías que viene a juzgar a vivos y muertos e instaurar su reino. La pregunta que surge en la mente es la siguiente: si el Apocalipsis sigue un patrón ya establecido y está hablando de cosas que otros ya habían hablado -como en el libro de Enoc por ejemplo- ¿cómo se entiende que Dios le reveló a Juan el contenido de este libro en una visión en la isla de Patmos? Como se ha dicho a lo largo de este trabajo, la literatura apocalíptica se caracteriza por haber sido escrita en símbolos, por lo tanto nada quita que el tema de la visión debe entenderse de manera simbólica, aunque tampoco puede descartarse que haya habido una visión y que el espíritu de esa visión esté a lo largo de todo el Apocalipsis, aunque no en cada detalle que aparece en el libro.

Finalmente, señalar que el Apocalipsis de San Juan usa al AT como una de sus fuentes, pero también usa a los pseudoepígrafes, de los cuales toma todos los conceptos teológicos que desarrolla poniendo a Jesús como el centro de los mismos.

Capítulo V

Jesús causó una verdadera revolución en el ejercicio de su ministerio terrenal y más aún después de su muerte. Hubo una proliferación de literatura en torno a su figura que circulaba por las iglesias de aquella época. Entre esta literatura están los evangelios apócrifos, que relataban hechos como la niñez e infancia de Jesús; también tenemos las epístolas, entre las que están innumerables cartas perdidas de Pablo y hubo también apocalipsis apócrifos.

No se discute que algunos de estos trabajos pudo haber servido de fuente tanto a Lucas como a Mateo en la redacción de sus escritos. No que todo el contenido fuera espurio, sino el contexto del escrito dimensionaba el relato hacia una dirección en la cual el mensaje y ministerio de Jesús quedaba trastocado, por lo tanto la Iglesia nunca lo incluyó como parte del canon.

La vida y ministerio de Jesús fue fuente de inspiración para que sectores sociales altamente influenciados por la filosofía griega hicieran una simbiosis de esta con el cristianismo y diera como resultado un híbrido que aún existe y que lleva el nombre de gnosticismo. Esta secta inició una producción literaria muy importante bajo los mismos parámetros que la de los judíos. Escribieron evangelios de carácter apócrifo como el Evangelio de Judas o el de Tomás, por mencionar algunos. Otro de los aspectos a mencionar es que estos eran pseudoepígrafes, es decir, no fueron escritos ni por Judas ni por Tomás.

La importancia del estudio de esta literatura radica en que sus redactores utilizaron las mismas fuentes que usaron los escritores de los sinópticos solo que ellos le hicieron un *midrash* inaceptable para la fe cristiana. El evangelio gnóstico de Judas es un ejemplo de esto. Sigue la misma trama que la de los evangelios canónicos, pero hace un *midrash* donde Judas no es un traidor, sino un héroe, y depositario de un conocimiento que le da la salvación al hombre.

En el caso del Evangelio de Tomás este es una composición de los dichos de Jesús, muchos de los cuales se encuentran en los sinópticos, demostrando que usó la mismas fuentes, pero con un corazón que nunca entendió la verdad de la revelación de Dios.

El corolario de lo anterior es que las fuentes estaban allí, a disposición de las personas, pero cada quien le daba la interpretación que favoreciera a sus intereses. Los gnósticos usaron las fuentes para mezclarlas con la filosofía griega y argumentar una herejía que se conoce como el docetismo. En cambio, los evangelistas interpretaron las fuentes a la luz del *kerigma* predicado por Pedro el día de Pentecostés.

Capítulo VI

Ningún evangelista o redactor de un relato escribió sabiendo que estaba escribiendo algo sagrado, de hecho, no fue la intención de ninguno de ellos hacerlo. El prólogo del libro de Lucas o el motivo de Pablo para escribir Corintios o Filipenses nos deja bien claro que los libros del NT responden a situaciones muy particulares que surgieron en aquella época.

Fue la *enveterata consuetudo* o costumbre de la Iglesia de usar x o y documento que fue creando la conciencia de que tal documento era inspirado. Es así cómo surgen las primeras listas de libros que deben considerarse como sagrados o canonizados. Si bien es cierto que no hubo un concilio ecuménico general para fijar la lista de los libros del canon, sí hubo concilios regionales que elaboraron listas que coinciden con los libros que actualmente tenemos en el canon del NT.

No puede haber canonización si no hay libros inspirados antes, al menos *strictu sensu*, porque en la realidad existen libros dentro del canon que sectores del cristianismo no los considera como tales.

Inspiración es un concepto que hay que redefinir. Tradicionalmente hemos dicho que *es la capacidad que Dios dio a un escritor para escribir sin error.* Esta definición no es del todo cierta, pues hay relatos o documentos que tienen información que no tiene error y no solo por eso son literatura inspirada; es necesario que se conjuguen una serie de elementos para llegar a dicha conclusión: (1) que haya una conciencia colectiva de la Iglesia de que x o y libro o documento es inspirado, (2) que haya un poder intrínseco dentro del documento que produzca cambios morales en la vida de la persona porque, a fin de cuentas, esta es la esencia de la Palabra de Dios: conseguir un hombre nuevo, y, finalmente, (3) que haya coherencia exacta y perfecta con todo el cuerpo literario que es parte del canon. Así que, como puede observarse, es necesario redefinir el concepto de inspiración

La canonización es el acto mediante el cual la Iglesia valida el elemento sagrado de un escrito. Lo correcto es que esto sea a través de un concilio que, después de un debate constructivo, llega a esa conclusión. En la historia de la Iglesia nunca hubo ese tipo de concilio ecuménico, aunque sí hubo regionales y listas que aparecieron por aquí y por allá. En el catolicismo romano el canon se fija en el Concilio de Trento, no que este haya sido convocado *ex profeso*, pero como reacción a la escalada protestante, estos se vieron en la obligación de definir su canon. La Iglesia Protestante tuvo una forma muy *sui generis* de fijar su canon. La primera Biblia traducida al castellano en 1569 tenía los deuterocanónicos así como su revisión en 1602. Fue casi 300 años después, es decir, en el año de 1862 que un traductor y las personas que estaban atrás decidieron no incluir más este conjunto de libros hasta el día de hoy. Las Sociedades Bíblicas Unidas tomaron los derechos de la Reina Valera y nunca más volvió a incluir estos libros, haciendo creer de forma errónea a la gente que la Biblia protestante no tiene libros deuterocanónicos, cuando la verdad es que los traductores de la Biblia sí los incluyeron.

Finalmente, aseverar que tenemos un canon del NT confiable, producto de la reflexión y análisis de los padres de la Iglesia, que se tomaron el tiempo para analizar aquellos documentos que cumplieran con los criterios de canonicidad, legando a la Iglesia cristiana un cuerpo literario que llamamos el NT y que es parte integral de la Santa Biblia. Los libros que están allí son los que deben estar allí y aunque perfectamente puede haber otros, los que hay son suficientes, reúnen los requisitos mencionados anteriormente.

En conclusión, no existe nada místico ni sobrenatural en la redacción de los libros del canon del NT. Hombres comunes y corrientes, pero con un gran talento e impulsados por el Espíritu de Dios, redactaron sendos trabajos que la Iglesia canonizó porque los mismos reunían todos los requisitos requeridos. Algunos redactores hicieron verdaderos trabajos de investigación, otros simplemente dieron respuesta a situaciones específicas de una Iglesia en particular y otros escribieron tratados de moral. Todos los escritores usaron fuentes y confeccionaron un escrito que posteriormente fue considerado por la Iglesia como sagrado y lo incluyeron en el canon del NT como Palabra de Dios.

Anexo 1
La resurrección de los muertos

Hemos seleccionado el discurso de Pablo sobre la resurrección de los muertos plasmado en I de Corintios capítulo 15 por considerarlo de gran importancia para cumplir con el propósito de esta investigación, en la cual intentamos identificar las fuentes que se utilizaron para escribirlo.[247] El discurso de la resurrección de Pablo tiene una serie de características muy particulares que son dignas de ser mencionadas antes de proceder a su estudio.

En primer lugar, cuando Pablo escribió este discurso en el año 55 o 56 d.C. no existía todavía ningún evangelio escrito ni ninguna fuente inspirada que nos hablara con propiedad del tema, sin embargo, un hombre que no fue discípulo de Jesús, que no fue testigo ocular de los acontecimientos como lo fue Juan, nos escribe un tratado espectacular sobre una doctrina cardinal de la fe cristiana. Este hecho suscita una serie de preguntas que es menester contestar, *v.g.* ¿de dónde obtiene Pablo esta información?, ¿cómo pudo él hablar con tanta propiedad si no fue un testigo ocular de los acontecimientos?

En segundo lugar, es importante tener en cuenta que la experiencia personal que Pablo tuvo con Jesús camino a Damasco le cambió el panorama de la vida 180 grados, pero la experiencia *per se* no era suficiente, era necesario algo más: pasar por un proceso de renovación mental. En el momento de su conversión, Pablo ya era una fariseo muy educado que aventajaba a muchos de su época, sin embargo, además de su experiencia con Jesús necesitaba estudiar la literatura judía desde otra perspectiva diferente, porque su llamado era construir el fundamento doctrinal de la fe cristiana. En ese sentido, pasaron unos 16 años entre su conversión y la

---

247. Se recomienda altamente la siguiente bibliografía sobre el tema de la Resurrección en I de Corintios 15. Vorster, J N. "Resurrection Faith in 1 Corinthians 15." *Neotestamentica* 23, no. 2 (1989) P. 287-307. Sider, Ronald J. "St. Paul's Understanding of the Nature and Significance of the Resurrection in I Corinthians XV 1-19.» *Novum Testamentum* 19, no. 2 (1977) P. 124-41. Niebuhr, Richard. *Resurrection and the Historical Reason: A Study in Theological Method.* Scribner. USA. 1975.

visita de Bernabé a Tarso, en la cual trajo a Pablo a la iglesia de Antioquía, donde inició oficialmente su ministerio como apóstol de Jesucristo.[248]

Los 16 años que aproximadamente Pablo estuvo en anonimato en la ciudad de Tarso, de donde él era originario, estuvo sometido a un cambio de paradigmas teológicos a raíz del estudio de la literaria religiosa judía, solo que con una gran diferencia en relación a la época cuando estudió con Gamaliel, y es que ahora introdujo la figura de Jesús en la ecuación teológica y lo puso en el centro del universo literario, como podemos constatar en cada uno de sus escritos canonizados.[249]

En lo relacionado con el tema de la resurrección, lo que Pablo realmente hizo fue un espectacular *midrash* de la literatura del PI, en el cual pone a Jesús como el centro del universo y tenemos como síntesis el capítulo 15 de I de Corintios, que sienta las bases de la teología cristiana en cuanto a la doctrina de la resurrección.

1. Contexto socioreligioso de Corinto

La ciudad de Corinto era una ciudad fiel representante del mundo grecorromano de su época, donde Pablo llega en su segundo viaje misionero. Al ver la realidad moral de la ciudad, Pablo entró en estado de depresión o de desánimo y Dios tiene que hablarle a través de una visión: *habla y no calles... yo tengo mucho pueblo aquí ...* esto sin duda fortaleció a Pablo, quien terminó residiendo en Corinto por 18 meses.[250]

Es importante señalar que en el sistema religioso grecorromano, la religión y la moral son dos conceptos divorciados el uno del otro,[251] es decir, no había ningún compromiso ético del practicante con su religión a diferencia de los judíos, que tenían un *halaká* en el que controlaban hasta qué iba a comer el sacerdote. En Corinto había un templo con mil prostitutas donde se practicaba la prostitución sagrada; prácticas espurias e inconcebibles para la religión judía y cristiana.[252] Además, Corinto era un puerto estratégico

248. Sobre la vida y ministerio del apóstol Pablo se recomienda: Sanders, E. P. *Paul: The Apostle's Life, Letters, and Thought.* Minneapolis: Augsburg Fortress, Publishers, 2015.

249. Para conocer el resultado de cambio de paradigma en Pablo, se recomienda: Schoeps, H. J., and Harold Knight. *Paul: The Theology of the Apostle in the Light of Jewish Religious History.* Cambridge: James Clarke & Co, 1961. Plevnik, Joseph. "The Understanding of God at the Basis of Pauline Theology." *The Catholic Biblical Quarterly* 65, no. 4 (2003) P. 554-67.

250. La historia completa está relatada en Hechos 18: 1–21.

251. Broneer, Oscar. "Paul and the Pagan Cults at Isthmia." *The Harvard Theological Review* 64, no. 2/3 (1971) P. 169-87.

252. Williams, Charles Kaufman. "The City of Corinth and Its Domestic Religion." *Hesperia: The Journal of the American School of Classical Studies at Athens* 50, no. 4 (1981) P. 408-21.

del Imperio romano y, por lo tanto, la hacía un lugar de pecado para el mundo religioso judío, aunque para los corintios aquello era normal.

Este es el contexto de la ciudad donde llegó Pablo con una doctrina religiosa realmente revolucionaria y novedosa para aquella sociedad, y que había de abrirse camino. Como es lógico, Pablo comenzó haciendo su ministerio en la sinagoga judía, pero los líderes religiosos, al darse cuenta de que Jesús era el centro de su mensaje, echan a Pablo de la sinagoga y este tiene que comenzar con la gente judía que cree y que le sirve de base para llegar a los gentiles.

2. El **Sitz im Leben** *de la carta*

Pablo estaba en la ciudad de Éfeso cuando recibe una embajada desde la ciudad de Corinto para informarle sobre la complicada situación de la Iglesia después de su salida. La crisis espiritual y doctrinal que la iglesia estaba viviendo obligó a Pablo a escribir esta carta para dictar directrices y ayudar a los creyentes corintios a resolver sus dificultades. Usualmente se nos ha dicho que la carta a los Corintios trata con 10 problemas o situaciones, lo cierto es que un estudio más minucioso nos permitirá identificar otros adicionales. Para efectos de esta investigación y fundamentar lo que queremos tratar, es importante señalar que, además de un informe detallado de los acontecimientos que estaban acaeciendo en la iglesia, la gente que vino de Corinto trajo una carta a Pablo con preguntas bien definidas sobre temas en los que ellos estaban confundidos; es por eso que leemos en I de Corintios 7:1 ... *paso ahora a los asuntos que me plantearon por escrito...* en otros palabras: todo lo que Pablo va a tratar a partir de ahora son respuestas a las inquietudes que la gente de la iglesia tenía. Para cada uno de los grandes temas sobre los cuales iba a responder usó una formula griega Περὶ δὲ que usualmente la traducen al castellano como *en cuanto a...* así que vamos a ver Περὶ δὲ en el 7:1 para contestar la pregunta sobre el matrimonio, en el 8:1 la vuelve usar para contestar la pregunta de si los cristianos podían comer comida sacrificada a los ídolos. En el 12:1 volvemos a encontrar Περὶ δὲ para contestar la pregunta sobre los dones espirituales y, por último, la encontramos en el 16:1 cuando responde al tema de la ofrenda que se estaba levantando para los santos de Jerusalén. Había otras preguntas que estaban en la carta que Pablo menciona en el 7:1 que al momento de responder no utiliza la formula Περὶ δὲ, pero sí utiliza la conjunción adversativa δὲ que se traduce en castellano como *pero*. Es así que cuando responde sobre el tema acerca del uso del velo él comienza la respuesta en el 11:3 diciendo θέλω δὲ ὑμᾶς εἰδέναι ὅτι... que se traduce al castellano como *pero quiero que vosotros sepáis que...* en este mismo sentido se expresa cuando inicia su respuesta sobre el malentendido que había sobre el tema de la resurrección, en el 15:1 Pablo responde Γνωρίζω δὲ ὑμῖν, δελφοί, τὸ... que se traduce al castellano como *pero os hago saber hermanos...* Una de las características de Pablo son las extensas digresiones que usualmente hace cuando está abordando un tema, pero cuando vuelve donde tiene que volver usa este tipo de expresiones que nos vuelven a poner sobre rieles como en el caso que estamos describiendo. En el caso del uso del velo y de la resurrección, Pablo inició su discurso con el verbo conocer o saber seguido de la conjunción adversativa *pero*.

Queda entonces suficientemente claro que Pablo no escribe sobre la resurrección *moto propio*, sino que se vio obligado a hacerlo a raíz de un malentendido que los miembros de la iglesia tenían al respecto. Sobre esto es importante señalar que los creyentes en Corinto de origen judío sí tenían conocimiento de la doctrina de la resurrección de los muertos, mientras que los creyentes que venían del mundo gentil no sabían nada al respecto. Esto era algo verdaderamente novedoso y extraño, solo recordemos la reacción de los atenienses en el areópago cuando Pablo les arengaba sobre el Dios no conocido ... *Pero cuando oyeron lo de la resurrección de los muertos, unos se burlaban, y otros decían: Ya te oiremos acerca de esto en otra ocasión...* (Hechos 7:32) de manera que era un imperativo insoslayable para Pablo el escribir un tratado teológico sobre el tema que explicara de forma sencilla pero lógica uno de los puntos centrales de la fe cristiana. Al leer I de Corintios 15 solo podemos concluir que el trabajo de Pablo fue sencillamente magistral; no existe en toda la literatura cristiana un tratado más completo y detallado sobre este tema que Pablo escribió. Ante un escrito de tal naturaleza, la Iglesia no tuvo objeción en reconocer que lo que allí había sido escrito era producto de la inspiración del Espíritu Santo.

3. El trabajo técnico de redacción

Estamos ahora en el momento en el que Pablo llega a una pregunta plasmada en la carta de la iglesia de Corinto donde se le pide una explicación sobre la resurrección de los muertos. No existe un documento o tratado escrito -o al menos no tenemos conocimiento de ello- que explique la resurrección de los muertos desde una perspectiva cristiana. Pablo está ante una responsabilidad histórica, sabe que necesita hacer un *midrash* de la literatura canónica, deuterocanónica y pseudoepígrafe y poner a Jesús en el centro del *midrash*, y es eso precisamente lo que hace y da una respuesta magistral, no solamente a la iglesia de Corinto, sino al cristianismo de todos los tiempos.

4. Análisis del discurso

El discurso de la resurrección de Pablo a los corintios es un verdadero tratado de teología al respecto. Nunca antes ni después ser humano alguno escribió semejantes cosas sobre un tema tan importante. Con este discurso, Pablo desarrolla un concepto que había surgido en el PI y pone a Jesús en el centro del discurso. De esta manera, no solamente sentaba un fundamento a la fe cristiana, sino que traía esperanza a la Iglesia de todos los tiempos. Cada individuo que es parte del cuerpo de Cristo sabe que un día resucitará de los muertos para ser parte de cosas extraordinarias que Dios ha preparado.

Nuestra intención en este apartado es al análisis de este discurso de Pablo desde la perspectiva de la fuentes, es decir, los materiales bibliográficos que dieron origen al magnífico razonamiento de Pablo.

Como corresponde a un hombre del calibre de Pablo, este comienza introduciendo el tema para luego entrar en materia aseverando que lo que *...os he enseñado lo que asimismo recibí*, de esta manera salva su credibilidad afirmando que lo que les ha enseñado no es un invento suyo, sino que es algo recibido de Dios. Luego nos dice en dos oraciones qué es la esencia de lo que ha recibido: (1) *que Cristo murió por nuestros pecados, conforme a las Escrituras*; (2) *y que fue sepultado, y que resucitó al tercer día, conforme a las Escrituras*. Aquí la pregunta que le haríamos a Pablo si lo tuviéramos frente a nosotros sería ¿cuáles Escrituras? Porque en este momento, si bien es cierto que había documentos sobre Jesús que circulaban por las iglesias, ninguno estaba sancionado con el carácter de "Escrituras".

Para intentar contestar esta pregunta es menester tomar en cuenta dos textos de los evangelios que están en consonancia con la declaración de Pablo: (1) La señal de Jonás. ... *Porque como estuvo Jonás en el vientre del gran pez tres días y tres noches, así estará el Hijo del Hombre en el corazón de la tierra tres días y tres noches ...* (Mateo 12:40); aquí Jesús está haciendo un *midrash* de un evento acaecido en el AT. Sin duda, estas palabras estaban registras en el o los libros de los dichos de Jesús que seguramente Pablo conocía. (2) *... estas son las palabras que os hablé, estando aún con vosotros: que era necesario que se cumpliese todo lo que está escrito de mí en la ley de Moisés, en los profetas y en los salmos ... así está escrito, y así fue necesario que el Cristo padeciese, y resucitase de los muertos al tercer día...* (Lucas 24:44-46). Esta es la perícopa del Camino a Emaús y es Jesús aseverando que lo ocurrido es el cumplimiento de las Escrituras, lo que está en consonancia con las palabras de Pablo en I de Corintios 15.

Hasta aquí todo está bien, excepto que no existe un pasaje en el AT que expresamente nos diga que el Mesías iba a resucitar de los muertos al tercer día, y no existe porque el concepto de Mesías no surge hasta el PI donde este también se desarrolla. En el AT hay textos como *... porque no dejarás mi alma en el Seol, Ni permitirás que tu santo vea corrupción ...* (Salmos 16:10), y acontecimientos como los tres días de Jonás en el vientre de un pez. Ambos pasajes son usados en el NT para probar que la resurrección de Jesús era algo profetizado, no accidental, pero en ambos casos hay que hacer un *midrash* que los conecte a ambos. En el caso del Salmo 16:10 es Pedro quien hace el *midrash* en su célebre discurso de Pentecostés y conecta el Salmo con la resurrección de Jesús. En el segundo caso es el mismo Jesús quien hace el *midrash* de los tres días que Jonás pasó en el vientre del pez y lo conectó con los tres días que Él iba a pasar entre su muerte y su resurrección; de esta manera, este acontecimiento se convirtió en un tipo, y la resurrección de Jesús en su antitipo.

En resumen: no es fácil o sencillo conectar la *Torah, los profetas y los salmos* con la resurrección del Mesías, es necesario que haya una revelación de Dios al respecto para que el hombre pueda hacer el *midrash* correspondiente como ocurrió con Pedro, Lucas o el mismo Pablo.

El testimonio de la resurrección

Pablo ha dicho que Jesucristo resucitó al tercer día en el v.3, ahora es necesario demostrar lo que ha dicho, así que tiene que valerse de la tradición oral que circulaba en la época para asegurar lo siguiente:

> ... *y que apareció a Cefas, y después a los doce. Después apareció a más de quinientos hermanos a la vez, de los cuales muchos viven aún, y otros ya duermen. Después apareció a Jacobo; después a todos los apóstoles; y al último de todos, como a un abortivo, me apareció a mí...*

El relato de Lucas en el libro de los Hechos demuestra que había una tradición oral en este sentido, pues Lucas señala ... *se presentó vivo con muchas pruebas indubitables, apareciéndoosles durante cuarenta días ...* (Hechos 1:3), solo que Pablo es más explícito dando números de personas a las que el Señor se apareció. Ahora bien, lo que realmente le da autoridad al discurso de Pablo es su afirmación ... *y al último de todos, como a un abortivo, me apareció a mí...* este es un argumento *ad verecumdian* contundente sobre la resurrección de Jesucristo.

El problema en Corinto

El problema en Corinto era que había un sector de la iglesia que no creía en la resurrección de los muertos, y esta es la razón fundamental por la cual Pablo está escribiendo este tratado sobre la resurrección.[253] En el pasaje no se nos dice quién no creía en la resurrección, es decir, si eran

---

253. Cf. Wedderburn, A. J. M. "The Problem of the Denial of the Resurrection in I Corinthians XV." *Novum Testamentum* 23, no. 3 (1981) P. 229-41.

los judíos o eran los gentiles de la iglesia. Tal perece que la confusión y las dudas era en ambos grupos, y no era para menos, pues creer en tal cosa no es un asunto fácil.

Pero si se predica de Cristo que resucitó de los muertos, ¿cómo dicen algunos entre vosotros que no hay resurrección de muertos? Porque si no hay resurrección de muertos, tampoco Cristo resucitó. Y si Cristo no resucitó, vana es entonces nuestra predicación, vana es también vuestra fe. Y somos hallados falsos testigos de Dios; porque hemos testificado de Dios que él resucitó a Cristo, al cual no resucitó, si en verdad los muertos no resucitan. Porque si los muertos no resucitan, tampoco Cristo resucitó; y si Cristo no resucitó, vuestra fe es vana; aún estáis en vuestros pecados. Entonces también los que durmieron en Cristo perecieron. Si en esta vida solamente esperamos en Cristo, somos los más dignos de conmiseración de todos los hombres. Mas ahora Cristo ha resucitado de los muertos; primicias de los que durmieron es hecho.

En el versículo 12 podemos identificar cuál era el meollo de problema *¿cómo dicen algunos entre vosotros que no hay resurrección de muertos?*, había un sector de la iglesia de Corinto que expresamente negaba la resurrección de los muertos. Aunque no lo podemos afirmar, tal pareciera que los que negaban la resurrección era la población gentil de la iglesia. En el mundo judío la resurrección estaba atestiguada, comenzando con libro de Daniel que decía: *… y muchos de los que duermen en el polvo de la tierra serán despertados, unos para vida eterna y otros para vergüenza y confusión perpetua …* (Daniel 12:2), pero de una manera más clara en los libros de Macabeos *… y cuando estaba por dar su último suspiro, dijo: —Tú, malvado, nos arrancas la vida presente. Pero el Rey del universo nos resucitará a una vida eterna, ya que nosotros morimos por su ley…* [254] (II de Macabeos 7:9); en ese mismo sentido leemos *… obró con gran rectitud y nobleza, pensando en la resurrección. Si no hubiera esperado la resurrección de los caídos …* (II de Macabeos 12:43) y, finalmente, encontramos *…todavía respiraba. Se levantó lleno de ardor; bañado en sangre, herido gravemente, corrió por entre las tropas … y ya completamente desangrado se arrancó los intestinos … suplicando al Dueño de la vida y del espíritu que algún día se los devolviera de nuevo. De este modo murió.*[255]

254. Por primera vez se habla en la Biblia de la resurrección del cuerpo. La filosofía griega había desarrollado el tema de la inmortalidad pero sin incluir la resurrección del cuerpo. La mentalidad semita, en cambio, no entiende la vida sin el cuerpo, por tanto, la resurrección incluye la inmortalidad del alma y la resurrección del cuerpo.

255. El anciano Razis, un hombre fiel y respetado, miembro del sanedrín de Jerusalén, es la versión opuesta de Alcimo. Su actitud hay que entenderla no como suicidio sino como martirio, destacándose así la participación activa de los mártires en la campaña liberadora. Muere profesando su fe en la resurrección (v. 46).

Como se puede ver, en el mundo judío había una teología incipiente de la resurrección que era conocida dentro del pueblo. En los versículos del 13-20 de su discurso desarrolla una argumentación entre la resurrección de los muertos y la resurrección del Mesías, si la una no existe, tampoco la otra, y, como consecuencia, la fe y la predicación de nuestra fe no tienen sentido y nos convertiría en unos charlatanes más. En otras palabras: al negar la resurrección de los muertos se acaba el cristianismo y todo pierde sentido.

La conexión con Adán

Su argumentación probatoria sobre la resurrección de los muertos continua con su típica conexión entre Adán y Cristo o cualquier otro personaje del AT que usualmente Pablo hace en sus escritos,[256] así que no nos sorprende que haya hecho esta analogía ... *porque por cuanto la muerte entró por un hombre, también por un hombre la resurrección de los muertos ... Porque así como en Adán todos mueren, también en Cristo todos serán vivificados...* En definitiva, lo que está haciendo es un *midrash* de un hecho de un personaje del AT el cual está conectando con un hecho del Mesías. Este tipo de argumentación tiene mucho valor para los judíos que entendían quién era Adán.

Depués de la analogía pasa a hablar de la resurrección propiamente dicha y explica cuál será el orden a seguir.

Orden de la resurrección

En este pasaje se establece el orden de la resurrección: el Mesías primero, y luego aquellos que han creído en Él en la *parusía* ... *pero cada uno en su debido orden: Cristo, las primicias; luego los que son de Cristo, en su venida* ... este versículo es de suprema importancia porque lleva implícita dos doctrinas muy importantes, es a saber, la *parusía* del Señor o la segunda venida y el juicio. En relación con la segunda venida no existe ni en los libros canónicos del AT ni en la literatura del PI indicios de dos apariciones del Mesías en la escena humana, por lo que lo más plausible es afirmar que la doctrina de la segunda venida está fundamentada en los dichos de Jesús registrados y que circulaban por las iglesias del primer siglo. Sin duda, Pablo conocía de los dichos de Jesús que aparecen registrados en los evangelios y en el libro de los Hechos, donde queda bien establecida

---

256. Esta misma conexión la podemos encontrar en Romanos 5:12 y ss. Solo que aquí el *midrash* que hace es en relación con el pecado y la muerte; en él señala que por Adán entró el pecado y la muerte y por Cristo -el nuevo Adán- entró la justificación y la vida. En Gálatas 4:21 y ss. encontramos una alegoría entre Sara y Agar de la cual hace un *midrash* muy interesante.

la doctrina de la segunda venida, *v.g.* en el evangelio de Mateo leemos: *... entonces aparecerá la señal del Hijo del Hombre en el cielo; y entonces lamentarán todas las tribus de la tierra, y verán al Hijo del Hombre viniendo sobre las nubes del cielo, con poder y gran gloria. Y enviará sus ángeles con gran voz de trompeta, y juntarán a sus escogidos, de los cuatro vientos, desde un extremo del cielo hasta el otro... (Mateo 24:30-31).* La segunda doctrina implícita es la del juicio, que sí está bien establecida tanto en los canónicos del AT como en la literatura del PI, *v.g.* en Daniel 12:2 leemos *... y muchos de los que duermen en el polvo de la tierra serán despertados, unos para vida eterna y otros para vergüenza y confusión perpetua ...* este pasaje nos aclara el propósito de la resurrección de los muertos que ocurrirá al momento de la segunda venida, según lo que Pablo expone en su discurso.

Después de esta declaración, Pablo se centra en lo que va a ocurrir después de la *parusía* del Señor, que es la esperanza mesiánica.

La esperanza mesiánica

La esperanza mesiánica a la que Pablo se refiere en este pasaje (vv.24-28) es una doctrina bien establecida en los pseudoepígrafes del PI.

> *Luego el fin, cuando entregue el reino al Dios y Padre, cuando haya suprimido todo dominio, toda autoridad y potencia. Porque preciso es que él reine hasta que haya puesto a todos sus enemigos debajo de sus pies. Y el postrer enemigo que será destruido es la muerte. Porque todas las cosas las sujetó debajo de sus pies. Y cuando dice que todas las cosas han sido sujetadas a él, claramente se exceptúa aquel que sujetó a él todas las cosas. Pero luego que todas las cosas le estén sujetas, entonces también el Hijo mismo se sujetará al que le sujetó a él todas las cosas, para que Dios sea todo en todos.*

Pablo, obviamente, lo que hace en este discurso es un *midrash* de la teología del PI, que se refería a una intervención políticomilitar, con el ministerio de Jesús, quien [257]*cuando haya suprimido todo dominio, toda autoridad y potencia... reine hasta que haya puesto a todos sus enemigos debajo de sus pies* ... Aquí queda claro que, con la segunda venida, cesa el poder político humano y es Dios quien rige los destinos de su pueblo. Cuando Pablo señala *... y el postrer enemigo que será destruido es la muerte...* clarifica que al haber solamente personas resucitadas o transformadas en su cuerpo, la muerte simplemente desaparece del escenario humano.

---

257. Tanto en la literatura esenia como pseudoepígrafe del PI está claro el concepto de un Mesías que entra en escena y suprime el poder temporal de los gobiernos gentiles. Ver *Supra.* Capitulo I.

Esta es la esperanza mesiánica con la que Pablo alienta a la iglesia de Corinto y nos alienta a nosotros, trayéndonos una esperanza extraordinaria que nos aguarda para un futuro mejor.

En el versículo 29 Pablo regresa al tema anterior de probar que sí existe la resurrección de los muertos, solo que en esta ocasión utiliza una figura desconocida para el cristianismo actual: el bautismo por los muertos.

El bautismo por los muertos

Pablo en su afán de dejar bien claro la resurrección de los muertos hace una pregunta de énfasis, es decir, que la misma pregunta da la respuesta: ... *¿qué harán los que se bautizan por los muertos, si en ninguna manera los muertos resucitan? ¿Por qué, pues, se bautizan por los muertos?* ... no existe ninguna alusión al bautismo por los muertos en la literatura del PI y no se menciona este tema en ningún otro libro canónico del NT y, para colmo de males, los más ilustres comentaristas quedan pasmados ante esta cita que Pablo hace. Nadie da una explicación coherente sobre el tema y todo queda en simples conjeturas. A pesar de lo dicho anteriormente, hay algunas cosas que cabe señalar: (1) Pablo no está aprobando la práctica del bautismo por los muertos, (2) Pablo está efectuando un *argumentum ad hominen* para demostrar la incoherencia entre el negar la resurrección de los muertos y esta práctica y (3) había una práctica del bautismo por los muertos en la iglesia de Corinto[258] o al menos gente relacionada con la iglesia, porque de otra manera Pablo no iba a mencionar algo que la gente no iba a entender.

Después de este tema del bautismo por los muertos Pablo pasa a explicar el *modus operandi* de la resurrección de los muertos.

Como será la resurrección

Pablo sin duda conocía la lógica aristotélica y manejaba muy bien el tema de la argumentación de un razonamiento. Aquí se adelanta a una posible objeción ... *pero dirá alguno: ¿Cómo resucitarán los muertos? ¿Con qué cuerpo vendrán?* No existe en la literatura del PI ningún pasaje que nos diga esto con exactitud. II de Macabeos 7:9, que es el primer pasaje en la Biblia LXX que nos habla de una forma clara sobre la resurrección, simplemente declara ... *pero el Rey del universo nos resucitará a una vida eterna* ... no se nos da ningún detalle. De ahí que Pablo necesite usar la lógica y, mediante un razonamiento deductivo, llegar a las siguientes conclusiones ... *lo que*

---

258. En la actualidad la única iglesia que tiene esta práctica dentro de su dogmática es la Iglesia de Jesucristo de los Santos de los Últimos Días, mejor conocidos como los Mormones.

tú siembras no se vivifica, si no muere antes … Y lo que siembras no es el cuerpo que ha de salir, sino el grano desnudo …no toda carne es la misma carne, sino que una carne es la de los hombres, otra carne la de las bestias … así también es la resurrección de los muertos. Se siembra en corrupción, se resucitará en incorrupción. Se siembra en deshonra, se resucitará en gloria; se siembra en debilidad, se resucitará en poder. Se siembra cuerpo animal, se resucitará en cuerpo espiritual. Hay cuerpo animal, y hay cuerpo espiritual. Toda esta es una argumentación lógica de Pablo que está en consonancia perfecta con la perícopa de la pregunta de los saduceos a Jesús sobre la resurrección de los muertos en la cual les responde: *… cuando resuciten los muertos, no se casarán ni serán dados en casamiento, sino que serán como los ángeles que están en el cielo …* es muy probable que Pablo conociera esta perícopa u otra que hablara del tema. Lo cierto es que existe consonancia y que cuando resucitemos seremos como los ángeles: asexuales, inmortales, liberados de todas las limitaciones del cuerpo humano, entre muchas otras cosas más.

Una vez aclarado como será el cuerpo de los resucitados, Pablo acude nuevamente a su figura preferida del AT, Adán, para hacer otra analogía.

Analogía con Adán

Los siguientes versículos son un apéndice de la anterior argumentación, usando la analogía con Adán: *… fue hecho el primer hombre Adán alma viviente; el postrer Adán, espíritu vivificante. Mas lo espiritual no es primero, sino lo animal; luego lo espiritual. El primer hombre es de la tierra, terrenal; el segundo hombre, que es el Señor, es del cielo. Y así como hemos traído la imagen del terrenal, traeremos también la imagen del celestial. Pero esto digo, hermanos: que la carne y la sangre no pueden heredar el reino de Dios, ni la corrupción hereda la incorrupción.*

Con este pasaje queda claro que en la resurrección de los muertos tendremos un cuerpo incorruptible que no tiene nada que ver con el cuerpo actual, lo cual Pablo clarifica al afirmar *la carne y la sangre no pueden heredar el reino de Dios …* siendo la mejor forma de entenderlo a través del símil de Jesús: *serán como los ángeles que están en el cielo …*

En el siguiente pasaje ratifica lo anterior y ubica la transformación en el tiempo; hecho que es sumamente importante para la teología cristiana.

La segunda venida de Cristo

Ni en los libros del canon del AT ni en la literatura apocalíptica del PI se nos da detalles de cómo será y qué ocurrirá en la segunda venida del Mesías, comenzando que en ellos ni siquiera se habla de una segunda venida del Mesías. De manera que Pablo tiene que usar el razonamiento lógico para llegar a una conclusión teológica al respecto. Él asevera: *...os digo un misterio: No todos dormiremos; pero todos seremos transformados, en un momento, en un abrir y cerrar de ojos ...* ¿De dónde obtuvo esta información? Es un razonamiento lógico coherente y que concuerda con todo lo que está exponiendo en el discurso, así que *... a la final trompeta; porque se tocará la trompeta, y los muertos serán resucitados incorruptibles, y nosotros seremos transformados...* aquí recurre al típico lenguaje simbólico del género apocalíptico donde ratifica la doctrina de la resurrección de los muertos y la transformación *... en un abrir y cerrar de ojos ...* de los seres humanos que estén vivos al momento de la segunda venida. La resurrección y la transformación son dos conceptos inherentes e indivisibles, por tal razón insiste sobre esto en su discurso *... porque es necesario que esto corruptible se vista de incorrupción, y esto mortal se vista de inmortalidad ...* de manera que cuando esto ocurra se acabó la muerte. Al no haber *carne ni sangre*, ni *cuerpo corruptible* tampoco hay muerte y el hombre podrá exclamar: *... ¿Dónde está, oh muerte, tu aguijón? ¿Dónde, oh sepulcro, tu victoria?*

Con esta declaración cierra de una forma brillante su discurso sobre la resurrección de los muertos, donde Jesucristo es el centro de la misma. Gracias a la confusión que se dio en la iglesia de Corinto y al sector que negaba la resurrección de los muertos, Pablo se vio obligado a efectuar este *midrash* utilizando como base los libros canónicos del AT, la literatura de género apocalíptica del PI y, lo más importante de todo, a utilizar la lógica para que por medio del razonamiento deductivo llegara a conclusiones teológicas que le dieran sentido al discurso y desvanecer de esta manera cualquier duda que hubiera en el seno de la Iglesia. Hasta el día de hoy no existe otro discurso que explique mejor esta doctrina sobre la resurrección de los muertos, así que podemos cerrar todo este análisis con las mismas palabras de Pablo: *....mas gracias sean dadas a Dios, que nos da la victoria por medio de nuestro Señor Jesucristo. Así que, hermanos míos amados, estad firmes y constantes, creciendo en la obra del Señor siempre, sabiendo que vuestro trabajo en el Señor no es en vano ...*

Anexo 2
Discurso contra los falsos maestros

El tema de los falsos maestros en la Iglesia fue algo que preocupó a los redactores de los libros del NT. Existen diferentes advertencias en este sentido a lo largo de todo el NT, sin embargo, llama la atención el discurso sobre los falsos maestros que se hace en II de Pedro y Judas respectivamente, y la razón es bien sencilla: ambos redactores usaron la misma fuente. La similitud entre ambos es tan evidente que no se puede concluir de otra manera. Por tal razón le hemos llamado a la primera, *la versión de Pedro* y a la segunda *la versión de Judas*. Ambas serán objeto de estudio a continuación.

A. Versión de Pedro

El problema que plantea esta similitud entre el relato de Pedro y de Judas es en cuanto a las fuentes: ¿quién uso a quién? y esto suscita otro tipo de problemas en relación con la inspiración.[259] ¿Puede el Espíritu Santo inspirar una persona si esta está tomando de otro? Especialmente cuando lo que toma no es una palabra o un versículo sino un extenso pasaje como en este caso. Debido a este tipo de situación, la II carta de Pedro tuvo problemas para ser canonizada.[260]

---

259. Ver. Mathews, Mark D. "The Literary Relationship of 2 Peter and Jude: Does the Synoptic Tradition Resolve this Synoptic Problem?" *Neotestamentica* 44, no. 1 (2010) P. 47-66. Aquí el autor está haciendo un paralelismo entre el problema sinóptico y estas dos cartas, e intenta aplicar la misma solución del caso de los sinópticos a II de Pedro y Judas. *i.e.* que de la misma manera que Lucas y Mateo mejoraron la pobre gramática de Marcos, II de Pedro mejora la redacción que previamente había hecho Judas.

260. Sobre el tema de la autenticidad de II de Pedro es muy útil Mathews, Mark D. "The Genre of 2 Peter: A Comparison with Jewish and Early Christian Testaments." *Bulletin for Biblical Research* 21, no. 1 (2011)P. 51-64. Gundry sostiene que su brevedad y el ser poco conocida por la Iglesia provocó dudas para su aceptación. A pesar de las dudas que suscitó en el principio, existen documentos antiguos que reconocen su autenticidad como el Papiro Bodmer P 72 y las alusiones que hacen evangelios apócrifos como el *Evangelio de la Verdad* y *El Apócrifo de Juan*. Gundy, Robert. *A Survey to the New Testament. Op. cit.* P. 443.

1. Contexto religioso de los destinatarios

Uno de los grandes desafíos de la Iglesia del primer siglo fue preservar el mensaje del evangelio de Jesús libre de error; por tal razón, vamos a ver a los escritores del NT defendiendo la fe ardorosamente contra toda herejía que se levantaba.

La carta que nos ocupa no fue dirigida a una iglesia o un individuo en particular, sino a la Iglesia en general, mayormente la Iglesia de la diáspora. Las herejías habían comenzado a aflorar y había que combatirlas. Por tal razón, una parte muy importante de II de Pedro está dedicada a contrarrestar la herejía.

2. Sitz im Leben *del discurso*

En este momento histórico en el que escribe el redactor de II Pedro, probablemente está ocurriendo la primera persecución de la Iglesia bajo el emperador romano Nerón. Además de este terrible acontecimiento, había una serie de doctrinas que gente que había sido parte de la Iglesia estaba introduciendo. Ante esta realidad, se volvió un imperativo por parte de los apologetas de la Iglesia escribir en contra de esta práctica.

3. El discurso contra los falsos maestros

El discurso contra los falsos maestros que se encuentra en segunda de Pedro,[261] es un relato de 22 versículos que no se sabe a ciencia cierta si el redactor de II de Pedro lo construyó o si simplemente tomó como base el relato de Judas. La inclinación de los académicos es esta última.

En lo que se refiere al discurso en sí, este lo hemos dividido en cuatro partes para su estudio.

Introducción al discurso

En el versículo 1 introduce el tema de los falsos profetas, una realidad palpitante en la Iglesia desde el día uno.

> *... pero hubo también falsos profetas entre el pueblo, como habrá entre vosotros falsos maestros, que introducirán encubiertamente herejías destructoras,*

---

261. Para más información sobre este tema de los falsos profetas en II de Pedro, ver. Cavallin, H. C. C. "The False Teachers of 2 Pt as Pseudo-Prophets." *Novum Testamentum* 21, no. 3 (1979) P. 263-70. Cabe señalar que, para este autor, II de Pedro es un pseudoepígrafe.

y aun negarán al Señor que los rescató, atrayendo sobre sí mismos destrucción repentina. Y muchos seguirán sus disoluciones, por causa de los cuales el camino de la verdad será blasfemado, y por avaricia harán mercadería de vosotros con palabras fingidas. Sobre los tales ya de largo tiempo la condenación no se tarda, y su perdición no se duerme.

Introduce el tema haciendo un paralelismo entre los falsos profetas del pasado y los falsos maestros del presente, dejando claro que la actividad de Satanás usando su metodología favorita *i.e.* introduciendo mentiras es una constante en medio del pueblo de Dios, pues su cometido es desviarlo del camino correcto y esta es la mejor forma de hacerlo. Para lograr su objetivo se vale de hombres *réprobos* y que, al haber apostatado de la fe, los pone en una situación de privilegio para ser instrumentos del maligno.

Una vez introducido el tema, el redactor de la carta aborda lo relacionado con el juicio de los impíos.

El juicio de Dios contra los impíos

En esta sección dedicada al juicio de Dios nos presenta una teología apocalíptica que puede ser claramente identificada en I de Enoc, uno de los pseudoepígrafes del PI que sirvieron de fuente literaria a la persona que redactó esta carta.

Porque si Dios no perdonó a los ángeles que pecaron, sino que arrojándolos al infierno los entregó a prisiones de oscuridad, para ser reservados al juicio; y si no perdonó al mundo antiguo, sino que guardó a Noé, pregonero de justicia, con otras siete personas, trayendo el diluvio sobre el mundo de los impíos; y si condenó por destrucción a las ciudades de Sodoma y de Gomorra, reduciéndolas a ceniza y poniéndolas de ejemplo a los que habían de vivir impíamente ...

En el segundo libro o fragmento de Enoc, que habla sobre los vigilantes o ángeles, podemos leer en el capítulo 21:7-10: *Desde allí pasé a otro lugar más terrible que el anterior y vi algo horrible: había allá un gran fuego ardiendo y flameando y el lugar tenía grietas hasta el abismo, llenas de columnas descendentes de fuego, pero no pude ver ni sus dimensiones ni su magnitud ni haría conjeturas. Entonces dije: "¡Qué espantoso y terrible es mirar este lugar!". Contestándome, Uriel el Vigilante y el Santo, que estaba conmigo me dijo: "'Enoc ¿por qué estás tan atemorizado y espantado?". Le respondí: "Es por este lugar terrible y por el espectáculo del sufrimiento". Y él me dijo: "Este sitio es la prisión de los ángeles y aquí estarán prisioneros por siempre".*

En ninguna parte del *Tanaj* se dice que los ángeles que pecaron fueron arrojados al infierno, lugar que se identifica como una prisión de oscuridad, para esperar el juicio de Dios. La pregunta obvia es: ¿de dónde sacó esta información el redactor de la segunda carta de Pedro? La posible respuesta está en el libro de Enoc. Los versículos que hemos citado anteriormente concuerdan con el sentido de Segunda de Pedro. El redactor de Enoc claramente nos describe el infierno como un lugar horrible que Enoc mira en su visión, lo cual le causa un enorme espanto por el sufrimiento que en él existe. Ante el espanto y horror de Enoc, el ángel y Santo le contesta que este lugar al que Pedro llama infierno *es la prisión de los ángeles* donde *estarán prisioneros por siempre.* En Pedro se dice que están esperando un juicio, aquí se señala que están por siempre. Al final, el sentido es el mismo, puesto que el juicio no será absolutorio y estarán en ese lugar de horror por siempre.

Lo anteriormente señalado nos deja ver claramente que el redactor de Segunda de Pedro conocía la teología de la literatura apocalíptica y, por lo tanto, podía relacionarla con la teología cristiana. Un trabajo sumamente complejo y arriesgado y digno de una o varias personas que hicieron el trabajo de composición de esta carta que, sin duda, es una pieza muy importante en el canon del NT.

Los otros dos juicios que menciona, el diluvio de Noé y la destrucción de Sodoma y Gomorra son tomados de la *Torah* que, junto con la cita del libro de Enoc, hace un *midrash* sobre el castigo de los impíos aseverando:

> *... sabe el Señor librar de tentación a los piadosos, y reservar a los injustos para ser castigados en el día del juicio;*

El castigo de los impíos ... *y reservar a los injustos para ser castigados en el día del juicio...* es un doctrina bien establecida en los pseudoepígrafes y especialmente en el libro de Enoc, el cual está usando el redactor de II de Pedro como fuente. Desde el primer capítulo encontramos pasajes como *.... Él destruirá a los malvados (Enoc 1:9) ... pecadores serán juzgados por sus pecados (Enoc 38:1)* y todo el capítulo 38 está dedicado al juicio de los malvados. En el capítulo 100 de I de Enoc es contundente la relación con el juicio de los pecadores ... *y el altísimo se levantará en el día del juicio a fin de ejecutar su gran juicio sobre todos los pecadores... (Enoc 100: -5)* Si es cierto que Jesús usó este lenguaje en su discurso escatológico de Mateo 24, también es cierto que este lenguaje le era muy conocido a la gente que escuchaba, puesto que libros como I de Enoc ya circulaban en el mundo literario judío. El versículo 4 de II de Pedro que habla del juicio de los ángeles y el 9 que habla del castigo de los impíos demuestran que el redactor no solamente conocía I de Enoc, sino que conocía su teología.

Características de los falsos maestros

A partir del versículo 10 Pedro comienza a explicar cuáles son los motivos y las conductas que caracterizaban a los falsos maestros que, sin duda, son los mismos que los caracterizan hoy día.

> *y mayormente a aquellos que, siguiendo la carne, andan en concupiscencia e inmundicia, y desprecian el señorío. Atrevidos y contumaces, no temen decir mal de las potestades superiores, mientras que los ángeles, que son mayores en fuerza y en potencia, no pronuncian juicio de maldición contra ellas delante del Señor.*

Estos dos versículos están íntimamente relacionados con Judas 9 ... *Ni siquiera el arcángel Miguel, cuando argumentaba con el diablo disputándole el cuerpo de Moisés, se atrevió a pronunciar contra él un juicio de maldición, sino que dijo: «¡Que el Señor te reprenda!»* que es una cita directa al pseudoepígrafe Testamento de Moisés conocido también como la Asunción de Moisés. Puede verse perfectamente la relación en II de Pedro, pues se nos dice que estos falsos maestros no tienen ningún temor de maldecir a las potestades superiores, en cambio en Judas, el Arcángel Miguel, que es mayor en *fuerza y potencia* que el ser humano ... *no se atrevió....* Después de la alusión al pseudoepígrafe continua con todas aquellas conductas que caracterizan a los falsos profetas:

> *Pero estos, hablando mal de cosas que no entienden, como animales irracionales, nacidos para presa y destrucción, perecerán en su propia perdición, recibiendo el galardón de su injusticia, ya que tienen por delicia el gozar de deleites cada día. Estos son inmundicias y manchas, quienes aun mientras comen con vosotros, se recrean en sus errores. Tienen los ojos llenos de adulterio, no se sacian de pecar, seducen a las almas inconstantes, tienen el corazón habituado a la codicia, y son hijos de maldición. Han dejado el camino recto, y se han extraviado siguiendo el camino de Balaam hijo de Beor, el cual amó el premio de la maldad, y fue reprendido por su iniquidad; pues una muda bestia de carga, hablando con voz de hombre, refrenó la locura del profeta. Estos son fuentes sin agua, y nubes empujadas por la tormenta; para los cuales la más densa oscuridad está reservada para siempre. Pues hablando palabras infladas y vanas, seducen con concupiscencias de la carne y disoluciones a los que verdaderamente habían huido de los que viven en error. Les prometen libertad, y son ellos mismos esclavos de corrupción. Porque el que es vencido por alguno es hecho esclavo del que lo venció.*

Existe un consenso entre los académicos que el redactor de II Pedro en los v 12-14 está haciendo una alusión directa al libro de Enoc o, en su defecto, está citando a Judas 12-13. Lo cierto es que, aunque no existe en el libro de Enoc un pasaje que en forma literal diga lo que está afirmando tanto Pedro como Judas, sí existe un contexto para afirmar tal cosa. *V.g.* en el capítulo 99:1-2 se lee ... *Desgracia para vosotros que actuáis con impiedad, alabáis la mentira y la ensalzáis... ¡Desgracia para quienes pervierten las palabras de verdad, trasgreden la ley eterna* ... estos textos nos indican que existen advertencias claras en el libro de Enoc sobre los falsos profetas, que es precisamente el tema que nos ocupa.

En definitiva, lo que está haciendo el redactor de Pedro es un *midrash* del libro de Enoc sobre el tema de los falsos profetas o, en su defecto, es Judas el que lo hizo y el redactor de Pedro simplemente cita el pasaje de Judas, pues ambos son muy similares o casi idénticos si se quiere.

La condenación de los falsos maestros

El pasaje termina con una condenación clara a los falsos maestros, aseverando lo siguiente:

> Ciertamente, si habiéndose ellos escapado de las contaminaciones del mundo, por el conocimiento del Señor y Salvador Jesucristo, enredándose otra vez en ellas son vencidos, su postrer estado viene a ser peor que el primero. Porque mejor les hubiera sido no haber conocido el camino de la justicia, que después de haberlo conocido, volverse atrás del santo mandamiento que les fue dado. Pero les ha acontecido lo del verdadero proverbio: El perro vuelve a su vómito, y la puerca lavada a revolcarse en el cieno.

En el capítulo 100:9 encontraremos sentencias imprecatorias en contra de los falsos maestros que rezan de la siguiente manera: *¡Desgracia para vosotros pecadores por causa de las palabras de vuestra bocas y de las obras de vuestras manos... en unas llamas ardientes peores que el fuego, os quemaréis!*

El redactor termina el juicio dejando claro que estos falsos maestros en realidad son apóstatas, es decir, individuos que un día fueron parte de la Iglesia pero que se han retractado de su fe apostatando y negando lo que una vez creyeron. Por tal razón asegura que *mejor les hubiera sido no haber conocido el camino de la justicia* ... y cierra el discurso en contra de los falsos maestros citando proverbios 26:11 ... *como el perro vuelve a su vómito...* el perro era un animal impuro para los judíos; ser comparado con ese animal era uno de los peores insultos.[262]

262. Ver nota f del 26:11 de la Biblia Reina Valera 1995. P. 802.

4. Fuentes utilizadas por el redactor

El estudio de este pasaje nos lleva a concluir que el redactor está usando fuentes tanto canónicas como pseudoepígrafes. La fuentes canónicas que utiliza son las alusiones al AT que efectúa, como cuando habla de Noé, la destrucción de Sodoma y Gomorra, de Lot y finalmente cita a Balaám. El redactor tomó como base al personaje o el acontecimiento del AT para conectarlo con la realidad de los falsos profetas que se habían infiltrado dentro de la Iglesia y hacer de esta manera un *midrash*.

El redactor también usó una fuente pseudoepígrafe, el libro de Enoc, comenzando con el v. 4 cuando habla de los ángeles encarcelados en prisiones de oscuridad. Luego el v 10-11 que es el mismo de Judas 9, tomado del libro *El Testamento de Moisés* conocido también como la *Asunción de Moisés*. Luego los v 12-14 son una alusión al libro de Enoc.

Termina su discurso citando el proverbio 26:11 que alude a un perro, un animal inmundo para los judíos, para conectar la conducta inmunda de uno con la del otro, haciendo un *midrash* genial con el que termina su discurso.

El uso de las fuentes por parte de los redactores del NT clarifica la técnica que estos utilizaban a la hora de hacer sus escritos. Esto le quita el manto de misticismo que muchas veces se le ha querido dar al texto sagrado y nos obliga a redefinir la inspiración bíblica. Por otro lado, nos deja claro que el hecho que los libros deuterocanónicos o pseudoepígrafes no hayan sido aceptados en el canon no significa que estos sean malos y que todo su contenido sea espurio. El redactor de II de Pedro nos muestra la importancia de estos y la vindicación de algunos de sus pasajes.

La anterior aseveración no significa que somos abogados de la inspiración de dichos libros, solamente que es de una valiosa utilidad y que en el momento que una cita de estos libros queda plasmada en un libro canónico, esa cita se vuelve *ipso facto* en inspirada.

Una vez efectuado el análisis crítico de las fuentes de II de Pedro, nos enfocamos en la versión de Judas sobre el tema de los falsos maestros.

B. Versión de Judas

Como ya se ha señalado, el discurso contra la falsos maestros de II de Pedro y Judas son casi idénticos, lo que significa que uno usó al otro de fuente. En ese sentido, Tenney propone cuatro posibles respuestas: (1) que II de Pedro no tienen relación entre sí, excepto que ambas fueron dirigidas a gentes que tenían los mismos problemas. Esta solución no explica satisfactoriamente las similitudes entre ambas, (2) II de Pedro y Judas son paráfrasis de alguna fuente común. Esta solución es improbable porque ambos autores eran capaces de ser originales en el contenido de sus epístolas, (3) II de Pedro tomó muchos de los datos de la de Judas.[263] Las referencias históricas de Judas son más exactas y más circunstanciales y (4) Judas se animó a escribir su epístola después de leer la de Pedro, pero hizo el bosquejo independientemente. [264]

Tenney se decanta por la última teoría en base a la evidencia interna que se encuentra en la carta de Judas. En el v. 3 señala que su intención era escribir acerca de la *salvación que tenemos en común*, pero que se vio obligado a escribir un discurso apologético debido a la infiltración de los falsos maestros. La prueba contundente son los vv. 17 y 18 que, según Tenney, son una copia literal de II de Pedro 3:3, afirmando que de este pasaje se puede deducir razonablemente que II de Pedro llegó a las manos de Judas y que este escribió su carta contra los falsos maestros.

1. Sitz im Leben *del discurso*

Al igual que II de Pedro, este es un discurso escrito a la Iglesia en general para combatir el flagelo de los falsos maestros en la misma época de Pedro. Se estima que en algún momento entre el año 65-68 dC, durante la persecución del emperador Nerón, estos discursos fueron redactados.

Introducción al tema

Judas nos dice que su intención era escribir sobre *la común salvación*, pero que a raíz de que *se han infiltrado entre ustedes ciertos individuos dentro*, se vio obligado a tratar un tema diferente, una defensa contra la apostasía:

> *El problema es que se han infiltrado entre ustedes ciertos individuos que desde hace mucho tiempo han estado señalados para condenación. Son impíos que cambian en libertinaje la gracia de nuestro Dios y niegan a Jesucristo, nuestro único Soberano y Señor.*

Mientras el redactor de II de Pedro introducía el tema haciendo un paralelismo entre falsos profetas y falsos maestros, aquí simplemente los llama *ciertos individuos*, pero que en esencia son exactamente las mismas personas a las que se refiere II de Pedro.

---

263. En este sentido se pronuncia Callan, Terrance, en "Use of the Letter of Jude by the Second Letter of Peter." *Biblica* 85, no. 1 (2004) P. 42-64. Aquí sostiene que es el redactor de II de Pedro quien usa a Judas como fuente para la redacción de su carta.

264. Ver Tenney, Merril C. *Nuestro Nuevo Testamento. Op. cit.* P. 437.

Juicio contra los impíos

La alusión a la destrucción a los egipcios que efectúa Judas no la hace el redactor de II de Pedro, después de esto, Judas siguiendo el mismo orden de II de Pedro o viceversa, sí hace la misma cita de Sodoma y Gomorra, desarrollando exactamente la misma argumentación. Al igual que II de Pedro, cita al libro de Enoc en relación con los ángeles que no guardaron su dignidad:

> *Aunque ustedes ya saben muy bien todo esto, quiero recordarles que el Señor, después de liberar de la tierra de Egipto a su pueblo, destruyó a los que no creían. Y a los ángeles que no mantuvieron su posición de autoridad, sino que abandonaron su propia morada, los tiene perpetuamente encarcelados en oscuridad para el juicio del gran Día. Así también Sodoma y Gomorra y las ciudades vecinas son puestas como escarmiento, al sufrir el castigo de un fuego eterno, por haber practicado, como aquellos, inmoralidad sexual y vicios contra la naturaleza.*

La trama de los dos relatos es casi idéntica, las variaciones son verdaderamente mínimas e intrascendentes.

Características de los falso maestros

Esta es la misma cita de II de Pedro, excepto que aquí Judas es más explícito al mencionar un incidente que no se menciona en la otra epístola y es el hecho que el arcángel Miguel, ... *argumentaba con el diablo disputándole el cuerpo de Moisés*. Existe un consenso por parte de la academia que esta es una cita del libro *El Testamento de Moisés* conocido también como la *Asunción de Moisés*. El detalle es que solo sobrevivieron partes en dos fragmentos latinos traducidos de una versión griega perdida y, desafortunadamente para nosotros, en la traducción que tenemos no aparece esa cita de la disputa entre Miguel y Satanás.[265]

> *De la misma manera estos individuos, llevados por sus delirios, contaminan su cuerpo, desprecian la autoridad y maldicen a los seres celestiales. Ni*

---

265. Existe una influencia de El Testamento de Moisés en un extenso número de pasajes del NT. En el caso específico de la disputa entre Miguel y el diablo por el cuerpo de Moisés no aparece en el texto que ha llegado a nuestras manos. Ese episodio estaba en el final de *El Testamento de Moisés* o en un relato análogo llamado la *Asunción de Moisés*. Aunque esto es posible, no existe evidencia para probarlo. Cf. Priest, J. *Testament of Moses. A New Translation and Introduction. The Old Testament Pseudepigrapha. Apocalyptic Literature and Testaments. Edited by James H. Charles Worth.* Vol. I *Op. cit.* 924.

siquiera el arcángel Miguel, cuando argumentaba con el diablo disputándole el cuerpo de Moisés, se atrevió a pronunciar contra él un juicio de maldición, sino que dijo: «¡Que el Señor te reprenda!» Estos, en cambio, maldicen todo lo que no entienden; y, como animales irracionales, lo que entienden por instinto es precisamente lo que los corrompe.

Queda claro que Judas está haciendo una cita de un libro pseudoepígrafe cuya parte está perdida. Hasta aquí esto no nos suscita mayor problema, pero sí el contenido de la cita. En ella se nos asegura que un ser incorpóreo, el arcángel Miguel disputó contra otro ser incorpóreo, el diablo, el cuerpo inerte de un mortal que pronto iba a convertirse en polvo. Sabemos que el *midrash* de Judas es para demostrar el respeto que debemos tener a las potestades superiores. El asunto es que el *midrash* usualmente es fundamentado en hechos reales o materiales, como la destrucción de los egipcios, el castigo de Sodoma y Gomorra, *inter alia*, pero aquí se nos dice que dos ángeles tuvieron una disputa. ¿Cómo sabemos esto? ¿De dónde saco esta información el redactor de la Asunción de Moisés? No tenemos una respuesta con certeza. Sin duda, esta fue una tradición oral que se fue transmitiendo de generación en generación hasta que quedó plasmada en un escrito y Judas decide incluirla. La pregunta que nadie puede contestar es ¿quién originó esta tradición y cuando y por qué? Nadie puede responder con certeza, todo lo que podemos hacer es especular hasta que haya un descubrimiento arqueológico que arroje luz al respecto.

En el v. 11 Judas sigue hablándonos acerca de las características de los falsos maestros, agregando dentro de los paradigmas del mal a Caín y Coré y manteniendo a Balaam.

> *¡Ay de los que siguieron el camino de Caín! Por ganar dinero se entregaron al error de Balaám y perecieron en la rebelión de Coré. Estos individuos son un peligro oculto: sin ningún respeto convierten en parrandas las fiestas de amor fraternal que ustedes celebran. Buscan solo su propio provecho. Son nubes sin agua, llevadas por el viento. Son árboles que no dan fruto cuando debieran darlo; están doblemente muertos, arrancados de raíz. Son violentas olas del mar, que arrojan la espuma de sus actos vergonzosos. Son estrellas fugaces, para quienes está reservada eternamente la más densa oscuridad.*

Las metáforas que el redactor usa de *nubes sin agua* etc. son paráfrasis del libro de Enoc. Cuando leemos el capítulo 80:2-3 se percibe el espíritu de estos textos en Judas: …. *en los días de los pecadores los años serán acortados y su semilla llegará tarde a sus tierras y campos; todas las cosas sobre la tierra se alterarán y no saldrán a su debido tiempo; la lluvia será retenida y los cielos la retendrán. En esa época los frutos de la tierra serán retenidos, no crecerán a tiempo los frutos de los árboles, serán retardados...*

En el versículo 14 vuelve hacer una paráfrasis del libro de Enoc, específicamente del capítulo 1:9 que reza: *... viene con una multitud de sus santos, para ejecutar el juicio sobre todos y aniquilará a los impíos y castigará a toda carne por todas sus obras impías, las cuales ellos han perversamente cometido y de todas las palabras altaneras y duras que los malvados pecadores han hablado contra Él...*

También Enoc, el séptimo patriarca a partir de Adán, profetizó acerca de ellos: «Miren, el Señor viene con millares y millares de sus ángeles para someter a juicio a todos y para reprender a todos los pecadores impíos por todas las malas obras que han cometido, y por todas las injurias que han proferido contra él». Estos individuos son refunfuñadores y criticones; se dejan llevar por sus propias pasiones; hablan con arrogancia y adulan a los demás para sacar ventaja.

Como puede verse, Judas conecta Enoc 1:9 con los falsos maestros que habían en la Iglesia y hace un *midrash* que nos deja claro el tema.

Conclusión del discurso

Aquí estamos ya en el epílogo del discurso y en el v. 18 hace una cita textual de II de Pedro 3:3 *sabiendo primero esto, que en los postreros días vendrán burladores ...*

Ustedes, queridos hermanos, recuerden el mensaje anunciado anteriormente por los apóstoles de nuestro Señor Jesucristo. Ellos les decían: «En los últimos tiempos habrá burladores que vivirán según sus propias pasiones impías». Estos son los que causan divisiones y se dejan llevar por sus propios instintos, pues no tienen el Espíritu. Ustedes, en cambio, queridos hermanos, manténganse en el amor de Dios, edificándose sobre la base de su santísima fe y orando en el Espíritu Santo, mientras esperan que nuestro Señor Jesucristo, en su misericordia, les conceda vida eterna.

Después de dar las exhortaciones finales de mantenerse firmes ante la escalada de los falsos maestros, les invita a edificarse mutuamente y esperar la vida eterna.

2. Fuentes utilizadas por el redactor

Lo que se dijo de las fuentes utilizadas por el redactor en la versión de II de Pedro son válidas para la versión de Judas, excepto que si Judas usó como fuente a II de Pedro, entonces Judas es una paráfrasis y unos pequeños agregados para conformar la carta y, a *contrario sensu*, si Judas es la fuente, es el redactor de II de Pedro quien hace la paráfrasis.

Lo que sí debe quedar suficientemente claro es que no existe misticismo en la Biblia y que sus redactores usaron sus criterios para hacer la heurística y luego la redacción de sus escritos. Fue la Iglesia, posteriormente, la que tuvo que analizar y valorar dichos escritos para considerarlos dentro o fuera del canon bíblico.

Para terminar con este tema de las fuentes del discurso sobre los falsos maestros, cabe señalar que no existe nada dentro de estas epístolas que ponga en tela de duda su inspiración. El requisito *sine qua non* del *midrash* de los redactores es que Jesucristo sea el centro del universo sobre el cual gire todo el escrito. La lectura de ambas versiones nos confirma tal extremo: ambas versiones son una arenga mordaz, contundente y clara contra aquellas personas que se han infiltrado dentro de la Iglesia para enseñar doctrinas en las cuales Jesucristo no es parte de la ecuación.

Redacción de libros del AT

Aunque este trabajo de investigación se centra en el tema de las fuentes que dieron origen a los libros del canon del NT, hemos incluido este anexo para mostrar al lector el *modus operandi* de los soferim en la redacción de dos libros del AT. De esta manera dejar sentado que los libros canónicos tanto del AT como del NT son el resultado de un trabajo de redacción minucioso e inteligente donde el elemento humano juega un papel importante y que, en ningún momento, demerita el carácter sagrado que puede tener un libro.

Para un entendimiento mejor del elemento escrito del *halaká* judío hemos seleccionado dos libros, del género poético uno y del sapiencial el otro, clasificados ambos dentro de los libros *ketuvim* en el canon judío, son a saber, el libro de Lamentaciones y el de Eclesiastés. En el primero se verá las técnicas que los *soferim* utilizaban al momento de redactar acrósticos y en el segundo el pensamiento filosófico de estos.

1. El libro de Lamentaciones

Tradicionalmente, la Iglesia ha atribuido la paternidad literaria de este libro al profeta Jeremías, sin embargo, fueron los redactores o *soferim* quienes hicieron el trabajo final de este acróstico al que llamamos Lamentaciones. Es muy posible que los redactores hayan usado MSS atribuidos a Jeremías como fuente primaria, pero fueron los *soferim*, a quienes podemos considerar sabios, los que hicieron este espectacular trabajo.

Para poderlo entender mejor, señalaremos que el libro de Jeremías está compuesto por cinco lamentos o endechas.[266] Cada endecha es un acróstico[267] cuidadosamente hecho y corresponde a un capítulo, el cual

266. Aunque la definición técnica de endecha se refiere a una estrofa formada por cuatro versos de seis o siete sílabas con rima asonante, aquí adoptamos la acepción secundaria, que se refiere al lamento o canto triste, que es lo que es el libro de Lamentaciones.

267. Un acróstico es un poema que con letras iniciales o en medio o al final forma un verso. En el caso que nos ocupa el redactor está usando al principio de cada verso una letra del alfabeto. Para más información sobre la poesía hebrea y específicamente sobre el acróstico, ver Martínez, José María. *Hermenéutica Bíblica*. Edit. Clie. Viladecavalls. España. 1984. P. 320.

está formado por 22 versículos. Cada versículo, corresponde a una letra del alfabeto hebreo, comenzando el versículo 1 con la **א** (alef) y, siguiendo el orden del alfabeto hebreo, hasta terminar en el versículo 22 con la **ת** (tav). El capítulo 3 tiene la particularidad que tiene 66 versículos. Los primeros 3 corresponden a la primera letra del alfabeto, es decir, la **א**, los versículos que van del 4 al 6 corresponden a la segunda letra y así sucesivamente hasta llegar a los versículos 64, 65 y 66 que corresponden a la última letra del alfabeto, es decir, la **ת**.[268]

En el libro de Lamentaciones podemos ver el elemento escrito del *halaká* y una de las técnicas de redacción que utilizaban los *soferim* con los manuscritos que caían en sus manos.[269] No negamos que la fuente primaria de la redacción final del libro haya sido un MSS escrito por el profeta Jeremías, que vivió toda la tragedia de ver la ciudad santa destruida, que es el tema central del libro de Lamentaciones. Ahora bien, es de destacar que el trabajo heurístico que hicieron los *soferim*, es realmente ingenioso y muy poderoso.

Una vez visto el ejemplo del libro de Lamentaciones, analizaremos la composición del libro de Eclesiastés.

2. El libro de Eclesiastés

El libro de Eclesiastés pertenece al género de los libros sapienciales o de sabiduría que encontramos, no solamente dentro de los libros canónicos, sino dentro los deuterocanónicos.[270] Aunque el libro de Eclesiastés es atribuido a Salomón es más que obvio que él no fue su autor;[271] no es que el

268. Lo anterior puede ser comprobado en Cerni, Ricardo. *Antiguo Testamento Interlineal Hebreo - Español. Libros Proféticos.* Edit. Clie. Viladecavalls. España. 2002. P. 430 y ss.

269. En la Biblia encontramos una serie de ejemplos de acrósticos, siendo uno de los más conocidos el Salmo 119, en el que se asigna una letra del alfabeto hebreo a cada una de las estrofas y cada verso de la estrofa empieza con dicha letra. Otros ejemplos de acrósticos más o menos completos los hallamos en los salmos 9 y 10; 25; 34; 37; 111; 112; 145; Pro 31:10-31; Lm. 1-4 y Nah. 1:2-8 (este último, mutilado). Ídem.

270. Un libro sapiencial deuterocanónico es Eclesiástico, escrito en hebreo en el siglo II a.C. por Jesús hijo de Eleazar y nieto de Sirac. Sigue el mismo paradigma de los libros sapienciales del canon judío como Proverbios y Eclesiastés. Aborda la misma temática como es el deber, la retribución, el culto, el trabajo y la sabiduría de Dios. Hay una meditación de la gloria de Dios en la naturaleza y un extenso elogio a los antepasados, entre otros temas. Otro libro es el de Sabiduría. Se estima que se escribió en griego en el siglo I a.C. A diferencia de otros libros del género, este no es una colección de dichos breves, sino una serie de disertaciones amplias sobre diferentes temas como la vida de los justos y su recompensa, así como la retribución de los malos, etc.

271. Sobre este tema de la paternidad literaria de Eclesiastés, Archer desarrolla un debate entre los autores que se inclinan por la paternidad de Salomón y aquellos que

texto mienta al decir *hijo de David, rey en Jerusalén...* sino que es bien sabido que era una costumbre de aquella época atribuir los escritos a ciertos personajes claramente reconocidos por el pueblo, sin que esto haya significado que ellos fueran los autores intelectuales de dicho escrito. Se estima que este tratado filosófico fue redactado en la segunda parte del s. III a.C.[272], es decir, después del exilio babilónico.

Este tratado filosófico sobre la vida nos presenta el mundo desde los ojos del *Qoélet*, que se traduce al castellano como "el predicador".[273] En realidad es una figura del lenguaje que usa el redactor de este escrito, donde todo en esencia es un *hebel o vanidad de vanidades*.[274] El redactor del libro examina de una manera honesta y sincera si temas como la riqueza, el placer y aun el trabajo valen la pena como meta suprema de la vida. La conclusión es que todo es un *hebel*. El nivel filosófico del redactor es realmente profundo y hace que cualquier persona ponga las barbas en remojo al hacerle ver lo breve y contradictoria que es la vida humana. Cierra el discurso de una forma magistral y a manera de conclusión expresa ... *acuérdate de tu creador en los días de tu juventud...*

Libros de esta naturaleza nos muestran la actividad literaria seria y honesta que realizaban los *soferim*, quienes no improvisaban, sino que con los materiales que tenían a su disposición hacían un trabajo heurístico con ellos y luego redactaban tratados como este, en el cual le daban al pueblo una serie de principios y valores para observar en la vida diaria, pero también para que tuvieran fines litúrgicos en la sinagoga.

Con estos dos ejemplos clarificamos el elemento escrito del *halaká* judío que, como hemos podido observar, no tiene nada de místico ni sobrenatural, sino todo lo contrario, es algo completamente humano y natural que los sabios y religiosos del pueblo de Israel consideraron sagrado, es decir, lo canonizaron.

---

no. Archer, Gleason. *Reseña Crítica de una Introducción al Antiguo Testamento.* Op. cit. P. 527.

272. En este sentido se pronuncia Elsa Tamez en *Cuando los Horizontes se Cierran. Una relectura del libro de Eclesiastés o Qoélet.* San José de Costa Rica. 1998. P. 19.

273. Literalmente significa *el que preside en una asamblea.*

274. Traducido así en la RV60 o *lo más absurdo* en NVI. Sobre este tema Elsa Tamez se refiere a *hebel* en los siguientes términos: *Reconocemos que las connotaciones de estas palabras no son satisfactorias del todo "porquería" y "cochinada" están con frecuencia relacionadas con lo sucio, lo cual nos indica el término hebel "porquería" ... es una expresión común de frustración...* Ibíd. P.23.

Bibliografía

I. DICCIONARIOS, ENCICLOPEDIAS Y BIBLIAS

Achtemeier, Paul. *The Harper Collins Bible Dictionary*. Harper San Francisco. USA. 1996.

Caldwell Ryrie, Charles. *The Ryrie Study Bible New Testament*. The Moody Bible Institute. USA. 1976.

Cerni, Ricardo. *Antiguo Testamento Interlineal Hebreo - Español. Libros Proféticos*. Edit. Clie. Viladecavalls. España. 2002.

Fernández Marco, Natalio y Spottorno Díaz Caro, María Victoria. *La Biblia Griega Septuaginta*. Ediciones Sígueme. Salamanca. 2008.

Nestle-Aland. *Creek New Testament*. Deutsche Bibelgesellschaft. 8ed. 1998. Germany.

Ropero, Alfonso (Ed.). *Gran Diccionario Enciclopédico de la Biblia*. Edit. Clie. Viladecavalls. España. 2013.

II. MANUALES DE A.T. Y N.T.

Archer, Gleason. *Reseña Crítica de una Introducción al Antiguo Testamento*. Moody Bible Institute. USA, 1987.

Gundry, Robert. *A Survey of the New Testament*. Zondervan Publishing Co. USA, 1972.

Pagán, Samuel. *Introducción a la Biblia Hebrea*. Edit. Clie. Viladecavalls. España. 2012.

Tábet, Miguel Ángel. *Introducción a la Biblia Hebrea*. Edit. Palabra. España. 2009.

Tenney, Merrill C. *Nuestro Nuevo Testamento. Un Estudio Panorámico del Nuevo Testamento*. Editorial Portavoz. Grand Rapids USA. Versión de 1989.

III. LIBROS ESPECIALIZADOS

Alegre, X. *Los sinópticos hoy*. Chaminade, Madrid 1989.

A. George y P. Grelot, dirs., *Introducción crítica al Nuevo Testamento*, vol. I. Herder, Barcelona 1983.

A. Paul, *La inspiración y el canon de las Escrituras*. Ed. Verbo Divino 1985.

Báez Camargo, G. *Breve Historia del Canon Bíblico*. Ediciones Luminar. México, 1980.

Berger, Klaus. *Salmos de Qumrán*. Edit. Lumen. Argentina. 1996.

Bermejo, Fernando. "Judas. Evangelio de", GDEB, Edit. Clie. Viladecavalls. España. 2013.

Bermejo, Fernando. *El Evangelio de Judas. Texto bilingüe, introducción y notas*. Sígueme, Salamanca. 2012.

Bultmann. R. *History of the Synoptic Tradition* (Oxford 1963) es una traducción de la tercera edición alemana de (1958) Die Geschichte der synoptischen Tradition (originally published Göttingen 1921).

Bruce, F. F, *El canon de la Escritura*. Edit. Clie. Viladecavalls. España. 2003.

Callejas, Cesar Benedicto. *Argumentación Jurídica en la Formación y Aplicación del Talmud*. Colección Estudios Jurídicos Universidad Autónoma de México. 2008.

Cantera Ortiz de Urbina, José. *Antiguas versiones bíblicas y traducción*. Hieronymus. Núm 2. Universidad Complutense de Madrid, 1995.

Cantera Ortiz de Urbina, Jesús. *El Comentario de Habacuc de Qumrán*. Textos y Estudios del Seminario Filológico Cardenal Cisneros. Madrid, 1960.

Cartlidge, David, Dungan, David. *Documents and Images for the Study of the Gospels*. Fortress Press. Third Edition. USA, 2015.

Díez Macho, ed., *Apócrifos del Antiguo Testamento, 5 vols*. Cristiandad, Madrid, 1982.

Duhaime, Jean y Legrand, Thierry. *Los Rollos del Mar Muerto*. Edit. Verbo Divino. España. 2018.

Flusser, David. *Judaism of the Second period. Vol. 1. Qumran and Apocalypticism*. Williams B. Eerdmans Publishing Company. USA, 2007.

Flusser, David. *Jewish Sources in Early Christianity*. MOD Books. USA. 1989.

Flusser, David. *The Spiritual History of the Dead Sea Sect*. MOD Books. Tel Aviv. 1989.

Freeman, Charles. *Creating a New Testament*. In A New History of Early Christianity, 97-110. Yale University Press, 2009.

Geoffrey M. Hahneman, "The Muratorian Fragment and the Development of the Canon." Oxford Theological Monographs; Oxford: Oxford University Press, 1992. P 17.

Guijarro Oporto, S. *Dichos primitivos de Jesús. Introducción al protoevangelio de dichos Q.* Sígueme, Salamanca. 2004.

Graham Stanton. *The Gospels and Jesus.* Oxford University Press. Second Edition. Great Britain, 2002.

Grant, Robert and Freedman, David. *The secret sayings of Jesus. A modern translation of the Gospel of Thomas with Commentary.* Barnes & Nobles Books. New York, 1993.

Harkins, Angela Kim, Kelley Coblentz Bautch, and John c. Endres, eds. *The Watchers in Jewish and Christian Traditions.* Minneapolis: Augsburg Fortress, Publishers, 2014.

J.M. Martín-Moreno, "Q. Documento", *GDEB,* Edit. Clie. Viladecavalls. España. 2013.

Jaffe, Dan. *El Talmud y los Orígenes Judíos del Cristianismo.* Desclée. Brouwer. España. 2007.

Jaramillo Cárdenas, Luciano. *El Mensaje de los Números.* Edit. Vida. USA, 2004.

Kloppenborg, J.S. *Q. El evangelio desconocido.* Sígueme, Salamanca. 2005.

Klein, F. *El silencio de Dios. Libros apócrifos y perdidos del Antiguo Testamento.* Creación, Madrid. 2010.

Koester, Helmut. *History, Culture and Religion of the Hellenistic Age.* Walter de Gruyter. USA, 1995.

Kuntzmann, R. Raymond y J.D. Dubois, *Nag Hammadi: Evangelio de Tomás. Textos gnósticos de los orígenes del cristianismo.* Ed. Verbo Divino, Estella. 1988.

Leloup, Jean Yves. *El evangelio de María. Myriam de Magdala.* Herder, Barcelona 1998.

Mosbo, Thomas J. *Luke the Composer: Exploring the Evangelist's Use of Matthew.* Minneapolis: Augsburg Fortress, Publishers, 2017.

Nickelsburg, G.W.E. *Resurrection, Immortality and Eternal Life in Intertestamental Judaism.* Harvard University Press, Cambridge. 1972.

Pagán, Samuel. *Apocalipsis. Interpretación Eficaz Hoy.* Edit. Clie. Viladecavalls. España. 2012.

Patzia, Arthur G. *The Making of the New Testament.* Intervarsity Press. USA. 1995.

Piñero, Antonio. *Textos gnósticos. Biblioteca de Nag Hammadi.* 3 vols. Trotta, Madrid. 2007/2013.

Robinson, J.M, P. Hoffman y J.S. Kloppenborg, eds., *El documento Q en griego y en español con paralelos del Evangelio de Marcos y del Evangelio de Tomás.* Sígueme, Salamanca. 2002.

Ropero, Alfonso, "Evangelios sinópticos", *GDEB,* Edit. Clie. Viladecavalls. España. 2013.

Ropero, Alfonso (Editor) "El pastor de Hermas", en *Los Padres Apostólicos.* Traducción de J.B. Lightfoot. Edit. Clie. Viladecavalls. España. 2004.

Sánchez Mielgo, G. *Claves para leer los Evangelios Sinópticos.* Ed. San Esteban, Salamanca 1998.

Schniedewind, William M. *How the Bible Became a Book.* Cambridge University Press. USA. 2004.

Strack, H.L., Stemberger, Gunter. *Introduction to the Talmud and Midrash.* Fortress Press. USA. 1996.

Trebolle Barrera, J. *La Biblia judía y la Biblia cristiana. Introducción a la historia de la Biblia.* Trotta, Madrid. 1993.

Trevijano, Ramón M. *Estudios sobre el Evangelio de Tomás.* Ciudad Nueva, Madrid. 2006.

Vázquez Allegue, Jaime (ed.). *La «Regla de la Comunidad» de Qumrán.* Edit. Sígueme. Salamanca. 2006.

Vidal Manzanares, Cesar. *El primer Evangelio: El Documento Q.* Edit. Planeta. Barcelona. 1993.

Westcott. F.B. *El canon de la Sagrada Escritura.* Edit. Clie. Viladecavalls. España. 1987.

IV ARTÍCULOS DE REVISTAS

Abakuks, Andris. "A Statistical Study of the Triple-Link Model in the Synoptic Problem." *Journal of the Royal Statistical Society. Series A (Statistics in Society)* 169, no. 1 (2006).

Abakuks, Andris. "The Synoptic Problem: On Matthew's and Luke's Use of Mark." *Journal of the Royal Statistical Society. Series A (Statistics in Society)* 175, no. 4 (2012).

Atkinson, Kenneth. "Taxo's Martyrdom and the Role of the Nuntius in the "Testament of Moses": Implications for Understanding the Role of Other Intermediary Figures." *Journal of Biblical Literature*125, no. 3 (2006).

Bacon, B. W. "Notes on the Gospel of Mark." *Journal of Biblical Literature* 42, no. 3/4 (1923).

Bailey, John W. "Jewish Apocalyptic Literature." *The Biblical World* 25, no. 1 (1905) P. 30-42.

Broneer, Oscar. "Paul and the Pagan Cults at Isthmia." *The Harvard Theological Review* 64, no. 2/3 (1971) .

Butler, B. C. "Notes On The Synoptic Problem." *The Journal of Theological Studies*, New Series, 4, no. 1 (1953).

Bultmann, Rudolf. "The New Approach to the Synoptic Problem." *The Journal of Religion* 6, no. 4 (1926).

Cadbury, Henry J. "Between Jesus and the Gospels." *The Harvard Theological Review* 16, no. 1 (1923).

Charlesworth, James H. "The Renaissance of Pseudepigrapha studies the SBL Pseudepigrapha Project." *Journal for the Study of Judaism in the Persian, Hellenistic, and Roman Period* 2, no. 2 (1971).

Callan, Terrance, "Use of the Letter of Jude by the Second Letter of Peter." *Biblica* 85, no. 1 (2004).

Cameron, Ron. "The Sayings Gospel Q and the Quest of the Historical Jesus: A Response to John S. Kloppenborg." *The Harvard Theological Review* 89, no. 4 (1996).

Cameron, Ron. "Ancient myths and modern theories of the gospel of Thomas and Christian origins." *Method & Theory in the Study of Religion* 11, no. 3 (1999).

Cañas Reíllo, José Manuel. "La Transmisión del Texto Latino." Vol. 1, *De Roma al Siglo XX*. 1996.

Cavallin, H. C. C. "The False Teachers of 2 Pt as Pseudo-Prophets." *Novum Testamentum* 21, no. 3 (1979)

Collins, Adela Yarbro. "Composition and Redaction of the Testament of Moses." *The Harvard Theological Review* 69, no. 1/2 (1976).

Dillon, Richard J. "Previewing Luke's Project from His Prologue (Luke 1:1-4)." *The Catholic Biblical Quarterly* 43, no. 2 (1981).

Du Plessis, I. I. "Once More: The Purpose of Luke's Prologue (Lk I 1-4)." *Novum Testamentum* 16, no. 4 (1974).

England, Frank. "A Shoe, a Garment, and the Frangible Self in the Gospel of Mark: Christian Discipleship in a Postmodern World." *Neotestamentica* 47, no. 2 (2013).

Ernest De Witt Burton. "The Purpose and Plan of the Gospel of Mark." *The Biblical World* 15, no. 4 (1900).

Fee, Gordon D. "A Text-Critical Look at the Synoptic Problem." *Novum Testamentum* 22, no. 1 (1980).

García Martínez, F., and E. J. C. Tigchelaar. 1 Enoch and the Figure of Enoch a Bibliography of Studies 1970-1988." *Revue De Qumrân* 14, no. 1 (53) (1989).

Grant, Robert M. "Notes on the Gospel of Thomas." *Vigiliae Christianae* 13, no. 3 (1959).

Hall, Robert G. "The Ascension of Isaiah: Community Situation, Date, and Place in Early Christianity." *Journal of Biblical Literature*109, no. 2 (1990).

Hannah, Darrell D. "The Ascension of Isaiah and Docetic Christology." *Vigiliae Christianae* 53, no. 2 (1999).

Hall, Robert G. "Isaiah's Ascent to See the Beloved: An Ancient Jewish Source for the Ascension of Isaiah." *Journal of Biblical Literature* 113, no. 3.

Jugie, Martin. "Le canon de l'Ancien Testament dans l église byzantine" n° 64, *Echos d'Orient* Mai 1907.

Kee, Howard C. "Becoming a Child in the Gospel of Thomas." *Journal of Biblical Literature* 82, no. 3 (1963).

MacRae, George w. "The Gospel of Thomas-Logia Iesou?" *The Catholic Biblical Quarterly* 22, no. 1 (1960).

Mathews, Mark D. "The Literary Relationship of 2 Peter and Jude: Does the Synoptic Tradition Resolve this Synoptic Problem?" *Neotestamentica* 44, no. 1 (2010).

Mathews, Mark D. "The Genre of 2 Peter: A Comparison with Jewish and Early Christian Testaments." *Bulletin for Biblical Research* 21, no. 1 (2011).

Mathews, Shailer. "Antiochus Epiphanes and the Jewish State." *The Biblical World* 14, no. 1 (1899).

Mébarki, Farah, and Claude Grenache. "The Qumran Library." *Near Eastern Archaeology* 63, no. 3 (2000).

Meynell, Hugo. "The Synoptic Problem: Some Unorthodox Solutions." *Life of the Spirit (1946-1964)* 17, no. 201 (1963).

L.M. Guerra Suárez, "Apocalíptica. Literatura", *GDEB*, Edit. Clie. Viladecavalls. España. 2013.

O'Keefe, Vincent T. "Towards Understanding The Gospels." *The Catholic Biblical Quarterly* 21, no. 2 (1959).

Olmstead, A. T. "Intertestamental Studies." *Journal of the American Oriental Society* 56, no. 2 (1936).

Patton, Carl S. "Two Studies of the Gospel of Mark." *The Harvard Theological Review* 6, no. 2 (1913).

Pascoe, Louis B. "The Council of Trent and Bible Study: Humanism and Scripture." *The Catholic Historical Review* 52, no. 1 (1966).

Petersen, Norman R. "Can One Speak Of A Gospel Genre?" *Neotestamentica* 28, no. 3 (1994).

Plevnik, Joseph. "The Understanding of God at the Basis of Pauline Theology." *The Catholic Biblical Quarterly* 65, no. 4 (2003).

Quispel, G. "The Gospel of Thomas and the New Testament." *Vigiliae Christianae* 11, no. 4 (1957).

Reed, Annette Yoshiko. "The Modern Invention of Old Testament Pseudepigrapha'." *The Journal of Theological Studies*, New Series, 60, no. 2 (2009).

Rosché, Theodore R. "The Words of Jesus and the Future of the "Q" Hypothesis." *Journal of Biblical Literature* 79, no. 3 (1960).

Rojas Trento, Juan Martínez: "Encrucijada de Reformas" *Studia Philologica Valentina* Vol. 10, N.S. 7. Universidad de Valencia. España. 2007.

Rowley, H. H. "Introduction to the Apocrypha." *The Jewish Quarterly Review* 40, no. 3 (1950).

Schnabelthe, Eckhard j. "Muratorian fragment: the state of research" *Journal of the Evangelical Theological Society.* 57/2 (2014).

Sellen, Arthur G. "The Interpretative Value of the Synoptic Source Analysis." *Journal of Biblical Literature* 44, no. 1/2 (1925).

Sider, Ronald J. "St. Paul's Understanding of the Nature and Significance of the Resurrection in I Corinthians XV 1-19." *Novum Testamentum* 19, no. 2 (1977).

Smith, Morton. "The Synoptic Problem in Rabbinic Literature, a Correction." *Journal of Biblical Literature* 107, no. 1 (1988).

Stone, Michael E. "Why Study the Pseudepigrapha?" *The Biblical Archaeologist* 46, no. 4 (1983).

Stone, Michael E. "The Dead Sea Scrolls and the Pseudepigrapha." *Dead Sea Discoveries* 3, no. 3 (1996).

S.T. Katz, «Issues in the Separation of Judaism and Christianity after 70 C.E.: A Reconsideration», *Journal of Biblical Literature* 103 (1984).

Surburg, Raymond F. "Introduction to the Intertestamental Period" *Journal of Biblical Literature* Vol. 95, No. 3 (Sep., 1976).

Teeple, Howard M. "The Origin of the Son of Man Christology." *Journal of Biblical Literature* 84, no. 3 (1965).

Thompson, G. H. P. "The Son of Man-Some Further Considerations." *The Journal of Theological Studies*, New Series, 12, no. 2 (1961).

Throckmorton, Burton H. "Did Mark Know Q?" *Journal of Biblical Literature* 67, no. 4 (1948)

Twelftree, Graham H. "Exorcism and the Defeat of Beliar in the Testaments of the Twelve Patriarchs." *Vigiliae Christianae* 65, no. 2 (2011).

Tuckett, Christopher. "Thomas and the Synoptics." *Novum Testamentum* 30, no. 2 (1988): 132-57.

Van Ruiten, Jacques T.A.G.M. "The Use And Interpretation Of The Book Of Jubilees In The Mǎṣḥǎfǎ Milad". *Revue De Qumrân* 26, no. 4 (104) (2014): 613-29.

Vorster, J N. "Resurrection Faith in 1 Corinthians 15." *Neotestamentica* 23, no. 2 (1989).

Vorster, W. S. "Characterization of Peter in the Gospel of Mark." *Neotestamentica* 21, no. 1 (1987).

Vorster, W S. "Bilingualism And The Greek Of The New Testament: Semitic Interference In The Gospel Of Mark." *Neotestamentica* 24, no. 2 (1990).

Vassiliadis, Petros. "The Nature and Extent of the Q-Document." *Novum Testamentum* 20, no. 1 (1978).

Vosté, James M. "The Vulgate at the Council of Trent." *The Catholic Biblical Quarterly* 9, no. 1 (1947).

Walker, William O. "The Son of Man: Some Recent Developments." *The Catholic Biblical Quarterly* 45, no. 4 (1983).

Weber, William. "The Resurrection of Christ." *The Monist*11, no. 3 (1901).

Wedderburn, A. J. M. "The Problem of the Denial of the Resurrection in I Corinthians XV." *Novum Testamentum* 23, no. 3 (1981).

White, N. J. D. "The Synoptic Problem." *The Irish Church Quarterly* 1, no. 3 (1908).

Williams, Charles Kaufman. "The City of Corinth and Its Domestic Religion." *Hesperia: The Journal of the American School of Classical Studies at Athens* 50, no. 4 (1981).

Zeitlin, Solomon. "The Book of Jubilees and the Pentateuch." *The Jewish Quarterly Review* 48, no. 2 (1957): 218-35.

V. OTRAS FUENTES

A.D. Roitman, *Sectarios de Qumrán* Martínez Roca, Madrid. 2000.

Alfred Edersheim, *La vida y los tiempos de Jesús*. Edit. Clie. Viladecavalls. España. 1988.

A. Paul, *Qumrán y los esenios. El estallido de un dogma*. Ed. Verbo Divino, Estella. 2009.

A. Giménez González, "Sapiencial, literatura", Edit. Clie. Viladecavalls. España. 2013

Anthony J. Saldarini, *Pharisees, Scribes, and Sadducees in Palestinian Society: A Sociological Approach*. Wilmington. 1988.

A.G. Lamadrid, *Los descubrimientos del mar Muerto*. BAC, Madrid. 1971.

A.D. Roitman, "Manuscritos del mar Muerto", GDEB, Edit. Clie. Viladecavalls. España. 2013.

Aranda Pérez, G.F. García Martínez y M. Pérez Fernández, *Literatura judía intertestamentaria*. Ed. Verbo Divino, Estella. 1996.

Busto Saiz, J. *La justicia es inmortal. Una lectura del libro de la Sabiduría de Salomón*. Sal Terrae, Santander 1992.

C. P. Thiede, *Los rollos del mar Muerto y los orígenes del cristianismo* Ed. Océano, México. 2008.

Cohen, Shaye. *From the Maccabees to the Mishná*. John Knox Press. USA. 2006.

Collins, John J. *The "Dead Sea Scrolls": A Biography*. Princeton University Press, USA. 2013.

D. S. Russell, *El Período intertestamentario*. Casa Bautista de Publicaciones, El Paso. 1973.

D. Doré, *El libro de la Sabiduría de Salomón*. Ed. Verbo Divino, Estella. 2003.

E. Wilson, *Los rollos del mar Muerto. El descubrimiento de los manuscritos bíblicos*. FCE, México. 1977.

Emil Schürer, *Historia del pueblo judío en tiempos de Jesús*. Cristiandad, Madrid, 1985.

F.F. Bruce y F. García, *Los manuscritos del mar Muerto*. Edit. Clie. Viladecavalls. España. 2011.

F. García Martínez y J. Trebolle, *Los hombres de Qumrán: literatura, estructura social y concepciones religiosas*. Trotta, Madrid. 1993.

Fernández Sangrador. J.J. *Los orígenes de la comunidad cristiana de Alejandría*. Universidad Pontificia de Salamanca, Salamanca. 1994.

Flavio Josefo. *La guerra de los Judíos*. Edit. Clie. Viladecavalls. España. 2015.

Flavio Josefo. *Antigüedades Judías*. Tomos XII – XX. Edición de José Vara Donado. Ediciones Akal. Madrid, España. 1997.

Fletcher, Joseph. *Ética de Situación. Una nueva moralidad*. Libro del Nopal. Ediciones Ariel. México. 1970.

Fudge, Edward William, and Richard Bauckham. *The Fire that Consumes: A Biblical and Historical Study of the Doctrine of Final Punishment*. Cambridge: Lutterworth Press, 2011.

F. García Bazán, *La Gnosis eterna. Antología de textos gnósticos griegos, latinos y coptos*, 2 vols. Trotta, Madrid, 2003/2007).

F. Klein, "Intertestamentario Período" GDEB. Edit. Clie. Viladecavalls. España. 2013.

Garraghan, Gilbert, J. *A guide to Historical Method.* Fordham University Press. USA. 1946.

Gundry, Robert. Matthew: *A Commentary On His Literary and Theological Art.* Eerdmans Publishing House. USA. 1981.

G. Vermes, *Los manuscritos del mar Muerto.* Muchnik Editor, Barcelona. 1977.

H.A. Ironside, *De Malaquías a Mateo* Edit. Clie. Viladecavalls. España. 1990.

Harrington, Daniel. *The Maccabean Revolt: Anatomy of a Biblical Revolution.* Wipf & Stock. USA. 2009.

Hayes, John H, Maxwell, J. *A History of Ancient Israel and Judah.* John Knox Press. USA. 2006.

Hooker, Morna D. *The Son of Man in Mark: A Study of the Background of the Term "Son of Man" and Its Use in St Mark's Gospel.* Montreal: McGill-Queen's University Press, 1967.

H. Stegemann, *Los esenios, Qumrán, Juan Bautista y Jesús.* Trotta, Madrid. 1996.

J. Vázquez Allegue, *Para comprender los manuscritos del mar Muerto.* Ed. Verbo Divino, Estella. 2004.

Jacob Neusner, *The Rabbinic Traditions About the Pharisees Before 70,* 3 vols. Leiden, 1971.

J. Jeremías, *Jerusalén en tiempos de Jesús.* Cristiandad, Madrid 1980.

J.Mª Casciaro Ramírez, *Qumrán y el NT.* EUNSA, Pamplona. 1982.

J. Bowker, *Jesus and the Pharisees.* CUP, Cambridge 1973.

J. Leipoldt y W. Grundmann, *El mundo del Nuevo Testamento* I, Cristiandad, Madrid. 1973.

J. Maier, Entre los dos testamentos, Sígueme, Salamanca. 1994.

J. Vázquez Allegue, "Qumrán". GDEB, Edit. Clie. Viladecavalls. España. 2013.

L. Alonso Schökel, *Proverbios y Eclesiástico.* Ed. Verbo Divino, Estella. 1997.

Martínez, José María. *Hermenéutica Bíblica.* Edit. Clie. Viladecavalls. España. 1984.

Mendoza, Claudia "Eclesiástico o Sirácida", *GDEB,* Edit. Clie. Viladecavalls. España. 2013.

Mendoza, Claudia, "Sabiduría. Libro de la", *GDEB,* Edit. Clie. Viladecavalls. España. 2013.

Niebuhr, Richard. *Resurrection and the Historical Reason: A Study in Theological Method.* Scribner. USA, 1975.

M. Jiménez y F. Bonhomme, *Los documentos de Qumrán*. Cristiandad, Madrid escribir punto 1976.

Pikaza, Xabier. *Mujeres de la Biblia*. Edit. Clie. Viladecavalls. España 2013.

Riches, John, El mundo de Jesús. El judaísmo del siglo I. El Almendro, Córdoba. 1998.

Rohling, L'abbé Auguste. *Le Juif-Talmudiste. Résume Succinct des Croyances et des Pratiques Dangereuses de la Juiverie*. Alfred Vromant, Imprimeur - Éditeur 3, rue de la. Chapelle. France, 1888.

Ropero, Alfonso. "Esenios", *GDEB*, Edit. Clie. Viladecavalls. España. 2013

Ropero, Alfonso. "Alejandría", *GDEB*, Edit. Clie. Viladecavalls. España. 2013.

Sanders, E. P. *Judaism: Practice and Belief, 63 BCE-66 CE*. Minneapolis: Augsburg Fortress, Publishers, 2016.

Sanders, E. P. Paul: The Apostle's Life, Letters, and Thought. Minneapolis: Augsburg Fortress, Publishers, 2015.

Schoeps, H. J., and Harold Knight. Paul: The Theology of the Apostle in the Light of Jewish Religious History. Cambridge: James Clarke & Co, 1961.

S. Safrai, «La restauration de la société juive durant la génération de Yabneh», À l'époque du Second Temple et de la Mishna. Essais d'histoire juive, Jerusalén 1994, vol. I.

Tamayo, Juan José. "Mujeres en el cristianismo" Diario el País. España. Mayo, 13. 2006.

Tamez, Elsa *Cuando los Horizontes se Cierran. Una relectura del libro de Eclesiastés o Qoélet*. San José de Costa Rica. 1998.

V. Morla Asensio, *Libros sapienciales y otros escritos*. Ed. Verbo Divino, Estella. 1994.

Vílchez, J. *Sabios y Sabiduría en Israel*. Ed. Verbo Divino, Estella. 1995.

Von Rad, G. *La Sabiduría de Israel*. Cristiandad, Madrid. 1985.

W. Smith, *Entre los dos testamentos*. Edit. Clie. Viladecavalls. España. 1985.

Y. Yadin, *Los rollos del mar Muerto*. Ed. Israel, Buenos Aires. 1959.

Zaldívar, Raúl. *Teología Sistemática desde una Perspectiva Latinoamericana*. Edit. Clie. Viladecavalls. España. 2006.

Zaldívar, Raúl. *Apocalipticismo. Creencia, duda, fascinación y temor*. Edit. Clie. Viladecavalls. España. 2012.

Zaldívar, Raúl. *A los Romanos. Una Carta de Ayer para el Mundo de Hoy*. Universidad para Líderes. Honduras. 2017.

VI. PÁGINAS DE INTERNET

Aguilera Romojaro, José María. *La Regla de la Comunidad de Qumrán y el Cristianismo.* Málaga 2011. P. 8.

https://www.academia.edu/3198540/Regla_de_la_comunidad_de_Qumr%C3%A1n_y_el_cristianismo Visto el 14 de Junio 2018.

Concilio de Trento. Sesión IV. https://www.emym.org/articulos1/conciliodetrento.pdf. Visto el 17 de septiembre 2018.

Irineo de Lyon. *Contra los Herejes*

https://mercaba.files.wordpress.com/2007/10/contra-los-herejes.pdf.

Puech, Emile. *Los Manuscritos del mar Muerto y el Nuevo Testamento. El Nuevo Moisés:·Algunas prácticas de la Ley.* Antiguo Oriente. Cuadernos del Centro Estudios de Historia del Antiguo Oriente. Vol. 7 . 2009. P. 219–254. Qumrán y el libro de los profetas. Febrero 08, 2008.

http://blogs.periodistadigital.com/marmuerto.php/2008/08/02/qumran-y-los-libros-de-los-profetas. Visto el 14 de Junio 2018. Santa Biblia. Reina Valera. Versión 1862.

http://bibliotecadigital.uca.edu.ar/repositorio/revistas/manuscritos-marmuertonuevo-testamento.pdf (Visto el 11 de Mayo 2018).

https://books.google.cl/books?id=BkFbAAAAQAAJ&printsec=frontcover&source=gbs_ge_summary_r&cad=0#v=onepage&q&f=false. Visto el 5 de Mayo del 2018.

Utley, Bob. *Introducción al libro de Números.*

http://www.freebiblecommentary.org/pdf/spa/VOL02COT_spanish.pdf. Visto el 14 de septiembre del 2018.